MITOLOGIA GREGA E ROMANA

MITOLOGIA GREGA E ROMANA

P. Commelin

Tradução
EDUARDO BRANDÃO

wmf **martinsfontes**

1ª edição *1993*
4ª edição *2011*
3ª tiragem *2021*

Tradução
EDUARDO BRANDÃO

Revisão da tradução
Paulo Neves
Revisões
Ivete Batista dos Santos
Ana Luiza França
Dinarte Zorzanelli da Silva
Produção gráfica
Geraldo Alves
Paginação
Studio 3 Desenvolvimento Editorial
Capa
Adriana Maria Porto Translatti

Dados Internacionais de Catalogação na Publicação (CIP)
(Câmara Brasileira do Livro, SP, Brasil)

Commelin, P.
Mitologia grega e romana / P. Commelin ; tradução Eduardo Brandão. – 4ª ed. – São Paulo : Editora WMF Martins Fontes, 2011. – (Clássicos WMF)

Título original: Mythologie grecque et romaine
ISBN 978-85-7827-362-0

1. Mitologia clássica I. Título.

10-13091 CDD-292.13

Índices para catálogo sistemático:
1. Mitologia clássica 292.13

Editora WMF Martins Fontes Ltda.
Rua Prof. Laerte Ramos de Carvalho, 133 01325.030 São Paulo SP Brasil
Tel. (11) 3293.8150 e-mail: info@wmfmartinsfontes.com.br
http://www.wmfmartinsfontes.com.br

Sumário

Introdução VII

As origens 3
O Olimpo 17
Os deuses subolímpicos 85
Divindades do mar e das águas 109
As montanhas, os bosques, as divindades campestres ... 141
Divindades do campo e da cidade particulares a Roma. 161
Os deuses da pátria, da família, da vida humana 169
O mundo infernal 183
Tempos heróicos, crenças populares 205
Lendas tebanas 209
Os labdácidas 239
Lendas atenienses 249
Lendas etólias 265
Lendas tessálicas 269
Lendas argivas 287
Os pelópidas 295
Os tindáridas 299
Os átridas 305
Outros heróis gregos da Guerra de Tróia 311
Heróis troianos da Guerra de Tróia 329
Emigração troiana 341
Lendas populares 347

Algumas divindades alegóricas 361
Os oráculos 377
As cerimônias e os jogos 387

Índice remissivo 401

Introdução

Esta obra se dirige sobretudo às pessoas desejosas de conhecer a mitologia tradicional dos gregos e dos latinos. Não poderíamos ter em vista empreender aqui uma obra erudita, coisa, aliás, mais aborrecida do que útil, se considerarmos as diferentes obras desse gênero publicadas de alguns anos para cá. Mas apressemo-nos em acrescentar que essas obras quase não são lidas, enquanto nós nos propomos ser lidos, dando a este trabalho um caráter utilitário.

A mitologia é, evidentemente, uma série de mentiras. Mas essas mentiras foram, durante longos séculos, motivo de crença. Elas tiveram, no espírito dos gregos e dos latinos, o valor de dogmas e de realidades. Como tal, inspiraram os homens, deram esteio a instituições por vezes respeitabilíssimas, sugeriram aos artistas, aos poetas, aos literatos a idéia de criações e, mesmo, de admiráveis obras-primas. Portanto, acreditamos ser um dever respeitá-las aqui e reproduzi-las em sua inteira simplicidade, sem pedantismo e sem comentário, com seus estranhos, maravilhosos detalhes, sem nos preocuparmos com sua inverossimilhança ou suas contradições.

Em matéria de crenças, a humanidade deixa-se guiar não por sua razão, mas pelo desejo, pela necessidade de conhecer a razão dos seres e das coisas. As doutrinas filosóficas não seriam capazes de satisfazê-la: há maravilhas demais ante seus olhos para que ela não lhes busque a causa. A humanidade dirige-se primeiro à ciência; mas, se a ciência é incapaz de instruí-la, como precisa de uma explicação suficiente ou satisfatória, dirige-se a seu próprio coração e à sua imaginação.

Na infância dos povos, diz-se, tudo não é mais que crenças, que artigos de fé. Por certo. Mas na idade madura dos povos, mesmo quando a ciência supõe ter desvendado um grande número de mistérios da natureza, pode a humanidade se gabar de evoluir em plena luz? Não resta ainda no mundo uma infinidade de recônditos tenebrosos? Admitindo-se inclusive que todos os segredos da natureza visível e palpável fossem revelados, acaso não restará sempre esse mundo metafísico, invisível e inapreensível, sobre o qual a ciência tem tão pouco poder e que a filosofia, apesar de seus esforços, não pôde até agora nem clarear, nem penetrar?

A Antiguidade, cujos conhecimentos científicos eram tão imperfeitos, tão rudimentares, pôs uma divindade por toda parte onde, para ela, só havia mistério. É isso que explica, em parte, o grande número de deuses. Há mais, porém. Tudo o que provocou a admiração, o espanto, o temor ou o horror nos primeiros homens adquiriu, a seus olhos, um caráter divino. Para a humanidade primitiva, a divindade representa tudo o que supera a concepção humana. Deus não é apenas o ser absoluto, perfeito, onipotente, soberanamente generoso e bom, é também o ser extraordinário, monstruoso, prodígio a uma só vez de força, de malevolência e de maldade. E não são apenas os seres animados que se vêem revestidos desse caráter divino, aos olhos da humanidade das primeiras idades: as próprias coisas são divinas. Numa palavra, não é a divindade que penetra as coisas, as próprias coisas é que são realmente a divindade. Uma alma divina, difundida por toda parte neste mundo, divide-se numa infinidade de almas igualmente divinas, repartidas de todos os lados entre a diversidade das criaturas, de modo que as virtudes e as paixões mais abstratas do homem também têm esse privilégio de serem marcadas por um cunho sobrenatural, de trazerem a chancela divina e revestirem, com uma fisionomia particular, as insígnias e os atributos da divindade.

Estudar a mitologia é iniciar-se na concepção de um mundo primitivo percebido numa meia-luz, ou, antes, numa penumbra misteriosa, durante longos anos. Não ver nela mais que a aberração de espíritos rústicos e supersticiosos é, sem dúvida, julgá-la apenas de acordo com as aparências; mas, por outro lado, ver nela apenas alegorias transparentes, procurar a explicação de todos esses mitos, de todas essas fábulas, de todas essas lendas na observação do mundo físico, é superar gratuitamente os limites da realidade. A imaginação e a fantasia têm um importante papel nessa longa enumeração de crenças mitológicas aceitas pelos povos antigos. Cada século, cada geração comprazeu-se em aumentar o número de seus deuses, de seus heróis, de suas maravilhas e de seus milagres.

Aos dados distantes, mesmo do Egito ou da Ásia, Grécia e Roma acrescentaram os produtos de sua imaginação. As imagens dos deuses se oferecem a nós sob aspectos tão diversos que, por vezes, é de uma extrema dificuldade descrever seu tipo mais universalmente reconhecido. Seus traços se modificaram nas mãos de tantos artistas e pelo capricho de tantos escritores que trataram do tema!

De uns anos para cá, é de bom uso, na literatura, designar as divindades gregas por sua denominação helênica. Será por um simples escrúpulo de exatidão mitológica, ou para dar mostras de erudição? Não ousamos pronunciar-nos. Mas, como quer que designemos os deuses da fábula, não há um só que exprima a universalidade de seus atributos, um só que dê uma idéia exata do que era a mesma divindade na Grécia e em Roma. Sem dúvida, a denominação grega tem a vantagem de ser bastante precisa quando se trata apenas de interpretar as obras artísticas e literárias dos gregos. Sem dúvida, nomes como Zeus, Hera, Hefesto, Ares, Héracles etc. não poderiam surpreender nem confundir o leitor ou o ouvinte informado, mas forçoso é reconhecer e confessar que esses nomes não são muito familiares ao público francês, como tampouco deviam sê-lo ao público romano. Acrescentemos inclusive que, para o ouvido francês, se não são bárbaros, por vezes parecem desprovidos de harmonia.

Pouco importa o peso da erudição ou do pedantismo: o público francês sempre se obstinará a empregar, na linguagem usual, os nomes romanos de Júpiter, Juno, Vulcano, Marte, Hércules etc., que nos são familiares. Acaso é culpa nossa ter sido a Gália conquistada não pela Grécia, mas por Roma?

Somos um povo latino pela língua, se não pela origem; malgrado nosso e a despeito dos eruditos, são as palavras latinas que vêm a nossos lábios e foi Roma que primeiro nos ensinou os nomes e os atributos de seus deuses. É bem verdade que ela própria se apropriara da maioria das divindades da Grécia. Mas, introduzindo-as em seu culto e em seus costumes, designou-as por nomes que ficaram sendo os dela.

Se confundiu suas divindades nacionais ou tradicionais com as dos gregos, ao se apropriar delas, é outro problema. Aliás, na própria Grécia, cada divindade não tinha em todas as cidades, em todas as regiões, o mesmo caráter nem os mesmos atributos. Assim, pois, não é cometer propriamente uma heresia mitológica designar os deuses de Homero e de Hesíodo à maneira de Virgílio e de Horácio, por nomes pura e essencialmente latinos.

Decidimo-nos por este último partido.

Quer isso dizer que não se deva fazer nenhuma distinção entre a mitologia grega e a mitologia romana? Não pensamos assim. Mas a mitologia de que tratamos aqui é a que permite compreender, interpretar as obras, os monumentos, os escritos de duas civilizações, cuja influência fez-se e ainda se faz felizmente sentir em nossos trabalhos artísticos e literários.

Para explicar e apreciar o gênio de Atenas e o de Roma, é necessário possuir pelo menos algumas noções de mitologia. Quantos trechos ficariam inexplicáveis nos autores mais difundidos sem o conhecimento dessas noções! Quantos jovens detiveram-se, não diremos em Homero, Hesíodo, Píndaro, mas em Ovídio, Virgílio, Horácio e até mesmo num grande número de autores franceses, por dificuldades que residem numa alusão, numa comparação, numa reminiscência mitológica!

Não ignoramos que, na literatura, a mitologia está algo abandonada. Mas ela teve seu período de renascimento e de favor; deixou sua marca em nossa linguagem; continua sendo um tesouro de idéias sedutoras e de esplêndidos quadros. Hoje, se nos referirmos às exposições anuais de pintura e de escultura, as divindades antigas ainda contam muitos adeptos ou fiéis prosélitos no mundo dos artistas. Por muito tempo ainda o pincel e o buril esforçar-se-ão em reproduzir, sob a inspiração das Musas e das Graças, as ações, as atitudes, a fisionomia, o modo de agir dos deuses e dos heróis. No domínio da arte, a história não poderia prevalecer sobre a fábula: a realidade, tão maravilhosa, tão sublime, por mais inspiradora que seja, é, não obstante, limitada em sua esfera, enquanto não há limites nem medida nos dados da imaginação e do sentimento. Assim, pois, por mais importância que dermos à verdade histórica, nunca terá ela, aos olhos do artista e do poeta, a amplitude, a fecundidade e o prestígio da ficção.

Que nos perdoem essas considerações. Sem dúvida não eram indispensáveis como exórdio desta obra; todavia, não deixarão de indicar nossas intenções e nosso objetivo.

Ao publicar esta Mitologia, não esquecemos que é destinada tanto aos estudos da juventude quanto aos artistas e gente da sociedade. Seja-nos reconhecido que nos esforçamos não só em edificar o leitor sobre tudo o que a fábula comporta, mas também em nunca surpreendê-lo ou feri-lo pela indiscrição de uma imagem ou pela inconveniência de uma expressão.

A dificuldade de nosso trabalho não consistia evidentemente na pesquisa de documentos novos. Não se tratava, para nós, de compulsar os arquivos nem revolver o solo para exumar divindades desconhecidas. A mitologia da Grécia e de Roma se compõe de fatos e lendas que fazem parte do domínio público; encontramo-los esparsos por toda parte em livros que todos têm à mão. As eruditas investigações do antiquário poderão esclarecer, modificar algum detalhe, mas em nada mudarão o conjunto das tradições fundadas pelos poetas e ora consagradas pelo tempo.

Logo, aplicamo-nos em coordenar materiais que abundam, em dispor as diferentes partes da nossa obra de maneira a apresentar ao leitor uma espécie de quadro.

Começamos expondo as crenças relativas à gênese do mundo e dos deuses. Em seguida, depois de havermos passado sucessivamente em revista as divindades do Olimpo, as do Ar, da Terra, do Mar e do Inferno, contamos as lendas heróicas, classificando-as, na medida do possível, por regiões, ou agrupando-as em torno de expedições fabulosas de grande celebridade.

Seja-nos perdoado termos nos deixado levar a algumas repetições. Todas essas lendas mitológicas são ligadas umas às outras e é difícil separá-las, contá-las isoladamente, sem reproduzir particularidades comuns. De resto, pensamos que, se uma mitologia, como uma história, pode ser objeto de uma leitura seguida, depois dessa leitura ela se torna um verdadeiro repertório, em que cada artigo deve fornecer esclarecimentos completos. É com esse objetivo que colocamos, após o sumário, um índice analítico, no fim do volume.

Seja-nos reconhecido que as numerosas gravuras e os desenhos que ilustram e enriquecem esta obra têm, todos, um caráter de autenticidade. Uns, tomados dos monumentos antigos, têm o valor de documentos indiscutíveis; outros, reproduções de admiráveis obras-primas, darão uma idéia dos recursos que a escultura e a arte em geral encontram nas inspirações dos poetas e nas concepções religiosas da mitologia.

Júpiter. Época greco-romana.
Museu do Louvre – Col. Giraudon.

MITOLOGIA GREGA E ROMANA

As Origens

O Caos

O estado primordial, primitivo do mundo é o Caos. Era, segundo os poetas, uma matéria que existia desde toda a eternidade, sob uma forma vaga, indefinível, indescritível, em que os princípios de todos os seres particulares estavam confundidos. O Caos era, ao mesmo tempo, uma divindade por assim dizer rudimentar, mas capaz de fecundidade. Ele gerou a Noite e, mais tarde, Érebo.

A Noite

Deusa das trevas, filha do Caos, a Noite é a mais antiga das divindades. Certos poetas fazem-na filha do Céu e da Terra; Hesíodo qualifica-a como um dos Titãs e designa-a mãe dos deuses, porque sempre se acreditou que a noite e as trevas haviam precedido todas as coisas. Ela desposou Érebo, seu irmão, de quem teve o Éter e o Dia. Mas havia gerado sozinha, sem comércio com nenhuma divindade, o inelutável e inflexível Destino, a Parca negra, a Morte, o Sono, a turba dos Sonhos, Momo, a Miséria, as Hespérides, guardiãs dos pomos de ouro, as implacáveis Parcas, a terrível Nêmesis, a Fraude, a Concupiscência, a triste Velhice e a obstinada Discórdia. Numa palavra, tudo o que há de importuno na vida era tido como uma produção da Noite.

Por vezes, ela é chamada em grego *Eufroné* e *Eubulia*, isto é, Mãe do bom conselho. Uns situavam seu império ao norte do Ponto Euxino, no país dos cimérios; mas geralmente é situado na parte da Espanha chamada *Hespéria*, isto é, região do Anoitecer, perto das colunas de Hércules, limites do mundo conhecido dos antigos.

A Noite, escultura moderna.

A maioria dos povos da Itália considerava a Noite uma deusa, mas os habitantes de Brescia dela fizeram um deus, chamado *Noctulius* ou *Nocturnus*. A coruja, que vemos aos pés desse deus segurando uma tocha caída que ele tenta apagar, anuncia aquele que é o inimigo do dia.

Nos monumentos antigos, vemos a deusa Noite ora segurando acima da cabeça um pano esvoaçante semeado de estrelas, ou com um pano azul e uma tocha caída, ora figurada por uma mulher nua com longas asas de morcego e uma tocha na mão. Também é representada coroada de papoulas e envolta num grande manto negro estrelado. Às vezes está montada num carro puxado por dois cavalos negros ou dois mochos, tendo na cabeça um grande véu salpicado de estrelas. Costuma ser situada no Tártaro, entre o Sono e a Morte, seus dois filhos. Algumas vezes é precedida de uma criança carregando uma tocha, imagem do crepúsculo. Os romanos não lhe davam carro e representavam-na ociosa e adormecida.

Nossa gravura, tirada de Thorwaldsen, representa a Noite adormecida, voando no espaço com o Éter e o Dia.

Érebo

Filho do Caos, irmão e esposo da Noite, pai do Éter e do Dia, Érebo foi metamorfoseado em rio e precipitado no Inferno por ter socorrido os Titãs. Também se toma por uma parte do Inferno e pelo próprio Inferno.

Pela palavra Éter, os gregos entendiam o Céu, distinto dos corpos luminosos. Sendo dia feminino em grego (*Hemera*), dizia-se que Éter e Dia foram o pai e a mãe do Céu. Essas estranhas uniões significam apenas que a Noite existia antes da criação, que a Terra estava perdida na escuridão que a cobria, mas que a luz, varando o Éter, havia iluminado o universo.

Em linguagem menos mitológica, podemos simplesmente dizer que a Noite e o Caos precederam a criação dos céus e da luz.

Eros e Anteros

Caos, a Noite e Érebo só puderam se unir e procriar pela intervenção de uma força divina, eterna como os elementos do próprio Caos, pela intervenção manifesta de um deus que, sem ser propriamente o amor, tem com este, no entanto, alguma conformidade.

Eros e Anteros.

Em grego, esse deus antigo, ou, antes, anterior a toda antiguidade, chama-se *Eros*. É ele que inspira ou produz essa simpatia invisível e freqüentemente inexplicável entre dois seres, para uni-los e procriar novos seres. A força de Eros se estende além da natureza viva e animada; ela aproxima, une, mistura, multiplica, varia as espécies de animais, de vegetais, de minerais, de líquidos, de fluidos, numa palavra, de toda a criação. Eros é, pois, o deus da união, da afinidade universal. Nenhum ser pode fugir da sua influência ou da sua força. Eros é invencível.

No entanto, ele tem por adversário no mundo divino *Anteros*, isto é, a antipatia, a aversão. Essa divindade possui todos os atributos contrários aos do deus Eros: ela separa, desune, desagrega. Talvez tão salutar quanto Eros, tão forte e tão poderosa quanto ele, impede que os seres de natureza dissímil se confundam. Se por vezes semeia à sua roda a discórdia e o ódio, se prejudica a afinidade dos elementos, pelo menos a hostilidade que cria entre eles contém cada um em limites fixos e, assim, a natureza não pode voltar a cair no caos.

O Destino

O *Destino* é uma divindade cega, inexorável, oriunda da Noite e do Caos. Todas as outras divindades lhe eram submetidas. O céu, a terra, o mar e o inferno estavam sob seu império; nada era capaz de mudar o que ele havia decidido; numa palavra, o Destino era, ele próprio, essa fatalidade segundo a qual tudo acontecia no mundo. O mais poderoso dos deuses, Júpiter, não pode dobrar o Destino nem em favor dos deuses, nem dos homens.

As leis do Destino estavam escritas desde toda a eternidade num lugar em que os deuses podiam consultá-las. Seus ministros eram as três Parcas. Elas eram encarregadas de executar suas ordens.

É representado tendo sob os pés o globo terrestre e carregando nas mãos a urna que encerra a sorte dos mortais. Também lhe é posta uma coroa encimada de estrelas e um cetro, símbolo de seu poder soberano. Para fazer entender que não variava, os antigos figuravam-no como uma roda presa por uma corrente. Em cima da roda, uma grande pedra e, embaixo, duas cornucópias com pontas de dardo.

Em Homero, os destinos de Aquiles e de Heitor são pesados na balança de Júpiter e, como o do último pesa mais, sua morte é decidida e Apolo retira o apoio que lhe dera até então.

Foram as decisões cegas do Destino que tornaram tantos mortais culpados, apesar de seu desejo de permanecerem virtuosos. Em Ésquilo, por exemplo, Agamêmnon, Clitemnestra, Jocasta, Édipo, Etéocles, Polinices etc. não podem furtar-se a seu destino.

Só os oráculos podiam entrever e revelar o que estava escrito no livro do Destino.

A Terra (em grego, Gaia)

A Terra, mãe universal de todos os seres, nasceu imediatamente após o Caos. Ela desposou Urano, ou o Céu, foi mãe dos deuses e dos gigantes, dos bens e dos males, das virtudes e dos vícios. Os antigos também casaram-na com o Tártaro e o Ponto, ou Mar, que lhe fizeram procriar os monstros que todos os elementos encerram. A Terra é às vezes confundida com a Natureza. Tinha vários nomes: Titéia, Ops, Telus, Vesta e mesmo Cibele.

O homem, dizia-se, nascera da terra embebida de água e aquecida pelos raios do sol; assim, sua natureza faz parte de todos os elementos e, quando morre, sua venerável mãe sepulta-o e guarda-o em seu seio. Na mitologia, fala-se com freqüência dos filhos da Terra. Em geral, quando não se conhecia a origem de um homem ou de um povo célebre, chamavam-no filho da Terra.

Por vezes a Terra é representada por uma figura de mulher sentada num rochedo. Os modernos alegorizam-na com os traços de uma venerável matrona, sentada num globo e que, coroada de torres, segura uma cornucópia cheia de frutas. Algumas vezes é coroada de flores e perto dela estão o boi que lavra, o carneiro que engorda e o leão, que também é visto perto de Cibele. Num quadro de Lebrun, ela é personificada por uma mulher que faz o leite jorrar de suas mamas, ao mesmo tempo que se desembaraça de seu manto, do qual sai uma revoada de pássaros que se espalha pelos ares.

Telus

Telus, deusa da terra, muitas vezes tomada pela própria Terra, é chamada pelos poetas de Mãe de todos os deuses. Ela representa o solo fértil e também o fundamento sobre o qual repousam os elementos que geram-se uns aos outros. Faziam-na mulher do Sol ou do Céu, porque é a ambos que deve sua fertilidade. Representavam-na como uma mulher corpulenta com muitas mamas. Como a Terra, costuma ser confundida com Cibele. Antes de Apolo tomar posse do oráculo de Delfos, era Telus que aí proferia seus oráculos. Ela própria os pronunciava; mas em tudo estava de parceria com Netuno. Na seqüência, Telus cedeu todos os seus direitos a Têmis e esta a Apolo.

Urano ou Caelus (em grego, Ouranos)

Urano ou Caelus, o Céu, era filho de Éter e do Dia. Já segundo Hesíodo, Urano era filho de Éter e da Terra. Como quer que seja, casou-se com Titéia, isto é, sempre a Terra ou Vesta que, neste caso, deve ser distinguida da Vesta, deusa do fogo e da virgindade. Diz-se que Urano teve quarenta e cinco filhos de várias mulheres, entre outros dezoito de Titéia, sendo os principais Titã, Saturno e Oceano. Estes se revoltaram contra o pai e incapacitaram-no para ter filhos. Urano morreu ou de tristeza, ou da mutilação de que foi vítima.

O que caracteriza as divindades das primeiras idades mitológicas é um brutal egoísmo, somado a uma implacável crueldade. Urano tomava aversão por todos os seus filhos. Desde o seu nascimento, ele os encerrava num abismo e não os deixava ver o dia. Foi este o motivo da revolta deles. Saturno, que sucedeu a seu pai Urano, mostrou a mesma crueldade que ele.

Titéia

Titéia, ou ainda a antiga Vesta, mulher de Urano, foi a mãe dos Titãs, nome que significa *filho de Titéia* ou *da Terra*. Além de Titã propriamente dito, Saturno e Oceano, ela teve por filhos Hipérion, Jápeto, Tia, Réia ou Cibele, Têmis, Mnemósine, Febe, Tétis, Brontes, Estérope, Argeu, Coto, Briareu, Giges. Também teve do Tártaro o gigante Tífon, que se distinguiu na guerra contra os deuses.

Saturno (em grego, Cronos)

Secundogênito de Urano e da antiga Vesta, ou do Céu e da Terra, Saturno, depois de haver destronado seu pai, obteve do irmão mais velho, Titã, o favor de reinar em seu lugar. Todavia, Titã impôs uma condição: que Saturno fizesse perecer toda a sua posteridade masculina para que a sucessão ao trono fosse reservada aos próprios filhos de Titã. Saturno casou-se com Réia, de quem teve vários filhos que devorou avidamente, assim como combinara com o irmão. Sabendo, aliás, que um dia também seria derrubado do trono por um de seus filhos, exigia de sua esposa que esta lhe entregasse os recém-nascidos. No entanto, Réia conseguiu salvar Júpiter. Este, ao crescer, guerreou contra o pai, venceu-o e, depois de tê-lo tratado como Urano havia sido tratado por seus filhos, expulsou-o do céu. Assim a dinastia de Saturno continuou, em detrimento da de Titã.

Saturno teve de Réia três filhos, Júpiter, Netuno e Plutão, que a mãe conseguiu salvar com a mesma sagacidade, e uma filha, Juno, irmã gêmea e esposa de Júpiter. Alguns acrescentam Vesta, deusa do fogo, e Ceres, deusa das colheitas. Teve, além disso, um grande número de filhos de várias outras mulheres, como o centauro Quíron da ninfa Filira etc.

Conta-se que Saturno, destronado por seu filho Júpiter e reduzido à condição de simples mortal, veio se refugiar na Itália, no Lácio, onde reuniu os homens ferozes disseminados nas montanhas e lhes deu leis. Seu reinado foi a idade de ouro, pois seus calmos súditos eram governados com doçura. A igualdade das condições foi restabelecida; nenhum homem estava a serviço de outro; ninguém possuía nada próprio; todas as coisas eram comuns, como se todos só tivessem recebido uma mesma herança. Era para recordar a lembrança dessa idade feliz que celebravam-se em Roma as Saturnais.

Essas festas, cuja instituição remontava no passado bem além da fundação da cidade, consistiam sobretudo em representar a igualdade que reinava primitivamente entre os homens. Elas começavam no dia 16 de dezembro de cada ano. A princípio, duraram um só dia, mas o imperador Augusto ordenou que fossem celebradas durante três dias, aos quais, mais tarde, Calígula acrescentou um quarto. Durante essas festas, suspendia-se o poder dos amos sobre seus escravos, e estes tinham o direito de falar e agir com toda a liberdade. Tudo então só respirava prazer e alegria. Os tribunais e as escolas ficavam de férias; não era permitido nem empreender guerra, nem executar um criminoso, nem exercer outra arte que a da culinária; trocavam-se presentes e ofereciam-se suntuosos banquetes. Além disso, todos os habitantes da cidade cessavam seus trabalhos. A população dirigia-se em massa ao monte Aventino, para aí respirar o ar do campo. Os escravos podiam criticar os defeitos de seus amos, jogar contra eles, e estes serviam-nos à mesa, sem contar os pratos e as iguarias.

Em grego, Saturno é designado pelo nome de Cronos, isto é, o Tempo. A alegoria é transparente nesta fábula de Saturno. Esse deus que devora seus filhos, diz Cícero, não é mais que o próprio Tempo, o Tempo insaciável de anos, que consome todos os anos que passam. Para contê-lo, Júpiter acorrentou-o, isto é, submeteu-o ao curso dos astros, que são como suas peias.

Os cartagineses ofereciam a Saturno sacrifícios humanos. Suas vítimas eram crianças recém-nascidas. Nesses sacrifícios, o som das flautas e dos tímpanos ou tambores fazia tamanho barulho que os gritos da criança imolada não podiam ser ouvidos.

Em Roma, o templo que esse deus tinha na encosta do Capitólio foi depositário do tesouro público, porque na época de Saturno, isto é, durante a idade de ouro, não se cometia nenhum roubo. Sua estátua estava presa com correntes que só eram tiradas no mês de dezembro, época das Saturnais.

Saturno era comumente representado como um ancião curvado sob o peso dos anos, com uma foice na mão para indicar que preside ao tempo. Em muitos monumentos, é representado com um véu, sem dúvida porque os tempos são obscuros e cobertos por um véu impenetrável.

Saturno com o globo na cabeça é considerado como o planeta deste nome. Uma gravura, dita etrusca, representa-o alado, com sua foice pousada num globo. É assim que ainda representamos o tempo.

O dia de Saturno é aquele que chamamos de sábado (*Saturni dies*).

Réia, ou Cibele

Apesar de ser pai dos principais deuses – Júpiter, Netuno e Plutão –, Saturno não teve dos poetas o título de pai dos deuses, talvez por causa da crueldade que exerceu sobre seus filhos, ao passo que Réia, sua esposa, era chamada mãe dos deuses, a Grande Mãe, e era honrada sob esse nome.

Os diferentes nomes pelos quais se designa a mãe de Júpiter exprimiam, sem dúvida, atributos diferentes da mesma pessoa. Na realidade, essa deusa, qualquer que seja o nome pelo qual a designem, é sempre a Terra, mãe comum de todos os seres. Réia, ou Cibele, era filha de Titéia e do Céu, irmã dos Titãs, mulher de Saturno.

As fábulas de Réia e de Cibele se confundem. Nos poetas, há com freqüência até mesmo uma confusão entre essas duas deusas e a antiga Vesta, mulher de Urano. No entanto, é o nome de Cibele que, nas cerimônias do culto e nas crenças religiosas dos povos, parece ter sido o mais geralmente eleito. Eis o que se contava de Cibele.

Filha do Céu e da Terra e, mais tarde, a própria Terra, Cibele, mulher de Saturno, era cognominada a *Boa Deusa, a Mãe dos deuses*, por ser mãe de Júpiter, Juno, Netuno, Plutão e da maioria dos deuses de primeira ordem. Logo depois do seu nascimento, sua mãe a expôs numa floresta, onde os animais selvagens cuidaram dela e alimentaram-na. Apaixonou-se por Átis, jovem e belo frígio a quem confiou seu culto, contanto que ele não violasse seu voto de

Réia ou Cibele.

castidade. Átis esqueceu sua promessa casando-se com a ninfa Sangárida, e Cibele puniu-o na pessoa de sua rival, a quem fez perecer. Átis sentiu então uma violenta tristeza. Num acesso de frenesi infortunado, mutilou-se; e estava a ponto de se enforcar, quando, tocada por uma compaixão tardia, Cibele transformou-o num pinheiro.

O culto de Cibele tornou-se célebre na Frígia, de onde foi levado a Creta. Foi introduzido em Roma na época da segunda guerra púnica. O simulacro da Boa Deusa, grande pedra conservada por muito tempo em Pessino, foi colocado no templo da Vitória, no monte Palatino. Ele se tornou uma das garantias da estabilidade do império, tendo sido instituída uma festa com combates simulados em honra a Cibele. Seus mistérios, tão licenciosos quanto os de Baco, eram celebrados com um ruído confuso de oboés e címbalos; os sacrificantes davam berros.

Eram-lhe ofertados uma porca, por causa da sua fertilidade, um touro ou uma cabra, e os sacerdotes sacrificavam essas vítimas sentados, tocando a terra com a mão. O buxo e o pinho lhe eram consagrados, o primeiro porque era a madeira com que se faziam as flautas, instrumentos empregados em suas festas, e o segundo por causa do infeliz Átis, que ela havia amado apaixonadamente. Seus sacerdotes eram os Cabiros, os Coribantes, os Curetes, os Dáctilos do monte Ida, os Galos, os Semíviros e os Telquines, que eram todos, em geral, eunucos, em lembrança de Átis.

Cibele era representada com os traços e o porte de uma mulher robusta. Ela usava uma coroa de carvalho, árvore que nutrira os primeiros homens. As torres que cingem a sua cabeça indicam as cidades que estão sob a sua proteção; e a chave que traz na mão designa os tesouros que o seio da terra encerra no inverno e que dá no verão. Cibele é levada num carro puxado por leões. Seu carro é o símbolo da terra que se equilibra e roda no espaço; os leões indicam que não há nada tão feroz que não seja domesticado pela ternura materna, ou então, que não há solo rebelde que não seja fecundado pela indústria. Suas roupas são matizadas, mas sobretudo verdes, alusão aos adereços da terra. O tambor perto dela representa o globo do mundo; os címbalos e os gestos violentos de seus sacerdotes indicam a atividade dos lavradores e o barulho dos instrumentos da agricultura.

Alguns poetas supuseram que Cibele era filha de Méon e Dindimene, o primeiro rei, a segunda rainha da Frígia. Seu pai, tendo percebido que ela amava Átis, mandou matar seu amante e suas mulheres e jogar seus corpos no lixo. Cibele ficou inconsolável.

Ops

Ops, a mesma que Cibele e Réia, ou ainda a Terra, é representada como uma venerável matrona que estende a mão direita para oferecer seu socorro e que, com a esquerda, dá pão ao pobre. Também era vista como a deusa das riquezas. Seu nome significa socorro, ajuda, assistência.

Não há por que espantar-se com ver a Terra personificada com tanta freqüência sob denominações diferentes. Fonte inesgotável de riquezas, mãe fecunda de todos os bens, ela se oferecia à adoração dos povos sob aspectos diferentes, conforme o clima ou a região. Daí suas múltiplas lendas e seus incontáveis atributos.

O Olimpo

As divindades anteriores a Júpiter pertencem às idades mitológicas mais remotas e, por assim dizer, às origens do mundo. Suas histórias, ou, antes, suas lendas, são marcadas por certa confusão, sua fisionomia ainda se assemelha por assim dizer ao caos. A partir do reinado de Júpiter, as personalidades divinas se acentuam com maior nitidez. Embora às vezes os deuses ainda possuam atributos ou funções semelhantes, embora vários deles sejam a mesma pessoa sob nomes diferentes, seus traços são mais distintos, seu papel mais bem definido.

Antes de Júpiter, o Caos se arranja, o Dia se faz, o Céu e a Terra se unem, a divindade se manifesta de certo modo por toda parte, mas o mundo divino não reside em lugar nenhum bem determinado. O filho e sucessor de Saturno constitui e organiza a ordem divina. Desde o começo de seu reinado, mas não sem combate, os Titãs, filhos da Terra, vão desaparecer, a divisão do mundo far-se-á em sua família e a abóbada celeste, ora velada de nuvens, ora resplandecente de azul, fogos e luz, sustentará o palácio misterioso do amo soberano, pai dos deuses e dos homens. Esse palácio é o Olimpo, ou Empíreo.

De sua morada erguida bem acima das regiões terrestres, nos extremos confins do éter, no espaço invisível, Júpiter preside às evoluções do mundo, observa os povos, provê as necessidades dos homens, assiste às suas rivalidades, toma parte em suas querelas, persegue e pune os culpados, zela pela proteção da inocência, numa palavra, cumpre os deveres de um rei soberano. Ele convoca os outros deuses, reúne-os no Olimpo, na sua corte e sob seu cetro.

Estabelece-se entre todas as divindades um comércio incessante, elas se dignam aproximar-se dos mortais, unir-se a eles; reciprocamente, os mortais generosos aspiram às honras do Olimpo e, por suas ações heróicas, esforçam-se por obter dos deuses a imortalidade.

Sendo o monte Olimpo o mais alto da Grécia, foi em seu cume, às vezes perdido nas nuvens, que os poetas colocaram a morada de Júpiter e da maioria dos deuses.

Chamavam-se olímpicos os doze deuses principais, isto é, Júpiter, Netuno, Plutão, Marte, Vulcano, Apolo, Juno, Vesta, Minerva, Ceres, Diana e Vênus.

Júpiter (em grego, Zeus)

Júpiter, dizem os poetas, é o pai, o rei dos deuses e dos homens. Reina no Olimpo e, com um sinal da cabeça, abala o universo. Era filho de Réia e de Saturno, que devorava seus filhos à medida que eles vinham ao mundo. Vesta, sua filha mais velha, Ceres, Plutão e Netuno já haviam sido devorados quando Réia, querendo salvar seu filho, refugiou-se em Creta, na caverna de Dicte, onde deu à luz, ao mesmo tempo, Júpiter e Juno. Esta foi devorada por Saturno. Quanto ao jovem Júpiter, Réia fez que fosse alimentado por Adrastéia e Ida, duas ninfas de Creta, a quem chamavam Melissas, e recomendou sua infância aos Curetes, antigos habitantes do país. Entretanto, para enganar o marido, Réia o fez engolir uma pedra enrolada em fraldas. As Melissas alimentaram Júpiter com o leite da cabra Amaltéia e o mel do monte Ida de Creta.

Ao tornar-se adolescente, associou-se à deusa Métis, isto é, à Prudência. Foi a conselho de Métis que Réia fez Saturno tomar uma bebida cujo efeito foi fazê-lo vomitar primeiro a pedra que engolira, depois todos os filhos que devorara.

Com a ajuda de seus irmãos, Netuno e Plutão, Júpiter propôs-se primeiro destronar o pai e banir os Titãs, esse ramo rival que era um obstáculo à sua realeza. Declarou-lhes guerra, pois, assim como a Saturno. A Terra lhe predisse uma vitória completa, se ele pudesse libertar os Titãs que seu pai mantinha encerrados no Tártaro e engajá-los a combater para si. Júpiter tratou de fazê-lo e logrou-o, depois de matar Campe, a carcereira que guardava os Titãs no inferno.

Foi então que os Ciclopes deram a Júpiter o trovão, o relâmpago e o raio, a Plutão, um capacete e a Netuno, um tridente. Com essas armas, os três irmãos venceram Saturno, expulsaram-no do trono e da companhia dos deuses, depois de tê-lo submetido a cruéis torturas. Os Titãs, que haviam ajudado Saturno a combater, foram precipitados nas profundezas do Tártaro, sob a guarda dos Gigantes.

Depois dessa vitória, vendo-se senhores do mundo, os três irmãos dividiram-no entre si: Júpiter ficou com o céu, Netuno, com o mar e Plutão, com o inferno.

Mas à guerra dos Titãs sucedeu a revolta dos Gigantes, filhos do Céu e da Terra. De estatura monstruosa e uma força proporcional a esta, eles tinham as pernas e os pés em forma de serpente; alguns tinham cem braços e cinqüenta cabeças. Decididos a destronar Júpiter, empilharam o Ossa sobre o Pélion e o Olimpo sobre o Ossa, de onde tentaram alcançar o céu. Lançavam contra os deuses rochedos, alguns dos quais, ao caírem no mar, tornavam-se ilhas, enquanto outros, caindo de volta na terra, formavam montanhas.

Júpiter estava numa grande inquietude, porque um antigo oráculo anunciava que os Gigantes seriam invencíveis, a menos que os deuses chamassem um mortal em seu auxílio. Tendo proibido a Aurora, a Lua e o Sol de desco-

Júpiter sentado.

brirem seus desígnios, ele antecipou-se à Terra, que procurava socorrer seus filhos; e, a conselho de Palas, ou Minerva, chamou Hércules, que, de comum acordo com os outros deuses, ajudou-o a exterminar os Gigantes Encélado, Polibetes, Alcioneu, Porfírion, os dois Aloídas (Efialtes e Oto), Eurito, Clítio, Títio, Palas, Hipólito, Ágrio, Taon e o temível Tífon, que, sozinho, deu mais trabalho aos deuses do que todos os outros.

Depois de tê-los derrotado, Júpiter precipitou-os no fundo do Tártaro, ou, segundo outros poetas, enterrou-os vivos, uns num país, outros noutro. Encélado foi sepultado sob o monte Etna. É ele cujo hálito inflamado, diz Virgílio, exala as chamas que o vulcão lança; quando tenta virar-se, faz tremer a Sicília, e uma espessa fumaça escurece a atmosfera. Polibetes foi enterrado sob a ilha de Lango, Oto, sob a ilha de Cândia e Tífon, sob a ilha de Ísquia.

Segundo Hesíodo, Júpiter casou-se sete vezes. Desposou sucessivamente Métis, Têmis, Eurínome, Ceres, Mnemósine, Latona e Juno, sua irmã, que foi sua última mulher.

Também se apaixonou por um grande número de simples mortais, e de umas como de outras nasceram-lhe mui-

Júpiter fulminando os Gigantes.

tos filhos, que foram todos colocados entre os deuses e semideuses.

Sua autoridade suprema, reconhecida por todos os habitantes do céu e da terra, foi porém mais de uma vez contrariada por Juno, sua esposa. Essa deusa chegou a ousar, certa feita, urdir contra ele uma conspiração dos deuses. Graças ao concurso de Tétis e do gigante Briareu, essa conspiração foi prontamente sufocada, e o Olimpo entrou na eterna obediência.

Entre as divindades, Júpiter ocupava sempre a primeira posição, e seu culto era o mais solene e mais universalmente difundido. Seus três oráculos mais famosos eram os de Dodona, Líbia e Trofônio. As vítimas mais ordinárias que lhe imolavam eram a cabra, a ovelha e o touro branco, cujos chifres tomava-se o cuidado de dourar. Não lhe eram sacrificadas vítimas humanas; muitas vezes contentavam-se com oferecer-lhe farinha, sal e incenso. A águia, que plana no alto dos céus e cai como um raio sobre sua presa, era seu pássaro favorito.

Quinta-feira era o dia da semana a ele consagrado (*Jovis dies*).

Na fábula, o nome de Júpiter precede o de muitos outros deuses, inclusive de reis: Júpiter-Ámon na Líbia, Júpiter-Serápis no Egito, Júpiter-Belo na Assíria, Júpiter-Ápis, rei de Argos, Júpiter-Astérion, rei de Creta etc.

Mais comumente, é representado sob a aparência de um homem majestoso, com barba, uma cabeleira abundante, sentado num trono. Com a mão direita segura o raio, figurado de duas maneiras: ou por um tição flamejante nas duas pontas, ou por um engenho pontudo dos dois lados e armado de duas flechas. Com a mão esquerda, segura uma Vitória e a seus pés se encontra uma águia de asas abertas que rapta Ganimedes. A parte superior do corpo é nua e a parte inferior, coberta.

Mas essa maneira de representar não era uniforme. A imaginação dos artistas modificava sua imagem ou sua estátua, segundo as circunstâncias e o lugar em que Júpiter era venerado. Os cretenses representavam-no sem orelhas, para assinalar sua imparcialidade; os lacedemônios, ao contrário, prestavam-lhe quatro, para demonstrar que ele era capaz de ouvir todas as súplicas. Ao lado de Júpiter, vêemse com freqüência a Justiça, as Graças e as Horas.

A estátua de Júpiter por Fídias era de ouro e marfim. O deus aparecia sentado num trono com uma coroa de oliveira na cabeça, segurando com a mão esquerda uma Vitória também de ouro e marfim, ornada de faixas e coroada. Com a direita empunhava um cetro, na ponta do qual repousava uma águia que resplandecia com o brilho de todas as variedades de metal. O trono do deus era incrustado de ouro e pedrarias; o marfim e o ébano faziam uma agradável variedade com sua mistura. Nos quatro cantos havia quatro Vitórias, que pareciam dar-se as mãos para dançar, e duas outras aos pés de Júpiter. Na parte mais elevada do trono, acima da cabeça do deus, foram colocadas, de um lado, as Graças, e do outro, as Horas, ambas como filhas de Júpiter.

Juno (em grego, Hera)

Juno era filha de Saturno e Réia, irmã de Júpiter, Plutão, Ceres e Vesta. Segundo Homero, foi nutrida pelo Oceano e por Tétis; outros dizem que foram as Horas que cuidaram de sua educação. Ela se casou com Júpiter, seu irmão gêmeo. As núpcias foram celebradas em Creta, no território dos gnóssios, perto do rio Tereno. Para tornar essas núpcias mais solenes, Júpiter ordenou a Mercúrio que convidasse para elas todos os deuses, todos os homens e todos os animais. Todos compareceram, com exceção da ninfa Quelone, temerária o bastante para zombar desse casamento e que foi transformada em tartaruga.

Júpiter e Juno não viviam em bom entendimento; as querelas entre eles eram contínuas. Mais de uma vez Juno foi surrada e maltratada pelo esposo, devido a seu humor áspero. Uma vez, Júpiter chegou a suspendê-la entre o céu e a terra com uma corrente de ouro e a pôr-lhe uma bigorna em cada pé. Vulcano, seu filho, tendo querido soltá-la, foi derrubado, com um pontapé, do céu para a terra.

As infidelidades de Júpiter com belas mortais provocaram e justificaram com freqüência o ciúme e o ódio de Juno. Por seu lado, essa deusa irascível teve intrigas amorosas, notadamente com o gigante Eurimedonte. Ela conspirou com Netuno e Minerva para destronar Júpiter e amarrou-o todo. Mas Tétis, a Nereida, trouxe em socorro de Júpiter o formidável Briareu, cuja simples presença deteve os desígnios dos conspiradores.

Juno perseguiu todas as concubinas de Júpiter e todos os filhos oriundos de seus amores ilegítimos: Hércules, Io, Europa, Semele, Platéia etc. Dizem que ela sentia uma profunda aversão pelas mulheres inconstantes e culpadas.

Teve vários filhos: Hebe, Vulcano, Marte, Tífon, Ilítia, Argeu.

Na guerra de Tróia tomou, com Minerva, o partido dos gregos contra os troianos, que não cessou de perseguir com seu ódio, mesmo depois da destruição da cidade deles. Na Ilíada, assume a forma de Estentor, um dos chefes gregos, cuja voz, mais sonora que o bronze, mais forte que a de cinqüenta homens robustos reunidos, servia de trombeta ao exército.

Como se dava a cada deus alguma atribuição particular, Juno tinha por quinhão os reinos, os impérios e as riquezas; foi o que ela ofereceu ao pastor Páris, se este lhe atribuísse o prêmio da beleza. Conta-se que tinha um cuidado especial com os trajes e enfeites das mulheres; é por isso que, em suas estátuas, seus cabelos apareciam elegantemente ajustados. Ela presidia aos casamentos, às bodas, aos partos. Então, conforme os casos, era invocada pelos nomes de Juga, Pronuba, Lucina etc. Também presidia à moeda, donde seu epíteto de Moneta.

O culto de Juno era quase tão solene e difundido quanto o de Júpiter. Ela inspirava uma veneração mista de temor. Era venerada principalmente em Argos, Samos e Cartago.

Em Argos, via-se num trono a estátua de Juno, de tamanho extraordinário, toda de ouro e marfim, tendo na cabeça uma coroa acima da qual estavam as Graças e as Horas. Segurava numa das mãos uma romã e, na outra, um cetro, na extremidade do qual estava um cuco, passarinho apreciado pela deusa.

Em Samos, a estátua de Juno também era coroada. Chamavam-na, inclusive, *Juno, a rainha*. Quanto ao mais, estava coberta da cabeça aos pés por um grande véu.

Em Lanúvio, na Itália, a *Juno tutelar* trazia uma pele de cabra, uma lança, um pequeno escudo e escarpins de ponta curva.

Comumente, é representada como matrona majestosa, às vezes com um cetro na mão ou uma coroa radial na cabeça, tendo a seu lado um pavão, sua ave favorita.

O gavião e o ganso também lhe eram consagrados; às vezes acompanham-na em suas estátuas.

Não lhe sacrificavam vacas, porque durante a guerra entre os gigantes e os deuses ela se escondera sob essa forma no Egito. O dictamno, a papoula e a romã lhe eram dados em oferenda; essas plantas ornavam seus altares e suas imagens. A vítima imolada ordinariamente em sua homenagem era uma ovelhinha bem jovem; no entanto, no primeiro dia de cada mês, era-lhe imolada uma porca. As sacerdotisas de Juno eram universalmente respeitadas.

As desavenças entre Juno e Júpiter não são mais que uma alegoria, dizem. Elas representam as perturbações do ar ou do céu. Assim, Juno seria a imagem da atmosfera tão freqüentemente agitada, obscura e ameaçadora. Quanto a Júpiter, ele pareceria personificar o éter puro, a serenidade do firmamento para lá das nuvens e dos astros. De resto,

Juno.

uma expressão da língua latina parece justificar essa concepção. Do mesmo modo que dizemos "passar a noite sob as estrelas", isto é, ao ar livre, os latinos diziam "passar a noite *sob Júpiter*". Na mesma língua, o nome desse deus é empregado poeticamente no sentido de *chuva*, fenômeno tão inexplicável para os antigos quanto o raio.

Minerva, ou Palas (em grego, Atena)

Minerva, filha de Júpiter, era a deusa da sabedoria, da guerra, das ciências e das artes. Após ter devorado Métis, ou a Prudência, Júpiter sentiu uma terrível dor de cabeça e recorreu a Vulcano, que lhe abriu o crânio com uma machadada. De seu cérebro saiu Minerva toda armada e numa idade que lhe permitiu socorrer seu pai na guerra dos gigantes, em que se distinguiu por sua valentia. Um dos traços mais famosos da história de Minerva é sua disputa com Netuno para dar seu nome à cidade de Atenas. Os doze grandes deuses, escolhidos para árbitros, decidiram que o deus que produzisse a coisa mais útil para a cidade lhe daria seu nome. Netuno, com um golpe de tridente, fez sair da terra um cavalo. Minerva dela fez surgir uma oliveira, o que lhe garantiu a vitória.

A casta Minerva permaneceu virgem, mas não temeu disputar o prêmio de beleza com Juno e Vênus. Para vencer suas rivais, ofereceu ao juiz, Páris, o saber e a virtude. Suas ofertas foram inúteis, com o que sentiu um profundo despeito.

Essa deusa era a filha privilegiada do senhor do Olimpo, que lhe havia concedido várias de suas prerrogativas supremas. Ela concedia o espírito de profecia, prolongava a seu bel-prazer os dias dos mortais, proporcionava a felicidade após a morte; tudo o que autorizava com um sinal da cabeça era irrevogável; tudo o que prometia acontecia infalivelmente. Ora conduz Ulisses em suas viagens, ora digna-se ensinar às filhas de Pândaro a arte de distinguir-se nos trabalhos que convêm às mulheres, a representar flores e combates em obras de tapeçaria. É ela também que embeleza com suas mãos o manto de Juno. Enfim, é ela que manda construir a nau dos Argonautas segundo um desenho seu e que põe na proa dela o lenho falante, cortado na floresta de Dodona, o qual dava o rumo, advertia dos perigos e indicava os meios de evitá-los. Sob essa linguagem figurada, é fácil reconhecer o leme da embarcação.

Muitas cidades puseram-se sob a proteção de Minerva, porém a mais favorecida pela deusa foi Atenas, à qual dera seu nome. Lá seu culto era objeto de perpétua veneração; lá tinha seus altares, suas mais belas estátuas, suas festas solenes e, sobretudo, um templo de arquitetura notável, o templo da Virgem, o Partenon. Esse templo, reconstruído sob Péricles, tinha cem pés em todos os sentidos. A estátua, de ouro e marfim, com trinta e nove pés de altura, era obra de Fídias.

Nas Panatenéias, festas solenes de Minerva, todos os povos da Ática acorriam a Atenas. Essas festas, a princípio, não duravam mais que um dia, porém mais tarde sua duração se prolongou. Distinguiam-se as grandes e as pequenas Panatenéias; as grandes eram celebradas a cada cinco anos e as pequenas, todos os anos. Nessas festas disputavam-se três espécies de prêmios: de corrida, de luta e de poesia ou música. Nas grandes Panatenéias, passeava por Atenas um navio enfeitado com a túnica ou véu de Minerva, obra-prima de bordado executada pelas damas atenienses.

Em suas estátuas e imagens atribuem-lhe uma beleza simples, descuidada, modesta, um ar grave, carregado de nobreza, força e majestade. Traz, geralmente, um capacete na cabeça, uma lança numa mão, um escudo na outra e a égide no peito. Está quase sempre sentada, mas, quando de pé, sempre tem, junto com a atitude resoluta da guerreira, o ar meditativo e o olhar dirigido para elevadas concepções.

Os animais consagrados a Minerva eram a coruja e o dragão. Eram-lhe sacrificadas vítimas grandes. Assim, nas grandes Panatenéias, cada tribo da Ática lhe imolava um boi, cuja carne era em seguida distribuída ao povo pelos sacrificantes.

Habitualmente, consideram-se Minerva (Atena) e Palas a mesma divindade. Os próprios gregos associam os dois nomes: Palas-Atena. Entretanto, de acordo com certos poetas, essas duas divindades não deveriam ser confundidas. Palas, chamada a tritoniana de olhos esverdeados, filha de Tritão, fora encarregada da educação de Minerva. Ambas se divertiam com os exercícios das armas. Um dia elas lançaram-se um desafio e chegaram às vias de fato. Minerva teria sido ferida, se Júpiter não houvesse posto a égide diante da filha; Palas apavorou-se com aquilo e, enquanto recuava fitando aquela égide, Minerva feriu-a mortalmente. Isso provocou-lhe uma profunda tristeza e, para se consolar, mandou fazer uma imagem de Palas com a égide em seu peito. É essa imagem ou estátua, dizem, que mais tarde se tornou o famoso Paládio de Tróia.

Em Homero, Minerva cobre seus ombros com a égide imortal, onde está gravada a cabeça da Górgona Medusa, rodeada de serpentes e da qual pendem fileiras de galões dourados. Em torno dessa égide estavam o Terror, a Dissensão, a Força, a Guerra etc. A égide às vezes é tomada pela couraça de Minerva, mais raramente por seu escudo. As únicas divindades que envergam a égide são Minerva, Marte e Júpiter. A égide de Júpiter era feita com a pele da cabra Amaltéia, sua ama-de-leite.

Vesta (em grego, Héstia)

É importante não confundir a antiga Vesta, isto é, Titéia ou a Terra, mulher de Urano, com a virgem Vesta, deusa do fogo ou o próprio fogo, pois os gregos a chamavam Héstia,

Minerva.

palavra que significa *lareira*. No entanto, entre os poetas, essas duas divindades parecem ser confundidas.

Vesta, deusa do fogo, tinha um culto que, na Ásia e na Grécia, remontava à mais alta antiguidade. Ela era venerada em Tróia muito tempo antes da ruína dessa cidade, e foi Enéias quem, acredita-se, levou para a Itália seu culto e seu símbolo: ele a tinha entre seus deuses penates.

Os gregos começavam e acabavam todos os seus sacrifícios venerando Vesta e invocavam-na em primeiro lugar, antes de todos os outros deuses. Havia em Corinto um templo de Vesta, mas sem nenhuma estátua; via-se apenas no meio desse templo um altar para os sacrifícios que eram feitos a ela. Também tinha altares em vários templos consagrados a outros deuses, como em Delfos, Atenas, Tênedos, Argos, Mileto, Éfeso etc.

Seu culto consistia principalmente em manter o fogo que lhe era consagrado e em tomar cuidado para que não se apagasse.

Em Roma, Numa Pompílio construiu para Vesta um templo em forma de globo, imagem do universo. Era no meio desse templo que se conservava o fogo sagrado com grande vigilância, pois ele era considerado a garantia do império do mundo. Se o fogo viesse a apagar-se, só deveria ser aceso aos raios do sol, por meio de uma espécie de espelho. Mesmo que não se apagasse, o fogo era renovado todos os anos, no primeiro dia de março.

Em Roma, assim como entre os gregos, Vesta, a virgem, não tinha outra imagem ou outro símbolo além do fogo sagrado. Uma das maneiras de representá-la era em traje de matrona, vestindo a estola, segurando na mão direita uma tocha, uma lamparina, ou uma pátera, vaso de duas asas chamado *capeduncula*, às vezes também um Paládio ou uma pequena Vitória. Às vezes, em vez da pátera, ela empunha uma haste, lança sem ponta, ou uma cornucópia. Nas medalhas e nos monumentos, os títulos que lhe dão são Vesta, a santa, a eterna, a feliz, a antiga, Vesta, a mãe etc.

Vesta.

Entre os romanos, o fogo sagrado de Vesta era guardado e mantido por jovens virgens, as Vestais. Essas moças eram escolhidas nas melhores famílias de Roma, na idade de seis a dez anos. Permaneciam a serviço da deusa durante vinte a trinta anos. Reintegravam-se depois à sociedade romana, com a permissão de contrair matrimônio. Mas, durante seu sacerdócio, as Vestais que deixavam o fogo apagar eram severa e até cruelmente punidas; a que violava seu voto de virgindade era morta, às vezes enterrada viva.

Em compensação de todos esses rigores, as Vestais eram objeto de um respeito universal. Como os altos dignitários, eram precedidas de um lictor e só dependiam do colégio dos pontífices; eram freqüentemente chamadas para aplacar as dissensões nas famílias; eram-lhes confiados os segredos dos particulares e algumas vezes os segredos de Estado. Foi nas mãos delas que o imperador Augusto depositou seu testamento; depois da sua morte, levaram-no ao senado romano.

Tinham a cabeça cingida de faixas de lã branca, que lhes caíam graciosamente sobre os ombros e de cada lado do peito. Seus trajes eram de grande simplicidade, mas não privados de elegância. Por cima de uma túnica branca vestiam uma espécie de roquete da mesma cor. Seu manto, que era púrpura, escondia-lhes um ombro e deixava o outro seminu. Primitivamente elas cortavam os cabelos, porém, mais tarde, passaram a ter cabelos compridos. Quando o luxo se propagou em Roma, foram vistas passeando em suntuosa liteira e até num carro magnífico, com numeroso séquito de mulheres e escravos.

Latona

Filha do titã Céu, segundo Hesíodo, filha de Saturno, segundo Homero, foi amada por Júpiter. Com ciúme da rival, Juno fez a serpente Píton persegui-la e a Terra prometer não lhe dar refúgio nenhum. A ponto de dar à luz, percorria o mundo em busca de um asilo. Netuno teve dó da sua sorte e, com um golpe de seu tridente, fez sair do mar a ilha de Delos. Momentaneamente transformada em codorna por Júpiter, Latona refugia-se nessa ilha, onde põe no mundo Apolo e Diana, à sombra de uma oliveira ou de uma palmeira. A ilha de Delos, a princípio flutuante, foi fixada mais tarde por Apolo no meio das Cíclades, sendo estas, por assim dizer, arrumadas em círculo em torno dela.

Latona era venerada em particular em Delos e Argos. Assim como Juno ou Lucina, ela presidia ao nascimento dos homens, e as mães, em suas angústias e sofrimentos, lhe dirigiam invocações.

Apolo, ou Febo

(Em grego, os nomes *Phoibos* e *Apollon* por vezes são reunidos.)

Filho de Júpiter e de Latona, irmão gêmeo de Diana, Apolo, ou Febo, nasceu na ilha flutuante de Delos, que, a partir desse momento, tornou-se estável e imóvel pela vontade do jovem deus ou pelo favor de Netuno. Na adolescência, pegou a aljava e suas terríveis flechas e vingou sua mãe da serpente Píton, pela qual ela havia sido tão obstinadamente perseguida. A serpente foi morta, esfolada e sua pele serviu para cobrir a trípode sobre a qual a pitonisa de Delfos sentava-se para proferir seus oráculos. Com um rosto de beleza radiante, uma cabeleira loura que caía em cachos graciosos sobre seus ombros, alto e desembaraçado, com uma atitude e um porte sedutores, o deus amou a ninfa Corônis, que o fez pai de Esculápio. Esse filho de Apolo, que se destacava na medicina, foi fulminado por Júpiter por ter usado segredos da sua arte para ressuscitar Hipólito sem o assentimento dos deuses. Furioso, Apolo trespassou com suas flechas os Ciclopes, que haviam forjado o raio. Essa vingança, vista como um atentado, o fez ser expulso do Olimpo. Exilado do céu, condenado a viver na terra, Apolo refugiou-se junto de Admeto, rei da Tessália, cujos rebanhos guardou. Era tal o encanto que exercia à sua volta nos campos, tão numerosas as graças com que embelezava a vida campestre, que os próprios deuses ficaram com ciúme dos pastores.

Durante seu exílio, cantava e tocava lira. Pã, com sua flauta, ousou rivalizar com ele diante de Midas, rei da Frígia, designado como árbitro. Amigo de Pã, Midas pronunciou-se a seu favor e, para puni-lo por seu estúpido julgamento, Apolo fez crescer nele orelhas de asno. O sátiro Mársias, outro flautista, tendo também querido rivalizar com Apolo, com a condição de que o vencido fosse posto à disposição do vencedor, foi batido pelo deus, que o fez ser esfolado vivo. Um dia Mercúrio rouba-lhe o rebanho e Apolo deixa de servir a Admeto, passando ao serviço de Laomedonte, filho de Ilo e pai de Príamo.

Apolo ajudou Netuno a construir as muralhas de Tróia e, como os deuses não receberam de Laomedonte nenhum salário, puniu essa ingratidão fazendo o povo sofrer uma peste que causou imensos estragos.

Errou ainda por algum tempo na terra, amou Dafne, filha do rio Peneu, que se esquivou de seu amor e foi metamorfoseada em loureiro; Clítia, que, vendo-se abandonada por sua irmã Leucótoe, morreu de dor e transformou-se em heliotrópio; enfim, Climene, que teve de Apolo um grande número de filhos, o mais célebre dos quais é Faetonte.

Jacinto, filho de Amiclas e Diomedes, também foi amado por Apolo. Zéfiro, outros dizem Bóreas, que também o amava, indignado com a preferência que o rapaz manifestava pelo deus das Musas, quis dele se vingar. Um dia em que Apolo e Jacinto jogavam, esse vento soprou com violência, desviou o disco que Apolo lançava e dirigiu-o contra Jacinto, que, atingido na testa, caiu morto. O deus lançou mão de todos os recursos da sua arte para trazer de volta à vida aquele jovem adolescente tão ternamente amado. Esforços e cuidados inúteis. Então transformou-o numa flor, o jacinto, em cujas folhas inscreveu as duas primeiras letras de seu nome, *ai, ai*, que, em grego, são ao mesmo tempo a expressão da dor.

Por fim Júpiter cedeu, restabeleceu Apolo em todos os direitos da divindade, restituiu-lhe seus atributos e encarregou-o de difundir a luz no universo. Como sua irmã, Diana, teve diferentes nomes. No céu, chamavam-no Febo, da palavra grega *phoibos*, "luz e vida", porque ele conduzia o carro do sol; na terra e no inferno, era chamado Apolo. É muitas vezes designado por epítetos que lembram ora seus atributos, ora seus templos privilegiados, ora enfim suas façanhas, suas graças físicas ou mesmo seu lugar de nascimento.

Apolo é o deus da música, da poesia, da eloqüência, da medicina, dos augúrios e das artes. Preside aos concertos das nove Musas; com elas, digna-se morar nos montes Parnaso, Hélicon e Píero, às margens do Hipocrene e do Permesso. Não inventou a lira, recebeu-a de Mercúrio; mas como excele em tocá-la, encanta com seus harmoniosos acordes os festins e as reuniões dos deuses. Apolo desfruta de uma juventude eterna, possui o dom dos oráculos e inspira as Pitonisas, ou suas sacerdotisas, em Delos, Tênedos, Claro, Pátaros, Delfos sobretudo e também em Cumos, na Itália.

Seu templo de Delfos era incontestavelmente o mais belo, rico e célebre. Aí acorria gente de todas as partes para consultar o oráculo. Em Roma, o imperador Augusto, que acreditava dever sua vitória de Accio a Apolo, ergueu-lhe, em seu palácio do monte Palatino, um templo com um pórtico e aí instalou uma biblioteca.

A esse deus eram consagrados, entre os animais, o galo, o gavião, a gralha, o grifo, o cisne, a cigarra; entre as árvores, o loureiro, em recordação de Dafne, e que ele deu em recompensa aos poetas, depois a oliveira e a palmeira; entre os arbustos ou as flores, o lótus, a murta, o zimbro, o jacinto, o girassol, o heliotrópio etc. Os jovens chegados à puberdade consagravam-lhe os cabelos em seu templo.

É sempre representado jovem e imberbe, porque o sol não envelhece. O arco e as flechas que traz simbolizam os raios; a lira, a harmonia dos céus; por vezes dão-lhe um escudo, símbolo da proteção que dá aos homens. Tem uma cabeleira esvoaçante e com freqüência uma coroa de louros, de murta ou de oliveira. Suas flechas às vezes são temíveis e malévolas, porque, em certos casos, o ardor do sol provoca miasmas mefíticos, pestilentos; mas quase sempre têm efeito salutar. É venerado como deus da medicina, do mesmo modo que seu filho Esculápio. Acaso não é ele que aquece a natureza, vivifica todos os seres, faz germinar, crescer e florescer as numerosas plantas cuja virtude é um remédio ou sortilégio para tantos males?

Nos monumentos, Apolo, *profeta*, veste uma longa túnica, traje característico dos sacerdotes que proferiam seus oráculos; *médico*, tem a serpente a seus pés; *caçador*, apresenta-se como um rapaz usando uma clâmide leve que deixa perceber o flanco nu; está armado com um arco e tem o pé erguido na atitude da corrida. Sua estátua mais

Apolo de Belvedere.

notável, talvez a mais célebre que nos resta da Antiguidade, é o Apolo de Belvedere. O artista lhe compôs uma figura e uma atitude ideais: o deus acaba de perseguir a serpente Píton, atingiu-a em sua corrida rápida e seu arco temível lhe acertou um golpe mortal. Penetrado por sua força, irradiando uma alegria nobremente contida, seu augusto olhar se dirige ao longe, ao infinito, bem além da sua vitória; o desdém se revela em seus lábios, a indignação enche suas narinas e sobe até suas sobrancelhas, mas uma calma inalterável reina em sua fronte e seu olhar está cheio de candura.

Uma das maiores estátuas de Apolo foi o Colosso de Rodes. Tinha, dizem, setenta côvados de altura e era toda de bronze.

Diana (em grego, Ártemis)

Diana, ou Ártemis, filha de Latona e Júpiter, irmã gêmea de Apolo, nascida em Delos, veio ao mundo alguns instantes antes do irmão. Testemunha das dores maternas de Latona, tomou tal aversão pelo casamento que pediu e obteve de Júpiter a graça de guardar uma virgindade perpétua, assim como Minerva, sua irmã. É por essa razão que as duas deusas receberam do oráculo de Apolo o nome de *virgens brancas*. Júpiter em pessoa armou-a com um arco e flechas e a fez rainha dos bosques. Deu-lhe para séquito sessenta ninfas, chamadas *Oceânides*, e vinte outras chamadas *Ásias*, das quais exigia uma inviolável castidade.

Com esse numeroso e gracioso cortejo, ela se dedica à caça, sua ocupação favorita. Todas as suas ninfas são grandes e belas, mas a deusa supera a todas em estatura e beleza. Como Apolo, seu irmão, tem diferentes nomes: na terra, chama-se Diana ou Ártemis; no céu, Lua ou Febe; no inferno, Hécate. Além disso, tinha grande número de cognomes, segundo as qualidades que lhe eram atribuídas, as regiões a que parecia favorecer, os templos em que era venerada.

Diana de Éfeso.

Quando Apolo, isto é, o Sol, desaparece no horizonte, Diana, isto é, a Lua, resplandece nos céus e difunde discretamente sua luz nas profundezas misteriosas da noite. Essas duas divindades têm funções não idênticas, mas semelhantes: alternadamente iluminam o mundo, daí seu caráter de fraternidade. Apolo é celebrado de preferência pelos rapazes; Diana o é mais pelos coros de moças.

Essa deusa é grave, severa, cruel e até mesmo vingadora. Era implacável contra todos os que provocavam seu ressentimento. Não hesita em destruir as colheitas, em devastar os rebanhos, em semear a epidemia em torno deles, em humilhar, fazer até mesmo seus filhos perecerem. A pedido de sua mãe, Latona, junta-se a Apolo para trespassar com suas flechas todos os filhos da infeliz Níobe. Trata as ninfas com o mesmo rigor, se elas esquecem seu dever.

Um dia, Actáion, quando caçava, surpreende-a tomando banho. Ela joga-lhe água na cara; o caçador é transformado imediatamente em cervo e devorado por seus cães. Outro dia, num acesso de ciúme, criva de flechas ou mata cruelmente Órion, a quem ama e que se deixara arrebatar pela Aurora. Ópis, companheira de Diana, não teve uma sorte mais feliz.

Virgem implacável, Diana entretanto apaixonou-se pela beleza de Endimião. Esse neto de Júpiter obtivera do senhor do Olimpo o singular favor de um sono perpétuo. Sempre jovem, sem nunca sentir os golpes da velhice, nem da morte, Endimião dormia numa gruta do monte Latmos, em Cária. Era lá que Diana ou a Lua vinha todas as noites visitá-lo.

A gazela e o javali lhe eram particularmente consagrados. Ofertavam-lhe em sacrifício as primícias da terra, bois, carneiros, cervos brancos, algumas vezes vítimas humanas. Sabe-se que o sacrifício de Ifigênia inspirou mais de um poeta trágico. Em Táuride, todos os que naufragavam na costa eram imolados a Diana ou lançados num precipício em sua homenagem. Em Cilícia, tinha um templo em que os adoradores caminhavam sobre carvões ardentes.

Seu templo mais célebre era incontestavelmente o de Éfeso. Durante duzentos e vinte anos, toda a Ásia concorreu para construí-lo, orná-lo e enriquecê-lo. As imensas riquezas que ele continha foram sem dúvida a causa das diferentes revoluções que sofreu. Pretende-se que tenha sido destruído e reconstruído sete vezes. No entanto, a história só menciona dois incêndios desse templo: o primeiro pelas Amazonas, o segundo por Eróstrato, na mesma noite em que Alexandre nasceu. Foi inteiramente destruído no ano 263, sob o imperador Galiano.

As estátuas de Diana de Éfeso são bastante conhecidas. O corpo da deusa é normalmente dividido por faixas, de sorte que ela parece, por assim dizer, enrolada. Ela traz na cabeça uma torre de vários andares; em cada braço, leões; no peito e no estômago, um grande número de mamas.

Diana com a gazela.

Toda a parte de baixo do corpo está salpicada de diferentes animais, bois ou touros, cervos, esfinges, abelhas, insetos, etc. Vêem-se até árvores e diferentes plantas, todas elas símbolos da natureza e de suas inúmeras produções.

Em outras obras, foi representada às vezes com três cabeças: a primeira, de cavalo, a segunda, de mulher ou de javalina e a terceira, de cão, ou, então, de touro, cão e leão.

Essas diversas representações da deusa parecem relacionar-se a um culto primitivo, de origem asiática, mesclado com tradições egípcias. Na arte grega propriamente dita, é sobretudo a casta Diana, a Diana caçadora, amante dos bosques e das montanhas, a deusa orgulhosa e altaneira, a resplandecente rainha da noite, que a escultura e a gravura mais representaram.

Vemo-la em traje de caça, com os cabelos presos atrás, a túnica arregaçada com uma segunda cintura, a aljava no ombro, um cão a seu lado e empunhando um arco retesado, com o qual arremessa uma flecha. Traz as pernas e os pés nus, e o seio direito descoberto. Algumas vezes calça coturnos. Muitas vezes tem um crescente acima da testa, símbolo da Lua. Era representada caçando, ou no banho, ou descansando das fadigas da caçada. Os poetas pintam-na ora num carro puxado por gazelas ou cervos brancos, ora ela mesma montada num cervo, ora correndo a pé com seu cão, e sempre cercada de suas ninfas, armadas como ela de arcos e flechas.

A gravura aqui reproduzida representa o grupo *Diana com a gazela*, obra de Jean Goujon.

Ceres (em grego, Deméter)

Filha de Saturno e Ops, ou de Vesta, ou de Cibele, Ceres ensinou aos homens a arte de cultivar a terra, de semear, colher o trigo e fazer pão, o que a faz ser considerada a grande deusa da agricultura. Júpiter, seu irmão, apaixonado por sua beleza, teve com ela Perséfone ou Prosérpina. Também foi amada por Netuno e, para escapar da sua perseguição, transformou-se em jumento. O deus percebeu e metamorfoseou-se em cavalo. Os amores de Netuno fizeram-na mãe do cavalo Aríon.

Envergonhada com a violência que Netuno lhe fez, ela pôs-se de luto e retirou-se numa gruta, onde permaneceu tanto tempo que o mundo corria risco de morrer de fome, porque durante a sua ausência a terra sofria de esterilidade. Enfim, Pã, caçando na Arcádia, descobriu seu refúgio e informou-o a Júpiter, que, pela intervenção das Parcas, acalmou-a e devolveu-a ao mundo privado de suas mercês.

Os figálios erigiram-lhe na Arcádia uma estátua de madeira, cuja cabeça era a de uma égua com uma crina de onde saíam dragões. Chamavam-na *Ceres, a negra*. Como essa estátua fora queimada por acidente, os figálios desprezaram o culto de Ceres e foram punidos com uma penúria pavorosa, que só cessou quando, a conselho de um oráculo, a estátua foi restabelecida.

Havendo Plutão raptado Prosérpina, Ceres, inconsolável, queixou-se a Júpiter; mas, pouco satisfeita com a resposta, pôs-se em busca da filha. Uns contam que subiu num carro puxado por dragões alados, levando na mão uma tocha acesa com o fogo do Etna; outros dizem que ia a pé sem rumo, de região em região. Depois de ter corrido o dia inteiro, acendia uma tocha e continuava a corrida durante a noite.

Ceres deteve-se primeiro em Elêusis. Nos campos vizinhos dessa cidade, via-se uma pedra em que a deusa estava sentada, acabrunhada pela dor, e que era chamada *pedra triste*. Também era mostrado um poço junto ao qual repousara. Em Atenas, ela foi recebida por Celeu e reconheceu sua hospitalidade ensinando a Triptólemo, seu filho, a arte da agricultura. Ademais, ela lhe deu um carro puxado por dois dragões, mandou-o pelo mundo para estabelecer a lavoura e abasteceu-o de trigo para esse fim. Em seguida, foi recebida por Hipotôon e sua mulher, Meganise, mas recusou o vinho que lhe ofereciam, como inconveniente à sua tristeza e a seu luto.

Passando pela Lícia, transformou em rãs uns camponeses que haviam turvado a água de uma fonte em que ela queria matar sua sede. Um fato idêntico é atribuído por certos poetas à deusa Latona.

Enfim, depois de ter percorrido o mundo sem nada ficar sabendo da filha, voltou à Sicília, onde a ninfa Aretusa informou-a de que Prosérpina era mulher de Plutão e rainha do Inferno.

Na Sicília, todos os anos, em comemoração à partida de Ceres para suas longas viagens, os insulares, vizinhos do Etna, corriam de noite com tochas acesas dando gritos.

Na Grécia, as Demétrias, Cereais ou festa de Ceres, eram numerosas. As mais curiosas eram, por certo, aquelas em que os adoradores da deusa se fustigavam mutuamente com chibatas feitas de casca de árvores. Atenas tinha duas festas solenes em honra a Ceres, uma chamada *Eleusínia*, a outra, *Tesmofória*. Foram instituídas, dizia-se, por Triptólemo. Imolavam-se porcos por causa do estrago que faziam nos bens da terra e faziam-se libações de vinho doce.

Essas festas foram introduzidas mais tarde em Roma: eram celebradas pelas damas romanas vestidas de branco. Os próprios homens, simples espectadores, vestiam-se de tecidos brancos. Acreditava-se que essas festas, para serem agradáveis à deusa, não deviam ser celebradas por pessoas de luto. É por isso que foram omitidas no ano da batalha de Canas.

Além do porco, da porca ou da javalina, Ceres também aceitava o carneiro como vítima. Em suas solenidades, as guirlandas que se usavam eram de murta ou de narciso; mas as flores eram proibidas, porque fora colhendo flores que Prosérpina fora raptada por Plutão. Só a papoula lhe era consagrada, não só porque cresce em meio ao trigo, mas também porque Júpiter a fez comê-la para dar-lhe sono e, por conseguinte, uma trégua à sua dor.

Em Creta, na Sicília, na Lacedemônia e na maioria das outras cidades do Peloponeso, eram periodicamente celebradas as *Eleusínias*, ou mistérios de Ceres. Mas são os mistérios de Elêusis os mais célebres. De Elêusis passaram a Roma, onde subsistiram até o reinado de Teodósio. Esses mistérios eram divididos em grandes e pequenos. Os pequenos mistérios eram uma preparação para os grandes; eram celebrados perto de Atenas, às margens do Ilisso. Eles conferiam uma espécie de noviciado. Após certo lapso de tempo mais ou menos longo, o noviço era iniciado nos grandes mistérios, no templo de Elêusis e durante a noite. Quatro ministros presidiam às cerimônias da iniciação. O primeiro era o *Hierofante*, ou o que revela as coisas sagradas; o segundo, o *Dodonque*, ou chefe dos lampadóforos; o terceiro, o *Hierocerice*, ou chefe dos arautos sagrados; o quarto, o *Assistente* do altar, cuja vestimenta alegórica representava a lua. O arconte-rei de Atenas era o superintendente das festas de Elêusis. Os ministros subalternos eram numerosíssimos e distribuídos em várias classes, segundo a importância de suas misteriosas funções. As festas de Elêusis duravam nove dias todos os anos, no mês de setembro. Durante esses nove dias, os tribunais ficavam fechados.

Os atenienses faziam seus filhos serem iniciados nos mistérios de Elêusis desde o berço. Era proibido, inclusive às mulheres, fazer-se levar ao templo de carro ou carrinho. Os iniciados consideravam-se como que postos sob a tutela e a proteção de Ceres, o que os levava a ter esperança numa felicidade ilimitada.

Nesses mistérios, as cerimônias eram sem dúvida emblemáticas. Supõe-se que elas diziam respeito unicamente à evolução dos astros, à sucessão das estações e à marcha do

Ceres.

sol. Como o silêncio era religiosamente observado pelos iniciados, ficamos reduzidos a puras hipóteses.

Ceres é representada de ordinário com o aspecto de uma bela mulher, de porte majestoso e tez corada; tem olhos langorosos e cabelos louros que caem em desalinho sobre os ombros. Além de uma coroa de espigas de trigo, usa um diadema bem elevado. Por vezes é coroada de uma guirlanda de espigas ou de papoulas, símbolo da fecundidade. Tem o peito largo, os seios inchados; segura na mão direita um feixe de espigas e, na esquerda, uma tocha ardente. Sua túnica cai até os pés e com freqüência usa um véu caído para trás.

Às vezes representam-na com um cetro ou uma foice; duas crianças presas a seu seio e segurando cada qual uma cornucópia indicam bastante bem a nutriz do gênero humano. O tecido de suas roupas é amarelo, cor dos trigos maduros.

Aqui é representada na atitude triunfante da deusa das colheitas. Está inteiramente vestida, símbolo da Terra que furta aos olhos sua força fecundante e só deixa ver seus produtos. Com a mão direita retém seu véu sobre o ombro esquerdo; com a outra, aperta contra si um buquê dos campos; a coroa de espigas está posta sobre seus cabelos artisticamente penteados e ela ergue para o céu um olhar satisfeito, com uma expressão de reconhecimento para com os outros deuses que a secundaram.

Seu carro é puxado por leões ou serpentes.

Em seus monumentos, é chamada na maioria das vezes *Magna Mater, Mater Maxima* (Mãe poderosa, poderosíssima Mãe); chamam-na também *Ceres deserta* (Ceres, a abandonada), ou *taedifera* (porta-facho), *thesmophoros* ou *legifera* (legisladora), porque se atribuía a essa deusa a invenção das leis. Por seus atributos, ela lembra a Ísis egípcia.

Vulcano (em grego, Hefesto)

Vulcano era filho de Júpiter e Juno, ou, segundo alguns mitólogos, só de Juno, com o socorro do vento. Envergonhada por ter posto no mundo um filho tão disforme, a deusa precipitou-o no mar para que ele permanecesse eternamente escondido nos abismos. Mas Vulcano foi recolhido pela bela Tétis e por Eurínome, filhas de Oceano. Durante nove anos, cuidado por elas, permaneceu numa gruta profunda, ocupado em fabricar-lhes brincos, broches, anéis, pulseiras. Entretanto, o mar escondia-o sob as suas águas, de modo que nenhum dos deuses nem dos homens sabia onde ficava seu refúgio, salvo as duas divindades que o protegiam.

Conservando no fundo do seu coração muito ressentimento para com sua mãe por causa dessa injúria, Vulcano faz uma cadeira de ouro que tinha uma mola misteriosa e manda-a ao céu. Juno admira tão preciosa cadeira e, sem desconfiar, quer sentar-se nela. É logo pega como numa armadilha em que teria ficado por muito tempo, não fora a intervenção de Baco, que embriagou Vulcano para obrigá-lo a soltar Juno. Essa aventura da mãe dos deuses provocou a hilaridade de todos os habitantes do Olimpo – pelo menos é o que pretende o grande Homero.

Em outra passagem, Homero conta que foi o próprio Júpiter que precipitou Vulcano do alto do céu. No dia em que Júpiter suspendera Juno no meio dos ares para puni-la por ter provocado uma tempestade que devia fazer Hércules perecer, Vulcano, por um sentimento de compaixão ou de piedade filial, veio em socorro da sua mãe. Ele pagou caro por esse movimento de bondade. Júpiter pegou-o pelos pés e lançou-o no espaço. Depois de ter rodado o dia inteiro nos ares, o infortunado Vulcano caiu na ilha de Lemnos, onde foi recolhido e tratado por seus habitantes. Nessa queda terrível, quebrou as duas pernas e ficou manco para sempre.

No entanto, graças ao crédito de Baco, Vulcano foi chamado de volta ao céu e restabelecido nas boas graças de Júpiter, que o fez casar-se com a mais bela e infiel de todas as deusas, Vênus, mãe de Amor.

Esse deus tão feio, tão disforme, é, de todos os habitantes do Olimpo, o mais laborioso e, ao mesmo tempo, o mais industrioso. Era ele que, como se brincasse, fabricava as jóias para as deusas, ele que, com seus Ciclopes, na ilha de Lemnos ou no monte Etna, forjava os raios de Júpiter. Teve a engenhosa idéia de fazer poltronas que iam por si mesmas às assembléias dos deuses. Não é apenas o deus do fogo, mas também do ferro, do bronze, da prata, do ouro, de todas as matérias fundíveis. Eram-lhe atribuídas todas as obras forjadas que passavam por maravilhas: o palácio do Sol, as armas de Aquiles, as de Enéias, o cetro de Agamêmnon, o colar de Hermíone, a coroa de Ariadne, a rede invisível em que capturou Marte e Vênus etc.

Esse deus tinha vários templos em Roma, mas extramuros. O mais antigo, dizia-se, fora construído por Rômulo. Nos sacrifícios que lhe eram oferecidos, tinha-se por costume fazer a vítima inteira ser consumida pelo fogo, nada reservar dela para o banquete sagrado. Assim, eram realmente holocaustos. A guarda de seus templos era confiada a cachorros; o leão lhe era consagrado. Suas festas celebravam-se no mês de agosto, isto é, durante os calores ardentes do verão. Em homenagem ao deus do fogo, ou, antes, considerando o fogo como o próprio deus, o povo lançava vítimas num braseiro, para que o deus se lhe tornasse propício. Por ocasião dessas festas, que duravam oito dias consecutivos, havia corridas populares em que os concorrentes levavam uma tocha na mão. Quem era vencido dava sua tocha ao vencedor.

Vulcano.

Eram vistos como filhos de Vulcano todos os que se tornaram célebres na arte de forjar os metais. Os epítetos mais comuns que se dão a Vulcano, ou Hefesto, são Lêmnio (o lemniano), Múlciber ou Múlcifer (que maneja o ferro), Etneo (do Etna), Tardipes (de andar lento), Junonígena (filho de Juno), Crisor (brilhante), Calopódio (de pés tortos, manco), Anfigíeis (que manca dos dois pés) etc.

Nos antigos monumentos, esse deus é representado barbudo, com os cabelos meio despenteados, semicoberto por uma indumentária que só lhe chega até o joelho, trazendo na cabeça um gorro redondo e pontudo. Na mão direita segura um martelo e na esquerda, uma tenaz. Embora, segundo a fábula, tenha sido manco, os artistas suprimiam esse defeito ou exprimiam-no de forma apenas sensível. Assim, apresentavam-no de pé, mas sem nenhuma deformidade aparente.

Os poetas situavam a morada ordinária de Vulcano numa das ilhas Eólias, coberta de rochedos, cujo cume vomita turbilhões de fumaça e chama. Do nome dessa ilha, chamada outrora Vulcânia, hoje Volcano, veio a palavra *vulcão*.

Mercúrio (em grego, Hermes)

Mercúrio era filho de Júpiter e Maia, filha de Atlas. Os gregos chamavam-no *Hermes*, isto é, intérprete ou mensageiro. Mensageiro dos deuses e, em particular, de Júpiter, servia-os com zelo incansável e sem escrúpulo, mesmo em casos pouco honestos. Como ministro ou servidor, participava de todos os negócios. Vemo-lo tratando da paz e da guerra, das querelas e dos amores dos deuses, do interior do Olimpo, dos interesses gerais do mundo, no céu, na terra e no inferno. Encarrega-se de fornecer e servir ambrosia à mesa dos Imortais, preside aos jogos, às assembléias, escuta os pleitos, responde, seja por si mesmo, seja conforme as ordens recebidas. Leva para o Inferno as almas dos mortos com sua vara divina ou seu caduceu; acontece às vezes trazê-las de volta à terra. Só se podia morrer depois de ele ter rompido totalmente os vínculos que ligam a alma ao corpo.

Deus da eloqüência e da arte de bem falar, era também o deus dos viajantes, dos mercadores e até dos ladrões. Embaixador plenipotenciário dos deuses, assiste aos tratados de aliança, sanciona-os, ratifica-os e não permanece estranho às declarações de guerra entre as cidades e os povos. De dia, de noite, não cessa de estar vigilante, atento, alerta. Numa palavra, é o mais ocupado dos deuses e dos homens. Se se trata de acompanhar, proteger Juno, lá está junto a ela; se é preciso vigiá-la, impedi-la de urdir alguma intriga, lá está ele de novo, sempre disposto a cumprir seu dever. É mandado por Júpiter para preparar-lhe a abordagem das mais amáveis dentre as mortais, para transportar Cástor e Pólux a Palene, para acompanhar o carro de Plutão que rapta Prosérpina; ele arremete do alto do Olimpo e atravessa o espaço com a rapidez do raio. Foi a ele que os deuses confiaram a missão delicada de conduzir diante do pastor Páris as três deusas que disputavam o prêmio da beleza.

Tantas funções, tantos atributos diversos concedidos a Mercúrio lhe conferiam uma importância considerável nos conselhos dos deuses. Por outro lado, os homens ainda acresciam suas qualidades divinas, atribuindo-lhe mil talentos industriosos. Não só contribuía para o desenvolvimento do comércio e das artes, como foi ele, dizia-se, o primeiro que formou uma língua exata e regular, que inventou os primeiros caracteres da escrita, ajustou a harmonia das frases, deu nome a uma infinidade de coisas, instituiu práticas religiosas, multiplicou e consolidou as relações sociais, en-

Argos guardando a vaca Io.

sinou o dever aos esposos e aos membros da mesma família. Também havia ensinado aos homens a luta, a dança e, em geral, todos os exercícios do estádio que requerem força e graça. Enfim, foi o inventor da lira, em que pôs três cordas e que se tornou o atributo de Apolo.

Suas qualidades não deixavam de ser compensadas por alguns defeitos. Seu humor inquieto, sua conduta capciosa suscitaram-lhe mais de uma querela com os outros deuses. O próprio Júpiter, esquecendo um dia todos os serviços desse servidor devotado, expulsou-o do céu e reduziu-o a guardar os rebanhos na terra. Foi no tempo em que Apolo era vítima da mesma desgraça.

Debitou-se a Mercúrio grande número de patifarias. Ainda criança, esse deus dos mercadores e dos ladrões roubou o tridente de Netuno, as flechas de Apolo, a espada de Marte, o cinto de Vênus. Também roubou os bois de Apolo. Mas, em virtude de um acordo pacífico, trocou-as por sua lira. Esses furtos, alegorias bastante transparentes, indicam que Mercúrio, sem dúvida personificação de um mortal ilustre, era ao mesmo tempo hábil navegador, destro arqueiro, bravo guerreiro, elegante e gracioso em todas as artes, comerciante consumado, trocando o agradável pelo útil.

Foi culpado de um assassinato para servir aos amores de Júpiter.

Argos, filho de Arestor, tinha cem olhos, cinqüenta dos quais ficavam abertos enquanto o sono fechava os outros cinqüenta. Juno confiou-lhe a guarda de Io, transformada em vaca; mas Mercúrio adormeceu, com o som da sua flauta, esse guardião vigilante e cortou-lhe a cabeça. Desolada e decepcionada, Juno pegou os olhos de Argos e espalhou-os pela cauda do pavão. Outros contam que Argos foi metamorfoseado em pavão por essa deusa.

O culto de Mercúrio nada tinha de particular, a não ser que lhe eram oferecidas as línguas das vítimas, emblema da sua eloqüência. Pelo mesmo motivo, ofereciam-lhe leite e

Mercúrio com a bolsa.

mel. Imolavam-lhe vitelas e galos. Era especialmente venerado em Creta, país de comércio, e em Cilene, na Élida, porque se acreditava que nascera no monte de mesmo nome, situado perto dessa cidade. Também tinha um oráculo em Acaia. Depois de muitas cerimônias, falava-se ao deus ao pé do ouvido, para pedir-lhe o que se desejava. Em seguida, saía-se do templo, com os ouvidos tapados com as mãos, e as primeiras palavras que se ouviam eram a resposta do deus.

Em Roma, os comerciantes celebravam uma festa em sua honra no dia 15 de maio, dia em que lhe haviam dedicado um templo no circo. Sacrificavam uma porca prenhe e aspergiam-se com a água de certa fonte, a que se atribuía uma virtude divina, rogando ao deus que favorecesse seu comércio e lhes perdoasse suas pequenas fraudes.

Os ex-votos que os viajantes lhe ofereciam de volta de uma longa e penosa viagem eram pés alados.

Como divindade tutelar, Mercúrio é ordinariamente representado com uma bolsa na mão. Alguns monumentos representam-no com uma bolsa na mão esquerda e, na outra, um ramo de oliveira e uma clava, símbolos, um da paz, útil ao comércio, e a outra da força e da virtude, necessárias ao tráfico. Na qualidade de negociador dos deuses, ele leva na mão o caduceu, bastão mágico ou divino, emblema da paz. O caduceu é entrelaçado por duas serpentes, de sorte que a parte superior forma um arco; além disso, é encimado por duas asinhas. O deus tem asas em seu capacete e, às vezes, nos pés, para ressaltar a ligeireza de sua corrida e a rapidez com que executa as ordens.

Geralmente, é representado como um rapaz, de belo rosto, porte natural, ora nu, ora com um manto nos ombros, mas que mal o cobre. Usa freqüentemente um chapéu chamado pétaso, a que são presas asas. É raro vê-lo sentado. Seus diferentes ofícios no céu, na terra e no inferno mantinham-no em contínua atividade. Em algumas pinturas, vemo-lo com a metade do rosto clara e a outra negra e sombria, o que indica que ora está no céu ou na terra, ora no inferno, para onde conduz as almas dos mortos.

Quando era representado com uma longa barba e uma figura de ancião, prestavam-lhe um manto que caía até os pés.

Mercúrio, dizem, é pai do deus Pã, fruto de seus amores com Penélope. Mas Penélope não foi a única mortal ou deusa honrada com seus favores. Houve também Acacális, filha de Minos, Herse, filha de Cécrope, Eupolêmia, filha de Mirmidão, que lhe deu vários filhos, Antianira, mãe de Equíon, Prosérpina e a ninfa Lara, de quem teve os deuses Lares.

Como *Hermes* era o nome grego de Mercúrio, chamavam-se por esse nome certas estátuas feitas de mármore e, às vezes, de bronze, sem braços nem pés. Os atenienses, e a seu exemplo, os outros povos da Grécia e inclusive, mais tarde, os romanos, colocavam hermes nos cruzamentos das cidades e das grandes estradas, porque Mercúrio presidia às viagens e aos caminhos. Comumente, o hermes não é mais que uma pilastra encimada por uma cabeça; se tem duas cabeças, é sempre a de Mercúrio reunida à de uma outra divindade.

Quarta-feira é o dia da semana a ele consagrado (*Mercurii dies*).

Marte (em grego, Ares)

Marte, ou Ares, isto é, *o bravo*, era filho de Júpiter e Juno. Os poetas latinos atribuem-lhe outra origem. Enciumada por Júpiter ter posto Minerva no mundo sem sua participação, Juno quis, por sua vez, conceber e gerar. A deusa Flora indicou-lhe uma flor que crescia nos campos de Oleno, na Acaia, e cujo contato bastava para produzir esse maravilhoso efeito. Graças a essa flor, tornou-se mãe de Marte. Ela o fez ser educado por Priapo, com quem Marte aprendeu dança e os demais exercícios do corpo, prelúdio da guerra.

Os gregos carregaram a história de Marte de certo número de aventuras.

Havendo Alirótio, filho de Netuno, cometido violência contra Alcipe, filha de Marte, esse deus vingou-a matando o autor do crime. Desesperado com a morte do filho, Netuno levou Marte a juízo diante dos doze grandes deuses do Olimpo, que o obrigaram a defender sua causa. Ele a defendeu tão bem que foi absolvido. O julgamento realizou-se numa colina de Atenas chamada, desde então, *Areópago* (colina de Marte), onde se estabeleceu o famoso tribunal ateniense.

Tendo Ascálafo, filho de Marte, que comandava os beócios no cerco de Tróia, sido morto, o deus correu para vingá-lo pessoalmente, contra a vontade de Júpiter, que proibira que os deuses tomassem partido a favor ou contra os troianos. O rei do céu teve um acesso de cólera furiosa, mas Minerva acalmou-o, prometendo apoiar os gregos. De fato, ela provocou Diomedes a bater-se contra Marte, que foi ferido no flanco pela lança desse herói. Minerva é que dirigiu o golpe. Retirando a arma do ferimento, Marte dá um grito terrível e logo volta ao Olimpo, em meio a um turbilhão de poeira. Júpiter repreende-o severamente, mas não deixa de ordenar ao médico dos deuses que cure seu filho. Peônio põe em sua ferida um bálsamo que o cura sem dificuldade, pois, num deus, não há nada mortal.

Homero e Ovídio contaram os amores de Marte e Vênus. Marte pusera-se em guarda contra os olhos clarividentes de Febo, que era seu rival junto à bela deusa, e colocara Aléctrion, seu favorito, de sentinela; mas, como este adormeceu, Febo viu os culpados e correu para prevenir Vulcano. O esposo ultrajado envolveu-os numa rede tão sólida quanto invisível e tornou todos os deuses testemunhas do crime e da confusão do par. Marte pune seu favorito metamorfoseando-o em galo e, desde então, essa ave tenta reparar seu erro, anunciando com seu canto o nascer do astro do dia. A pedido de Netuno e sob sua caução, Vulcano desfaz os laços maravilhosos. Postos em liberdade, os cativos logo alçam vôo, um para a Trácia, sua terra natal, a outra para Pafo, em seu refúgio predileto.

Os poetas atribuem a Marte várias mulheres e vários filhos. De Vênus teve dois, Deimos e Fobos (o Terror e o Medo), e uma filha, Hermíone ou Harmonia, que se casou com Cadmo. De Réia, teve Rômulo e Remo; de Tebe, Evadne, mulher de Capaneu, um dos sete chefes tebanos; e de Pirene, Cicno, que, montado no cavalo Aríon, combateu contra Hércules e foi morto por esse herói. Os antigos habitantes da Itália davam Nereína por esposa a Marte.

Esse deus tem Belona como irmã ou mulher. Era ela quem atrelava e conduzia seu carro; o Terror (Deimos) e o Medo (Fobos) acompanhavam-na. Os poetas pintam-na no meio dos combates, correndo para lá e para cá, os cabelos em desalinho, os olhos em brasa e fazendo soar nos ares seu chicote ensangüentado.

Como deus da guerra, Marte é sempre acompanhado da Vitória. No entanto, nem sempre era invencível.

Seu culto parece ter sido pouco difundido entre os gregos. Não se fala de nenhum templo erigido em sua honra e só se citam duas ou três estátuas suas, em particular a de Esparta, que era bem amarrada, para que o deus não abandonasse seus exércitos durante a guerra.

Em Roma, porém, Marte era especialmente venerado. Desde o reinado de Numa, teve a serviço do seu culto e de seus altares um colégio de sacerdotes, escolhidos entre os patrícios. Esses sacerdotes, chamados Sálios, eram encarregados da guarda dos doze escudos sagrados, ou ancilas, um dos quais, dizia-se, caíra do céu. Todos os anos, quan-

Marte repousando.
Estátua da vila Ludovisi, provável
imitação da obra de Escopas de Paros.

do da festa do deus, os Sálios, levando os escudos e trajando uma túnica de púrpura, percorriam a cidade dançando e pulando.

Seu chefe caminhava à frente, começava a dança e os demais imitavam seus passos. Essa procissão soleníssima terminava no templo do deus com um suntuoso e delicado banquete. Entre os numerosos templos que Marte tinha em Roma, o mais célebre foi o que Augusto dedicou-lhe, sob o nome de Marte Vingador.

Ofereciam-lhe como vítimas o touro, o leitão, o carneiro e, mais raramente, o cavalo. O galo e o abutre lhe eram consagrados. As damas romanas lhe sacrificavam um galo no primeiro dia do mês que leva seu nome e foi nesse mês que o ano romano começou até o tempo de Júlio César.

Os antigos sabinos adoravam-no sob a efígie de uma lança (*quiris*), donde o nome *Quirinus* dado a seu filho Rômulo e o de *Quirites* empregado para designar os cidadãos romanos.

Havia em Roma uma fonte venerada e especialmente consagrada a Marte. Nero banhou-se nela. Esse desprezo pelas crenças populares apenas aumentou a aversão que o povo sentia por esse tirano. A partir desse dia, como sua saúde tornou-se débil, não se duvidou de que seu sacrilégio atraíra sobre ele a vingança dos deuses.

Os monumentos antigos representam o deus Marte de uma maneira bastante uniforme, na figura de um homem com capacete, lança e escudo; ora nu, ora em traje de guerra, mesmo com um manto nos ombros. Em alguns aparece com barba, mas quase sempre é imberbe e às vezes traz na mão o bastão de comando. Em seu peito distingue-se a égide com a cabeça de Medusa. Ora está montado em seu carro puxado por cavalos fogosos, ora está a pé, sempre numa atitude guerreira. Seu epíteto *Gravidus* significa: "aquele que avança a passos largos".

Nossa gravura representa Marte descansando. Está com suas armas junto de si e o amor, a seus pés, parece espreitá-lo em vão; ainda está preocupado e apenas recuperado de seus combates.

O dia da semana que lhe era consagrado é terça-feira (*Martii dies*).

Vênus (em grego, Afrodite)

Vênus, ou Afrodite, é uma das divindades mais célebres da Antiguidade; era ela que presidia aos prazeres do amor. Sobre sua origem, como sobre a de muitos outros deuses e deusas, os poetas divergem. A princípio, distinguiram duas Vênus: uma formou-se da espuma do mar esquentada pelo sangue de Céu ou Urano, que a ela se misturou quando Saturno ergueu a mão sacrílega contra seu pai. Acrescenta-se que a deusa nasceu dessa mistura perto da ilha de Chipre, numa concha de pérola. Homero diz que ela foi levada até essa ilha por Zéfiro e entregue por ele às Horas, que se encarregaram de criá-la. Essa deusa assim concebida seria a verdadeira Afrodite, isto é, nascida da espuma, em grego *aphros*.

Algumas vezes foi atribuída a essa divindade uma origem menos bizarra, dizendo que era filha de Júpiter e Dione, filha de Netuno e, por conseguinte, sua prima-irmã.

Qualquer que seja a origem atribuída pelos diferentes poetas a Vênus e o que quer que o mesmo poeta tenha, com freqüência, falado diferentemente dela, sempre tiveram em vista a mesma Vênus, ao mesmo tempo *celeste* e *marinha*, deusa da beleza e dos prazeres, mãe dos Amores, das Graças, dos Jogos e dos Risos; foi à mesma Vênus que atribuíram todas as fábulas que criaram acerca dessa divindade. Júpiter deu-a como esposa a Vulcano; suas galanterias estrepitosas com Marte foram motivo da troça dos deuses. Amou apaixonadamente Adônis, foi mãe de Eros ou

Cupido, ou ainda Amor, mãe do piedoso Enéias e de um grande número de mortais, porque suas ligações com os habitantes do céu, da terra e do mar foram incalculáveis, infinitas.

Ergueram-lhe templos na ilha de Chipre, em Pafo, em Amatunte; na ilha de Citera etc. Daí seus nomes: *Cipris, Páfia, Citera.* Chamavam-na também *Dione*, como sua mãe; *Anadiomene*, isto é, "que sai das águas" etc.

Ela tinha um cinto em que estavam encerradas as graças, os atrativos, o sorriso cativante, a fala meiga, o suspiro mais persuasivo, o silêncio expressivo e a eloqüência dos olhos. Conta-se que Juno tomou-o emprestado de Vênus para reavivar o ardor de Júpiter e ganhá-lo para a causa dos gregos contra os troianos.

Depois de sua aventura com Marte, ela retirou-se primeiro em Pafo, depois foi se esconder num bosque do Cáucaso. Todos os deuses procuraram-na por muito tempo em vão, mas uma velha informou-lhes o lugar de seu refúgio e a deusa a puniu, metamorfoseando-a em rochedo.

Nada é mais célebre do que a vitória alcançada por Vênus sobre Juno e Palas no julgamento de Páris, muito embora as duas rivais tivessem exigido dela que depusesse seu temível cinturão. Ela testemunhou seu reconhecimento perpétuo a Páris, a quem tornou possuidor da bela Helena, e aos troianos, que não cessou de proteger contra os gregos e a própria Juno.

O amor mais constante de Vênus foi o que teve pelo encantador e jovem Adônis, filho de Mirra e Cíniras. Mirra, sua mãe, fugindo da cólera paterna, retirara-se na Arábia, onde os deuses a transformaram na árvore que produz a mirra. Tendo chegado a hora do nascimento, a árvore se abriu para dar à luz a criança. Adônis foi recebido pelas ninfas, que o alimentaram nas grutas da vizinhança. Tornando-se adolescente, foi para a Fenícia. Vênus viu-o, amou-o e, para segui-lo na caçada nas florestas do monte Líbano, abandonou a morada de Citera, Amatunte e Pafo, e desprezou o amor dos deuses. Enciumado e indignado com essa preferência dada a um simples mortal, Marte transformou-se em javali furioso, lançou-se contra Adônis e fez-lhe na coxa um ferimento que causou sua morte. Vênus acorreu em socorro do infortunado rapaz, mas era tarde demais. Transida de dor, tomou no braço o corpo de Adônis e, depois de tê-lo chorado por muito tempo, transformou-o em anêmona, flor efêmera da primavera.

Outros contam que Adônis foi morto por um javali que Diana lançou contra ele, para se vingar de Vênus, que causara a morte de Hipólito.

Adônis, descendo ao inferno, ainda foi amado por Prosérpina. Vênus queixou-se a Júpiter. O senhor dos deuses encerrou o debate ordenando que Adônis ficaria livre quatro meses por ano, passaria quatro com Vênus e o resto com Prosérpina.

Sob o véu dessa fábula podemos reconhecer, em Adônis, a Natureza em suas diversas fases e sob seus diferentes aspectos. Na primavera, ela se mostra bela e fecunda; no inverno, parece morta, mas logo reaparece com o mesmo esplendor e a mesma fecundidade.

Vênus nem sempre é a deusa amável dos Risos e das Graças. Longe disso. Ela era muito vingativa e implacável em suas vinganças. Para punir Sol (Febo) pela indiscrição que cometera de advertir Vulcano de seus amores com Marte, tornou-o infeliz na maioria de seus amores. Perseguiu-o inclusive pelas armas, até em seus descendentes. Vingou-se do ferimento que recebera de Diomedes diante de Tróia inspirando a Egialéia, mulher deste, uma paixão por outros homens. Também puniu a musa Clio, que criticara seu amor por Adônis, e Hipólito, que desprezara seus encantos. Enfim, havendo Tíndaro feito uma estátua que a representava com cadeias nos pés, puniu-o pela impudicícia de suas filhas, Helena e Clitemnestra.

Seu filho Cupido é tão amável e tão cruel quanto a mãe.

No culto de Vênus, tão difundido na Grécia e no mundo antigo, mesclam-se todas as práticas supersticiosas, as mais inocentes e as mais criminosas, as menos impuras como as mais depravadas. As homenagens que lhe são prestadas relacionam-se à diversidade de suas origens e à opinião que diferentes povos, em diferentes épocas, delas tiveram. Esse culto lembrava, ao mesmo tempo, o das divindades assírias e caldéias, da Ísis egípcia e da Astarte dos fenícios.

Vênus de Milo.

Vênus presidia os casamentos, até mesmo os nascimentos, mas sobretudo a galanteria. Entre as flores, foi-lhe consagrada a rosa; entre as frutas, a maçã e a romã; entre as árvores, a murta; entre as aves, o cisne, o pardal e, sobretudo, a pomba. Sacrificavam-lhe o bode, o leitão, a lebre e raramente grandes vítimas.

Representavam-na toda nua ou seminua, jovem, bela, habitualmente sorridente, ora emergindo das águas, ereta, o pé em cima de uma tartaruga, de uma concha marinha, ou montada num hipocampo, com um cortejo de Tritões e Nereidas, ora levada num carro puxado por duas pombas ou dois cisnes. Os espartanos representaram-na toda armada, em memória de suas mulheres que haviam pegado em armas para defender sua cidade.

O pintor Apeles havia representado num quadro admirável o nascimento de Vênus, alcunhada *Anadiomene*, isto é, "que sai do mar". Esse quadro foi consagrado à própria deusa pelo imperador Augusto, e ainda existia na época do poeta latino Ausônio, que dele nos dá uma curta mas viva descrição. "Vejam", diz ele, "como esse excelente mestre exprimiu bem essa água cheia de espuma que escorre através das mãos e dos cabelos da deusa, sem nada esconder de suas graças; e desde que a percebeu, Palas dirigiu estas palavras a Juno: 'Cedamos, cedamos, ó Juno, a esta deusa nascente todo o prêmio da beleza!' "

Há de Vênus um grande número de estátuas. As mais belas e mais célebres são a *Vênus de Medici*, que se imagina ser uma cópia da *Vênus de Cnido*, executada por Praxíteles, a *Vênus de Arles* e a *Vênus de Milo*, descoberta em Milo pelo conde de Marcellus, em 1820.

Numa medalha da imperatriz Faustina, vê-se a imagem de *Vênus mãe*. Ela traz uma maçã na mão direita e, na esquerda, uma criancinha envolta em fraldas. Numa outra medalha da mesma imperatriz, representou-se a *Vênus vitoriosa*. Ela procura reter, com suas carícias, o deus Marte que parte para a guerra.

Uma das estátuas mais curiosas dessa deusa, variedade da Vênus hermafrodita, era a *Vênus barbata*. Ela se encontrava em Roma e representava, em sua parte superior, um homem de cabeleira e barba abundantes, enquanto em sua parte inferior figurava uma mulher. Essa singular estátua foi consagrada à deusa por ocasião de uma doença epidêmica, em conseqüência da qual as mulheres romanas perdiam seus cabelos. Foi a Vênus que se atribuiu a cura.

Em vários quadros modernos, essa divindade é representada em seu carro, puxado por dois cisnes. Traz uma coroa de rosas na cabeça e tem uma cabeleira loura; a alegria irradia de seus olhos, um sorriso está em seus lábios; em torno dela brincam duas pombas e mil pequenos amores.

Sexta-feira é o dia da semana a ela consagrado (*Veneris dies*).

Baco (em grego, Dioniso)

Baco, ou Dioniso, era filho de Júpiter e Semele, princesa tebana, filha de Cadmo.

Sempre ciumenta e querendo matar ao mesmo tempo a mãe e a criança que ia nascer, Juno veio encontrar a princesa sob os traços de Béroe, sua ama-de-leite, e aconselhou-lhe exigir de Júpiter que ele se apresentasse diante dela com todo o aparato da sua glória. Semele seguiu esse pérfido conselho. Após muita resistência, Júpiter cedeu enfim às solicitações daquela a quem amava e logo lhe apareceu em meio a raios e relâmpagos. O palácio pegou fogo e Semele pereceu no meio das chamas. Mas Juno foi enganada em sua expectativa. Júpiter mandou Vulcano retirar Baco do braseiro. Mácris, filha de Aristeu, recebeu a criança em seus braços e deu-a a Júpiter, que a enxertou em sua coxa, onde a conservou o tempo necessário para que viesse à luz.

Outros contam que as Ninfas o retiraram do meio das cinzas maternas e encarregaram-se de criá-lo. Como quer que seja, Baco passou toda a sua infância longe do Olimpo e dos olhares malevolentes de Juno, nos campos de Nisa, cidade fabulosa da Arábia Feliz, ou talvez da Índia. Lá, sua tia Ino, por ordem de Júpiter, cuidou da sua primeira educação com ajuda das Horas e das Ninfas, até que ele estivesse na idade de ser instruído pelas Musas e por Sileno.

Crescido, efetuou a conquista da Índia com uma tropa de homens e mulheres que, em vez de armas, levavam tirsos e tambores. Sua volta foi uma marcha triunfal de dia e de noite. Depois esteve no Egito, onde ensinou a agricultura e a arte de extrair mel; plantou a vinha e foi adorado como deus do vinho.

Puniu severamente todos os que quiseram opor-se ao estabelecimento de seu culto. Em Tebas, Penteu, sucessor de Cadmo, foi esquartejado pelas Bacantes. As Minieides, ou filhas de Mínias, foram transformadas em morcegos. Eram três: Íris, Climene e Alcítoe. Sustentando que Baco não era filho de Júpiter, elas continuaram trabalhando durante suas festas e recusaram-se a assistir à celebração das Orgias.

Baco triunfou sobre todos os inimigos e todos os perigos a que as incessantes perseguições de Juno expunham-no. Um dia, fugindo diante da deusa implacável, caiu de fadiga e adormeceu. Uma serpente de duas cabeças atacou-o e o deus, ao despertar, matou-a com uma vara de sarmento. Juno acabou fazendo-o enlouquecer e o fez vagar por uma grande parte do mundo. Primeiro foi recolhido com benevolência por Proteu, rei do Egito, depois foi para a Frígia, onde, tendo sido admitido nas expiações, foi iniciado nos mistérios de Cibele. Na guerra dos gigantes, transformou-se em leão e combateu com ânimo. Para incentivá-lo, Júpiter gritava-lhe sem cessar: "*Evoé*, coragem, meu filho."

Chegando à ilha de Naxos, consolou e desposou Ariadne, abandonada por Teseu, e deu-lhe a famosa coroa de ouro, obra-prima de Vulcano. Foi Baco, conta-se, o primeiro a fundar uma escola de música; em sua honra foram realizadas as primeiras representações teatrais.

Sileno, seu pai de criação e, ao mesmo tempo, seu preceptor, era filho de Mercúrio ou de Pã com uma ninfa. Representam-no, normalmente, com uma cabeça calva, chifres, um grande nariz arrebitado, baixa estatura e uma corpulência carnosa, na maior parte das vezes montando um asno e, como está ébrio, mal consegue manter-se em sua montaria. Se está a pé, caminha com um passo trôpego, apoiado num bastão ou num tirso, espécie de longo dardo. É facilmente reconhecível por sua coroa de hera, pela taça que segura, por seu ar jovial e até um pouco galhofeiro.

Apesar desse retrato tão pouco lisonjeiro, Sileno, quando não estava ébrio, era um grande sábio, capaz de dar a seu divino aluno lições de filosofia.

Numa égloga de Virgílio, os vapores do vinho não impedem esse estranho ancião de expor sua doutrina sobre a formação do mundo.

O séquito de Baco era numerosíssimo. Sem contar Sileno e as Bacantes, notavam-se nele ninfas, sátiros, pastores, pastoras e até o deus Pã. Todos levavam o tirso enlaçado por folhagens, vides, coroas de hera, taças e cachos de uva. Baco abre a marcha e todo o cortejo o segue, dando gritos e soando ruidosos instrumentos musicais.

As Bacantes, ou Mênades, eram primitivamente as ninfas ou as mulheres que Baco levara consigo para conquistar a Índia. Mais tarde foram designadas por esse nome as moças que, simulando um transporte báquico, celebravam as *Orgias*, isto é, as festas de Baco, com atitudes, gritos e pulos desordenados. Tinham olhos ferozes, a voz ameaçadora; suas cabeleiras esvoaçavam esparsas sobre seus ombros nus. Baco é representado comumente com chifres, símbolo da força e do poder, coroado de pâmpano, hera ou figueira, com traços de um homem jovem, sorridente e divertido. Traz numa das mãos um cacho de uvas ou um chifre em forma de taça; na outra, um tirso cheio de folhagens e fitas. Tem olhos negros e caem sobre seus ombros os longos cabelos louros com reflexos dourados. Na maioria das vezes é imberbe, sendo a sua juventude eterna como a de Apolo. Veste um manto de púrpura.

Ora está sentado num tonel, ora montado num carro puxado por tigres ou panteras, às vezes por centauros, uns deles tocando lira, outros, flautas duplas. Nos monumentos mais antigos, é representado com uma cabeça de touro; em algumas medalhas, é representado de pé, barbudo, com uma túnica triunfal que lhe cai até os pés. O museu do Louvre possui várias estátuas de Baco, entre as quais *Baco descansando*.

Imolavam-lhe a pega, porque o vinho solta as línguas e torna os beberrões indiscretos; o bode e a lebre, porque comem os brotos da vinha. Entre as aves fabulosas, a fênix lhe era consagrada; entre os quadrúpedes, a pantera; e entre as plantas e árvores, a vinha, a hera, o carvalho e o pinheiro.

Esse deus tinha na Arcádia um templo em que as moças eram cruelmente flageladas diante de seus altares.

Às vezes é chamado de *Liber* (Livre), porque o deus do vinho liberta o espírito de toda preocupação; *Evan*, porque suas sacerdotisas, em suas orgias, corriam para todos os lados gritando *Evoé, Baco*, de uma palavra grega que significa "gritar", alusão aos gritos das bacantes ou dos grandes beberrões. Tem outros epítetos mais, tomados de seu país de origem ou dos efeitos da embriaguez: *Nysaeus*, de Nisa, *Lyaeus*, que afugenta a tristeza, *Bromius*, barulhento etc.

As orgias ou bacanais eram celebradas primitivamente por mulheres, nos bosques, nas montanhas, no meio dos rochedos. Afetavam um caráter misterioso. Mais tarde, admitiram pessoas dos dois sexos em sua celebração. Disso resultou, com freqüência, tumultos infames.

Em Atenas, as festas de Baco, as Dionisíacas, eram celebradas oficialmente com mais pompa do que em todo o resto da Grécia. Eram presididas pelo primeiro arconte. As principais cerimônias consistiam em procissões em que se levavam tirsos, vasos cheios de vinho, coroas de pâmpano e os principais atributos de Baco. Umas mocinhas, chamadas *canéforas*, levavam na cabeça corbelhas douradas, cheias de frutas, das quais escapavam serpentes domesticadas que aterrorizavam os espectadores. No cortejo também figuravam homens fantasiados de Sileno, Pã e Sátiro, que faziam mil gestos estranhos, mil cabriolas, simulando assim as loucuras da embriaguez. Distinguiam-se as grandes e as pequenas Dionisíacas; aquelas eram celebradas por volta de fevereiro; estas, no outono. Por ocasião das Dionisíacas, instituíam-se não só corridas, lutas, jogos, mas também concursos de poesia e de representações dramáticas.

Em Roma, celebravam-se em homenagem a Baco ou Líber festas ditas Liberais. Nessas festas, licenciosíssimas, as senhoras romanas não se envergonhavam de dizer coisas indecentes e de coroar as menos honestas representações do deus. No ano 558 da fundação da cidade, o senado promulgou um decreto para remediar esse abuso, remédio ineficaz, sendo os costumes ou os usos mais fortes que as leis.

Coisa notável, faziam-se a Baco, assim como a Mercúrio, libações de vinho misturado com água, enquanto as libações aos outros deuses se faziam com vinho puro.

O culto de Baco ou Dioniso foi introduzido bastante tarde na religião grega. Pelo menos, é bem posterior ao dos grandes deuses propriamente ditos; parece ter sido importado para a Grécia da Alta Ásia, ou, talvez, do Egito. Em todo caso, se Baco apareceu tardiamente, nem por isso teve menos adoradores.

Ele teve de Ariadne vários filhos: Cérano, Toas, Enópion, Taurópolis etc., que são conhecidos apenas de nome.

Têmis

Têmis, filha do Céu e da Terra, ou de Urano e Titéia, era irmã mais velha de Saturno e tia de Júpiter. A fábula diz que ela queria guardar sua virgindade, mas que Júpiter forçou-a a casar-se com ele e que a fez mãe de três filhas, a Eqüidade, a Lei e a Paz.

Dizem ainda ser Têmis mãe das Horas e das Parcas. No Olimpo, essa deusa está sentada perto do trono de Júpiter; ajuda o deus com seus conselhos, que são todos inspirados na prudência e no amor à justiça. Preside ou assiste às deliberações dos deuses. É ela que Júpiter encarrega das missões mais difíceis e mais importantes. Consideravam-na como deusa da Justiça, cujo nome atribuíram-lhe.

Desde a origem, teve templos em que se proferiam oráculos. No monte Parnaso, tinha até um oráculo em sociedade com Telus (a Terra); mais tarde, cedeu-o a Apolo de Delfos. Predizia o futuro não só dos homens, mas também dos deuses. Foi ela quem revelou o que as Parcas haviam ordenado ao filho que devia nascer de Tétis. Impediu Júpiter, Netuno e Apolo de se casarem com essa Nereida, por quem estavam apaixonados, porque ela devia ser mãe de um filho maior que seu pai.

Seus atributos ordinários são os da Justiça: a balança e a espada, ou um feixe de machados rodeado de varas, símbolo da autoridade entre os romanos. Uma das mãos na extremidade de um cetro é outro atributo seu. Algumas vezes representam-na com uma venda nos olhos para designar a imparcialidade que convém ao caráter do juiz.

Cupido, ou Amor

Achamos conveniente explicar anteriormente o que os gregos entendiam, num sentido bastante geral, pelas palavras *Eros* e *Anteros*. Essas duas expressões assumiram, com o tempo, um significado muito mais restrito, tanto na língua comum como na língua poética. *Eros* acabou, pois, designando o "amor", com a acepção do termo latino equivalente, *amor*. Seu composto, *Anteros*, teve por conseguinte não só o sentido de *contra-amor*, mas também, e com maior freqüência, o de *amor por amor*.

Vênus, dizem os poetas, queixou-se a Têmis de que Eros, seu filho, continuava criança, ao que a deusa consultada respondeu que ele não cresceria enquanto ela não tivesse outro. Então sua mãe lhe deu como irmão Anteros, com quem começou a crescer. Por essa bonita ficção, os poetas quiseram dar a entender que o amor, para crescer, precisa de contrapartida. Representava-se Anteros, bem como seu irmão, pela figura de uma criança com asas, uma aljava, flechas e um talabarte.

O nome *Cupido*, em latim, implica a idéia de amor violento, de desejo amoroso, em grego *Imeros*. Contudo, na mitologia latina, presta-se a esse deus mais ou menos a mesma origem, a mesma história que ao deus grego *Eros*, amor.

Cupido, segundo a maioria dos poetas, nasceu de Marte e Vênus. Assim que viu o dia, Júpiter, que entreviu em sua fisionomia todas as perturbações que ele causaria, quis obrigar Vênus a desfazer-se dele. Para furtar-se à cólera de Júpiter, ela o escondeu nos bosques, onde mamou o leite dos animais ferozes. Assim que foi capaz de manejar o arco, fez um de freixo, empregou o cipreste para as flechas e experimentou nos animais as flechadas que destinava aos homens. Depois trocou seu arco e sua aljava por outros, de ouro.

Cupido costuma ser representado como uma criança de sete a oito anos, ar ocioso, mas maroto, armada de um arco e uma aljava cheia de flechas ardentes, às vezes de uma tocha acesa ou de um capacete e de uma lança; coroado de rosas, emblema dos prazeres. Ora é cego, porque o Amor não percebe defeitos no objeto amado; ora traz uma rosa numa mão e um golfinho na outra. Às vezes, vemo-lo entre Hércules e Mercúrio, símbolo do que podem, no amor, o valor e a eloqüência. Às vezes é situado perto da Fortuna, que tem como ele uma venda nos olhos. É sempre pintado com asas, e essas asas são de cor azul, púrpura e ouro. Mostra-se no ar, no fogo, na terra e no mar. Conduz carros, toca lira ou monta leões, panteras e, às vezes, um golfinho, a fim de indicar que não há criatura que escape ao poder do Amor.

Não é raro vê-lo representado junto de sua mãe, que toca com ele, brinca com ele ou aperta-o ternamente contra o coração.

Amor e Psiquê.

Entre as aves, gosta do galo e do cisne, ave favorita de Vênus; às vezes toma asas de abutre, símbolo da crueldade. Compraz-se em montar no cisne, cujo pescoço abraça; e, quando está montado no carneiro, vemos aparecer em seu rosto tanta alegria e orgulho quanto ao montar num leão, num centauro ou nos ombros de Hércules.

Se usa capacete, lança e escudo, afeta assumir uma atitude, um andar guerreiros, mostrando assim que é vitorioso em toda parte e que o próprio Marte deixa-se desarmar pelo Amor.

Cupido foi tomado de uma violenta paixão por uma simples mortal, Psiquê, princesa de uma beleza deslumbrante, e quis tornar-se seu esposo. Vênus opôs-se por muito tempo a esse casamento e submeteu Psiquê a provações difíceis e quase insuperáveis. Enfim, Cupido foi se queixar a Júpiter, que se declarou a seu favor. Mercúrio recebeu a ordem de raptar Psiquê, que, admitida na companhia dos deuses, bebeu néctar, comeu ambrosia e tornou-se imortal. Preparou-se o banquete de núpcias. Cada deus representou seu personagem; a própria Vênus dançou. Mais tarde, Psiquê pôs no mundo uma filha que foi chamada Volúpia. A fábula de Psiquê (palavra grega que significa *alma*) inspirou Apuleio, La Fontaine e o poeta V. de Laprade, o grande pintor Gérard etc.

As invocações a Cupido ou Amor são numerosas nos poetas. Seu culto era associado, na maioria das vezes, ao de sua mãe, Vênus ou Afrodite.

Íris

Filha de Taumas e Electra, Íris era a mensageira dos deuses e, sobretudo, de Juno, do mesmo modo que Mercúrio era mensageiro de Júpiter. Como Taumas era filho da Terra, Íris, por sua origem, deve ser considerada como tão antiga quanto os mais antigos deuses. Sempre sentada perto do trono de Juno, está pronta para executar suas ordens. Sua tarefa mais importante era cortar o cabelo fatal das mulheres que iam morrer, do mesmo modo que Mercúrio era encarregado de fazer sair dos corpos as almas dos homens que iam terminar seus dias. Era ela quem cuidava dos aposentos e da cama de sua senhora, bem como a ajudava em sua toalete. Quando essa deusa voltava do Inferno para o Olimpo, era Íris que a purificava com perfumes. Juno tinha por ela um afeto ilimitado, porque sempre lhe trazia apenas boas notícias.

Íris é representada como uma graciosa mocinha, com asas em que brilham todas as cores reunidas. Os poetas pretendiam que o arco-íris era o rastro do pé de Íris ao descer rapidamente do Olimpo para a terra a fim de levar uma mensagem. É por isso que quase sempre é representada com o arco-íris acima ou abaixo dela.

Esse fenômeno celeste também é designado poeticamente pelo nome de echarpe de Íris.

Hebe e Ganimedes

Hebe era filha de Júpiter e Juno. Segundo alguns poetas, somente Juno era sua mãe: ela a concebera espontaneamente, comendo grande quantidade de alfaces selvagens num banquete oferecido por Apolo. Encantado com a beleza da filha, Júpiter nomeou-a deusa da juventude e confiou-lhe a honrosa função de servir a bebida na mesa dos deuses. Um dia, porém, ela deixou-se cair de uma maneira pouco decente, e Júpiter tirou-lhe a função para dá-la a Ganimedes. No entanto, Juno, sua mãe, manteve-a a seu serviço e confiou-lhe a tarefa de atrelar seu carro. Mais tarde, havendo-se tornado imortal e tomado lugar entre os deuses, Hércules desposou Hebe no céu e teve dessa deusa uma filha, Alexíara, e um filho, Aniceto. A pedido de Hércules, rejuvenesceu Iolau, sobrinho e companheiro desse herói.

Ganimedes e a águia.

Hebe tinha na Grécia vários templos, alguns dos quais desfrutavam do direito de asilo. Era representada com uma coroa de flores e uma taça de ouro na mão.

Ganimedes, que substituiu Hebe em suas funções, era filho de Tros, rei da Dardânia, que, a partir de seu reinado, adotou o nome de Tróia. Esse jovem príncipe era de uma beleza tão fulgurante que Júpiter quis fazer dele seu copeiro. Um dia em que Ganimedes caçava no monte Ida, na Frígia, o deus metamorfoseou-se em águia e raptou-o, levando-o para o Olimpo.

Essa fábula, diz-se, é baseada num fato histórico. Mandado à Lídia por Tros, seu pai, para oferecer um sacrifício a Júpiter, Ganimedes foi raptado e retido por Tântalo, rei desse país. Esse rapto fez estourar entre os dois príncipes uma guerra que só terminou com uma primeira ruína de Tróia.

Como quer que seja, a fábula persistiu. Num monumento antigo vemos uma águia com as asas abertas, raptando Ganimedes, que leva na mão direita uma lança e, na esquerda, uma jarra, símbolo da função que vai exercer.

As Graças, ou Cárites

As Graças, ou Cárites, eram filhas de Júpiter e Eurínome ou Eunomia; segundo outros, do Sol e Egle, ou de Júpiter e Juno; ou, segundo a opinião mais comum, de Baco e Vênus. A maioria dos poetas conta três Graças e chama-as Aglaia (brilhante), Talia (verdejante) e Eufrosine (alegria da alma). Companheiras de Vênus, a deusa da beleza lhes devia o encanto e a atração que garantem seu triunfo. Seu poder se estendia a todas as boas coisas da vida. Elas dispensavam aos homens não só a graça, a alegria, a constância de humor e a facilidade dos modos, mas também a liberalidade, a eloqüência e a sabedoria. Sua mais bela prerrogativa era presidir aos benefícios e ao reconhecimento.

Eram representadas jovens e virgens, de corpo esbelto. Davam-se as mãos, numa atitude dançante. Na maior parte das vezes, estavam nuas ou apenas vestidas com leves tecidos, sem broches nem cintos, com um véu esvoaçante. Num grupo de suas estátuas, em Elis, uma trazia na mão uma rosa, a outra um dado e a terceira um ramo de murta.

As três Graças.

A essas divindades amáveis não faltavam templos nem altares. Tinham-nos em particular em Elis, Delfos, Perinto, Bizâncio etc. Também partilhavam as homenagens prestadas, em templos comuns, a Amor, Vênus, Mercúrio e às Musas.

As Musas

As Musas eram filhas de Júpiter e Mnemósine, ou Memória. Do mesmo modo que as Graças, têm seu lugar no Olimpo, nas reuniões, nos banquetes, concertos, divertimentos dos deuses. Todas são jovens, igualmente belas, embora diferentes em seu gênero de beleza. Segundo Hesíodo, são em número de nove e, tanto na Terra como no Olimpo, cada uma tem suas atribuições, que, se não são distintas, pelo menos são determinadas:

Clio, nome formado de uma palavra grega que significa *glória, renome*, era a musa da História. É representada pela figura de uma moça coroada de louros, levando na mão direita uma trombeta e, na esquerda, um livro que tem como título *Tucídides*. Somam-se às vezes a esses atributos o globo terrestre, sobre o qual está pousada, e o Tempo, que se vê junto dela, a fim de mostrar que a História abraça todos os lugares e todos os tempos. Suas estátuas às vezes trazem uma guitarra na mão e um plectro na outra, pois Clio também era considerada a inventora da guitarra.

Euterpe (em grego, *que sabe agradar*) inventara a flauta, ou sugerira a sua invenção. Ela presidia à Música. É uma moça coroada de flores e tocando flauta. Papéis de música, oboés e outros instrumentos estão junto dela. Por esses atributos, os antigos quiseram exprimir o quanto as letras têm encanto para os que as cultivam.

Talia (assim chamada devido à palavra grega que significa *florescer*) presidia à Comédia. É uma moça de ar jovial; coroada de hera, calça borzeguins e tem uma máscara na mão. Várias estátuas suas têm um clarim ou porta-voz, instrumento utilizado para sustentar a voz dos atores na comédia antiga.

Melpômene (de uma palavra grega que significa *cantar*) era a musa da Tragédia. Seu porte é grave e sério; é ricamente vestida e calça um coturno; traz numa das mãos um cetro e coroas, na outra, um punhal ensangüentado. Às vezes dão-lhe como seguidores o Terror e a Piedade.

Terpsícore (em grego significa *que gosta da dança*) era a musa da Dança. É uma mocinha viva, jovial, coroada de guirlandas e segurando uma harpa, com a qual dirige em cadência todos os seus passos. Alguns autores fazem dela a mãe das Sereias.

Érato (de *Eros*, amor) presidia à poesia lírica e anacreôntica. É uma jovem ninfa viva e galhofeira, coroada de murta e rosas. Na mão esquerda traz uma lira e na direita, um arco; perto dela está um pequeno amor e, às vezes, rolinhas beijam-se a seus pés.

Polímnia (nome composto de duas palavras gregas que significam *muito* e *hino* ou *canção*) era a musa da Retórica. É coroada de flores, às vezes de pérolas e pedrarias, com guirlandas a seu redor, e vestida de branco. Sua mão direita está em ação como que para discursar e leva na mão esquerda ora um cetro, ora um rolo em que está escrita a palavra latina *suadere*, "persuadir".

Urânia (do grego *Ouranos*, céu) presidia a Astronomia. É representada vestindo uma túnica azul, coroada de estrelas e sustentando com as duas mãos um globo, que ela parece medir, ou então tendo junto de si um globo posto num tripé, e vários instrumentos de matemática. Segundo Catulo, Baco a fez mãe de Himeneu.

Calíope (nome grego composto que significa *um belo rosto*) era a musa da poesia heróica e da grande eloqüência. É representada como uma moça de ar majestoso, a testa cingida de uma coroa de ouro, emblema que, segundo Hesíodo, indica sua supremacia sobre as outras musas. É ornada de guirlandas, traz numa das mãos uma trombeta e na outra, um poema épico. Os poetas dizem-na mãe de Orfeu.

As Musas não só foram consideradas deusas como lhes foram prodigalizadas todas as honras da divindade. Eram-lhes oferecidos sacrifícios em várias cidades da Grécia e da Macedônia. Elas tinham em Atenas um magnífico altar; em Roma, vários templos. De ordinário, o templo das Musas também era o das Graças: os dois cultos eram comuns ou raramente separados.

Não se faziam banquetes sem invocá-las e sem saudá-las com a taça na mão. Ninguém, porém, venerou-as tanto quanto os poetas, que nunca deixam de lhes dirigir uma invocação no início de seus poemas.

O Parnaso, o Hélicon, o Pindo e o Píero eram sua moradia costumeira. O cavalo alado, Pégaso, que só empresta seu dorso e suas asas aos poetas, vinha pastar habitualmente nessas montanhas e seus arredores. Entre as fontes e os rios, o Hipocrene, Castália e Permesso lhes eram consagrados, assim como, entre as árvores, a palmeira e o loureiro. Quando passeavam juntas, Apolo, com uma coroa de louros e a lira na mão, abria a marcha e conduzia o cortejo.

Em Roma, eram cognominadas Camenas, expressão que significa "cantoras agradáveis". Seu cognome de Piérides vem do fato de elas freqüentarem o monte Píero, na

Macedônia. Mas certos poetas dão a essa palavra outra explicação.

Píero, rei da Macedônia, dizem eles, tinha nove filhas. Todas destacavam-se na poesia e na música. Orgulhosas de seu talento, ousaram desafiar as Musas no Parnaso. O combate foi aceito e as ninfas da região, designadas como árbitros, se pronunciaram pelas Musas. Indignadas com esse julgamento, as Piérides deixaram-se levar a invectivas e quiseram até bater em suas rivais. Mas Apolo interveio e metamorfoseou-as em pegas. Por causa da sua vitória nesse concurso, as Musas teriam tomado o nome de Piérides.

O epíteto Libétridas, também dado às Musas, lhes vem seja da fonte Libetra, na Magnésia, seja do monte Libétrio, que lhes eram consagrados.

As Horas

Pela palavra *Horas*, os gregos designaram primitivamente não as divisões do dia, mas do ano. As Horas eram filhas de Júpiter e Têmis. Hesíodo conta três: Eunomia, Dice e Irene, isto é, a Ordem, a Justiça e a Paz. Homero chama-as *porteiras do céu* e confia-lhes a tarefa de abrir e fechar as portas eternas do Olimpo. Assim, a mitologia grega a princípio reconheceu apenas as três Horas ou três Estações: a Primavera, o Verão e o Inverno. Depois, quando se lhes acrescentou o Outono e o solstício do inverno, isto é, sua parte mais fria, a mitologia criou duas novas Horas, Carpo e Talate, que estabeleceu para cuidar das frutas e das flores. Enfim, quando os gregos dividiram o dia em doze partes iguais, os poetas multiplicaram o número das Horas até doze, dedicadas a servir a Júpiter, e denominaram-nas as doze irmãs.

Foram essas divindades que se encarregaram da educação de Juno; coube-lhes também a missão de descer ao inferno para pegar Adônis e trazê-lo de volta a Vênus.

As três Horas ou Estações.

É freqüente as Horas estarem acompanhadas das Graças. Os poetas e os artistas representam-nas comumente dançantes, com uma roupa que desce apenas até os joelhos. Nos monumentos, parecem ter todas a mesma idade, e suas cabeças são coroadas de folhas de palmeira que se levantam.

Quando foram fixadas quatro Estações, a arte introduziu por sua vez quatro Horas, mas representou-as com idades diferentes, com vestidos longos e sem a coroa de palmeira. A Hora da primavera foi representada com as feições de uma adolescente de traços ingênuos, corpo esbelto e delgado, formas apenas acentuadas. Suas três irmãs aumentam de idade por gradação.

As Horas presidiam à educação das crianças e regiam toda a vida dos homens. Por isso vemo-las assistindo a todas as bodas celebradas na mitologia.

Os atenienses ofereciam-lhes as primícias das frutas de cada estação. Esse culto gracioso não foi transportado a Roma, onde, entretanto, Hersília, mulher de Rômulo, foi considerada a divindade que presidia às Estações. Chamavam-na Hora. Mas, como veremos oportunamente, essa deusa tinha ainda outras atribuições.

Os modernos representam as Horas com asas de borboleta. Em geral, Têmis as acompanha e elas trazem na mão quadrantes, relógios e outros símbolos de suas atribuições na rápida passagem do tempo.

As Parcas

As Parcas, divindades responsáveis pela sorte dos homens, eram três irmãs, filhas da Noite ou de Érebo, ou de Júpiter e Têmis, ou então, segundo alguns poetas, filhas da Necessidade e do Destino. A obscuridade de seu nascimento indica que exerceram suas funções fatais desde a origem dos seres e das coisas: são tão velhas quanto a Noite, a Terra e o Céu. Chamam-se Cloto, Láquesis e Átropos, e sua morada é vizinha à das Horas, nas regiões olímpicas, de onde velam não apenas pela sorte dos mortais, mas também pelo movimento das esferas celestes e a harmonia do mundo. Possuem um palácio em que o destino dos homens está gravado em ferro e bronze, de sorte que nada pode apagá-lo. Imutáveis em seus desígnios, têm nas mãos o fio misterioso que simboliza o decorrer da vida, nada podendo dobrá-las e impedi-las de cortar-lhe a trama. Uma vez, porém, consolaram Prosérpina da violência que lhe fora feita, aplacaram a dor de Ceres, aflita com a perda da filha e, quando essa deusa foi ultrajada por Netuno, foi graças aos rogos das Parcas que a deusa aceitou sair de uma caverna da Sicília onde Pã a descobriu.

Cloto, assim chamada de uma palavra grega que significa "fiar", parece a menos velha, para não dizer a mais moça das Parcas. É ela que tem nas mãos o fio do destino humano. É representada vestindo uma longa túnica de diversas cores, usando uma coroa formada de sete estrelas e segurando uma roca que desce do céu à terra. A cor que domina em suas roupagens é o azul-claro.

Láquesis, palavra grega que significa "sorte" ou "ação de tirar a sorte", é a Parca que põe o fio no fuso. Suas roupas às vezes são salpicadas de estrelas e podemos reconhecê-la pelo grande número de fusos espalhados a seu redor. Os tecidos que veste são cor-de-rosa.

Átropos, isto é, em grego, "inflexível", corta implacavelmente o fio que mede a duração da vida de cada mortal. É representada como a mais velha das três irmãs, com um traje preto e lúgubre. Perto dela, vemos vários novelos de fio mais ou menos cheios, conforme a longuidão ou a brevidade da vida mortal que medem.

Os antigos representavam as Parcas sob a forma de três mulheres de rosto severo, curvadas pela velhice, com coroas feitas de volumosos flocos de lã entremeada de narciso. Outros lhes prestam coroas de ouro; algumas vezes, uma simples faixa cinge-lhes a cabeça; raramente aparecem com véus.

As Parcas.

Os gregos e os romanos prestaram grandes homenagens às Parcas e invocavam-nas geralmente após Apolo, porque, como esse deus, penetravam o futuro. Imolavam-lhes ovelhas negras, como às Fúrias.

Essas divinas e incansáveis fiandeiras não tinham apenas a função de desenrolar e cortar o fio dos destinos. Também presidiam ao nascimento dos homens. Enfim, eram encarregadas de conduzir à luz e fazer sair do Tártaro os heróis que aí haviam ousado adentrar. Assim, serviram de guias a Baco, Hércules, Teseu, Ulisses, Orfeu etc. Era também a elas que Plutão confiava sua esposa, quando, seguindo a ordem de Júpiter, ela voltava ao céu para aí passar seis meses junto da mãe.

Os Deuses Subolímpicos

As divindades de que nos ocupamos até agora reinam com ou ao lado de Júpiter no Olimpo, acima das nuvens e dos astros. Mas entre o Olimpo e a superfície da terra existe um vasto espaço, região etérea ou aérea, que a imaginação dos poetas antigos havia povoado de divindades ainda poderosas, conquanto secundárias. Como não há um só ponto nesse universo em que não se perceba o movimento e a vida, tampouco há um só que seja privado de seus deuses. A intervenção divina parece necessária por toda parte: um só astro não brilha no céu, uma só nuvem não vela a luz do dia, um só sopro não agita a atmosfera sem que uma divindade presida a esses fenômenos. Encarregados de funções especiais, servidores oficiais das grandes potências olímpicas, esses deuses secundários desempenham seu ministério de uma maneira sensível, nas esferas em que evolui o mundo terrestre. Os principais são a Aurora, o Sol, a Lua, os Astros, o Fogo e os Ventos.

A Aurora (em grego, Éos)

A Aurora era filha de Titã e da Terra, ou, segundo Hesíodo, de Téia e Hipérion, irmã do Sol e da Lua. Essa deusa abria as portas do dia. Depois de ter atrelado os cavalos ao carro do Sol, ela o precedia no seu. Tendo se casado com

Perses, filho de um Titã, teve por filhos os Ventos, os Astros e Lúcifer.

Enamorada do jovem Titono, filho de Laomedonte e irmão de Príamo, raptou-o, desposou-o e dele teve dois filhos, cuja morte lhe foi tão sensível que suas lágrimas abundantes produziram o orvalho da manhã. Um deles foi Mêmnon, rei da Etiópia, o outro Hermatíon.

Seu segundo esposo foi Céfalo, que ela tomou de Prócris, filha de Erecteu, rei de Atenas, e com quem teve um filho. Depois, raptou Órion e vários outros.

Os antigos representam-na vestindo uma túnica cor de açafrão, ou amarelo-pálida, com uma vara ou uma tocha na mão, saindo de um palácio de prata dourada num carro do mesmo metal com reflexos de fogo.

Homero lhe atribui dois cavalos, a que dá os nomes de Lampo e Faetonte, e pinta-a com um grande véu escuro jogado para trás e abrindo com seus dedos rosados a barreira do Dia. Outros poetas lhe atribuem cabelos brancos, ou mesmo Pégaso como montaria.

Algumas vezes representam-na com os traços de uma jovem ninfa coroada de flores e montada num carro puxado por Pégaso. Com a mão esquerda, segura um archote e com a outra espalha uma chuva de rosas. Numa pintura antiga, ela expulsa a presença da Noite e do Sono.

Hipérion

Hipérion, filho de Urano e irmão de Saturno, casou-se com Téia, segundo Hesíodo, e foi pai do Sol e da Lua. Segundo outros poetas, casou-se com Basiléia, sua irmã, com quem teve um filho e uma filha, Hélios e Selene, ambos notáveis por sua beleza e sua virtude, o que atraiu sobre Hipérion o ciúme dos outros Titãs. Estes, tendo conspirado entre si, combinaram matar Hipérion e afogar seus filhos.

Hipérion é freqüentemente tomado pelo próprio Sol em Homero e outros poetas.

O Sol (em grego, Hélios)

O Sol, ou Hélios, filho de Hipérion e Basiléia, foi afogado no Erídano pelos Titãs, seus tios. Basiléia, procurando ao longo do rio o corpo do filho, adormeceu de cansaço e viu em sonho Helena dizer-lhe que não se afligisse com a sua morte, que ele fora posto entre os deuses e que aquilo que outrora se chamava, no céu, fogo sagrado, doravante chamar-se-ia Hélios, ou Sol.

Os gregos e os romanos chamam-no muitas vezes de Febo e Apolo. No entanto, os poetas antigos costumam fazer uma distinção entre Apolo e o Sol, reconhecendo neles duas divindades distintas. Assim, Homero diz que Apolo assistiu ao adultério de Marte e Vênus como que ignorando o fato, e que o Sol, informado de toda a intriga, a fez saber a Vulcano.

Hélios teve uma ardente paixão por Rode, filha de Netuno e Vênus, ninfa da ilha a que deu seu nome. Teve com essa ninfa sete filhos, os Helíacos, que partilharam a ilha de Rodes. Essa ilha foi consagrada ao Sol, e seus habitantes, que se diziam descendentes dos Helíacos, dedicaram-se particularmente a seu culto.

Esse deus também amou e desposou Pérsia, ou Persa, filha de Tétis e Oceano; dela teve Eetes, Perses, Circeu e Pasífae.

O culto ao Sol era difundido em todo o mundo antigo. Os gregos adoravam-no e juravam por esse astro inteira fidelidade a seus compromissos. Numa montanha perto de Corinto, havia vários altares consagrados ao Sol e, após as guerras médicas, os habitantes de Trezena dedicaram um altar a *Hélios libertador*.

O Sol.

Entre os egípcios, o Sol era a própria imagem da divindade. Uma cidade inteira lhe era consagrada, Heliópolis.

Ovídio deleitou-se fazendo a descrição do palácio do Sol. É uma morada de cristal, diamante, pedras e metais preciosos, resplandecente de luz. O deus senta-se num trono mais rico e mais brilhante ainda que o resto do palácio. A luz que fulgura e jorra de todas as partes é tamanha que o olho de um mortal não poderia suportar seu brilho.

Hélios, em seu aparato de esplendor, monta de manhã em seu carro, a que estão atrelados cavalos que respiram fogo e impaciência, e lança-se no céu pela estrada costumeira, assim que a Aurora lhe abre as portas do Dia. Se às vezes acontece estar atrasado, é porque, dizem os poetas, esqueceu-se na cama de Tétis, filha de Nereu, a mais bela das ninfas do mar. De noite, desce até o seio das ondas para desfrutar de um descanso merecido, enquanto seus cavalos também repararão suas forças, a fim de recomeçar logo depois sua carreira cotidiana com novo ardor.

Representam-no comumente com os traços de um rapaz de cabelos louros, rosto brilhante e purpúreo; é coroado de raios e percorre o Zodíaco num carro puxado por quatro cavalos.

Os antigos representavam-no também como um olho aberto para o mundo.

Faetonte e as Helíades

Faetonte era filho de Apolo, isto é, do Sol e de Climene, filha de Oceano. Tendo tido uma desavença com Épafo, filho de Júpiter e Io, que negava fosse Faetonte filho do Sol, conforme se gabava, este foi se queixar à sua mãe. Climene remeteu-o ao próprio Sol para se informar acerca do seu nascimento. Faetonte foi, pois, ao palácio do Sol e explicou a esse deus o motivo da sua vinda. Em seguida, conjurou-o a conceder-lhe um favor que atestaria sua verdadeira origem e que ele iria pedir. Sem esperar que Faetonte se explicasse mais e só ouvindo seu amor paterno, o Sol jurou por Estige nada lhe recusar. Então o jovem temerário pediu-lhe permissão para iluminar o mundo apenas um dia, conduzindo seu carro.

O Sol, comprometido por uma promessa irrevogável, fez todos os esforços possíveis para que seu filho desistisse de uma empresa tão difícil, mas inutilmente. Faetonte, com a obstinação de uma criança que não conhece o perigo, persiste em seu pedido e sobe no carro. Os cavalos do Sol logo percebem a mudança de condutor e se desviam do caminho cotidiano. Ora, subindo demais, ameaçam o céu com um incêndio inevitável, ora, descendo demais, secam os rios e queimam as montanhas.

Secada até as entranhas, a Terra queixa-se a Júpiter que, para prevenir a subversão do universo, lança seu raio no filho do Sol e precipita-o no Erídano.

As Helíades, suas irmãs, também filhas do Sol e de Climene, chamavam-se Lampetusa, Faetusa e Febe. A morte de seu irmão causou tão viva dor que elas choraram quatro meses inteiros. Os deuses transformaram-nas em álamos e suas lágrimas, em grãos de âmbar.

A Lua (em grego, Selene)

A Lua, ou Selene, filha de Hipérion e de Téia, ao saber que seu irmão Hélios, a quem amava ternamente, fora afogado no Erídano, precipitou-se do alto de seu palácio. Mas os deuses, comovidos com sua piedade fraterna, colocaram-na no céu e transformaram-na em astro. Píndaro chama-a olho da noite e Horácio, rainha do silêncio.

Do mesmo modo que os poetas confundiam freqüentemente Apolo, Febo e o Sol na mesma personalidade, também identificaram com freqüência Ártemis com Selene, Diana com a Lua.

A maior divindade sideral, depois do Sol, era a Lua. Seu culto, sob mil formas diversas, era difundido em todos os povos.

As magas da Tessália pretendiam ter íntima relação com a Lua. Gabavam-se de poder, por seus encantamentos, seja libertá-la do dragão que procurava devorá-la, o que se fazia com o ruído dos caldeirões, na época dos eclipses, seja fazê-la descer, quando quisessem, à terra.

Segunda-feira é o dia da semana a ela consagrado (*Lunae dies*).

Os Astros

Os Astros, esses fogos eternos de que a abóbada celeste é salpicada, haviam recebido dos poetas uma origem sagrada ou divina. Muitos eram objeto de um culto especial ou de uma veneração particular. Às vezes todos eram invocados pelos mortais nas circunstâncias críticas. Os heróis, os grandes homens pareciam aspirar apenas a se elevar até eles pelo mérito e o brilho de suas belas ações. Ir em direção aos astros era abrir o caminho para a imortalidade, adquirir os títulos de uma glória imorredoura, numa palavra, colocar-se no nível e na morada dos deuses.

Os Astros, dizia-se, eram filhos do titã Astreu e de Heribéia, ou da Aurora. Com seu pai, quiseram escalar o Olimpo. Com seu raio, Júpiter dispersou sua multidão infinita no espaço e eles permaneceram presos ao céu.

No entanto, um grande número de astros vem sucessivamente tomar lugar no céu primitivo e estrelado. Impressionados com suas evoluções e seu brilho fulgurante, os mortais deles fizeram seres divinos, cuja personificação a fábula popularizou.

Lúcifer (em grego, Heósforo ou Fósforo)

O planeta Vênus, comumente chamado *estrela do pastor*, precede a leste o nascer do sol e se mostra no ocidente ao crepúsculo. Estrela da manhã, chama-se Lúcifer, e toma o nome de Vésper quando se torna estrela da noite. Embora personificando o mesmo planeta, Lúcifer e Vésper têm cada um sua história respectiva no mundo sideral.

Filho de Júpiter e Aurora, Lúcifer é o chefe ou o condutor de todos os outros astros. É ele que cuida dos corcéis e do carro do Sol, que os atrela e os desatrela com as Horas. É reconhecível por seus cavalos brancos na abóbada azul, quando anuncia aos mortais a chegada da Aurora, sua mãe.

Os cavalos domados lhe eram consagrados.

Vésper (em grego, Héspero)

Vésper, ou Héspero, brilha à noite no ocidente com todo o fulgor com que resplandece Lúcifer nas primeiras horas do dia. Irmão de Jápeto e de Atlas, Vésper morava com seu irmão numa região situada a oeste do mundo e chamada Hésperis. Na Grécia, o monte Eta lhe era consagrado.

Chamam-se Hespéria a Itália e a Espanha. A primeira, porque Vésper, expulso por seu irmão, para lá se retirou; e a segunda, porque esse país é o mais ocidental da Europa, o mais sensivelmente próximo de Vésper.

Órion

A lenda de Órion é contada de diversas maneiras pelos poetas. Segundo uns, era filho de um camponês da Beócia chamado Hirieu, que teve a honra de hospedar em sua cabana Júpiter, Netuno e Mercúrio. Em recompensa pela hospitalidade que haviam recebido, os deuses fizeram nascer milagrosamente da pele de uma novilha a criança chamada Órion.

Mas, segundo Homero, Órion era filho de Netuno e Euríale, filha de Minos. Tornou-se célebre por seu amor pela astronomia, que aprendera com Atlas, e por sua paixão pela caça. Notável por sua beleza, era de estatura tão avantajada que apresentaram-no como um gigante que, caminhando no mar, ficava uma cabeça acima das águas. Foi no tempo que atravessava o mar assim que Diana, percebendo aquela cabeça, sem distinguir o que era, quis dar provas de sua mira em presença de Apolo, que a desafiara. Ela atirou com tal precisão que Órion foi acertado por suas flechas mortíferas.

Conta-se também que Órion, tornado hábil na arte de Vulcano, construiu um palácio subterrâneo para Netuno, e que Aurora, a quem Vênus fez apaixonar-se por ele, raptou-o e levou-o para Delos. Aí perdeu a vida por ciúme, segundo Homero, ou por vingança de Diana, segundo outros, que fez sair da terra um escorpião que causou sua morte. Seu erro foi ter querido forçar a deusa a competir no disco com ele e ter ousado tocar seu véu com a mão impura. Aflita por ter tirado a vida do belo Órion, Diana conseguiu de Júpiter que ele fosse colocado no céu, onde forma a mais brilhante das constelações. Em sua vida celeste, Oríon não renunciou ao prazer da caça; muitas vezes, nas noites claras, quando os ventos e as águas ficam em silêncio, o imortal e incansável caçador percorre com sua matilha os espaços etéreos. Então, Diana ainda o segue e o envolve com seus raios de luz, e as estrelas caçadas por ele empalidecem diante de seu brilho.

Sírius, ou a Canícula, a Virgem e o Boieiro

A constelação do Cão ou da Canícula encontra-se a ocidente do hemisfério boreal, nas proximidades de Órion. A estrela mais brilhante dessa constelação chama-se Sírius. Os antigos temiam tanto a sua influência que ofereciam sacrifícios para conjurar seus efeitos. Para uns, Sírius não era mais que o cão de Órion, o fiel e ardente companheiro do caçador; para outros, era o cão dado por Júpiter para ser o guardião de Europa, ou ainda o que Minos deu a Prócris, filha de Erecteu, rei de Atenas, quando esta se casou com o filho de Éolo, Céfalo.

Conta-se enfim que, havendo Icário de Atenas, amigo de Baco, sido morto por pastores da Ática, a quem fizera tomar vinho, sua filha Erígone ficou inconsolável. Acompanhada de Maira, sua cadela sagaz e fiel, Júpiter colocou-a na constelação da Canícula.

Icário tampouco foi esquecido por Júpiter: teve seu lugar no céu. O amo dos deuses fez dele a constelação do Boieiro (*Bootes*), perto da Grande Ursa e que parece segui-la. Também é chamada Arcturo.

Ursa Maior e Ursa Menor

Calisto, filha de Licaonte, rei da Arcádia, era uma das ninfas favoritas de Diana. Júpiter, sob a forma dessa deusa, tornou-a mãe de Arcas. Percebendo isso, Diana expulsou-a de sua companhia. Juno levou mais longe a vingança e metamorfoseou-a em ursa.

Entretanto, havendo Arcas crescido, uns caçadores apresentaram-no a Licaonte, seu avô, que o recebeu com alegria e associou-o a seu reino. O jovem príncipe deu seu nome à Arcádia e ensinou seus súditos a semear o trigo, a fazer pão, a fabricar tecido, a fiar lã, coisas essas que ele próprio havia aprendido com Triptólemo, favorito de Ceres e de Aristeu, filho de Apolo.

Licaonte fora transformado em lobo por Júpiter por causa da sua crueldade. Arcas ficou com o reino só para si. Mas, não contente de governar seu povo, entregava-se apaixonadamente ao prazer da caça. Um dia, esse rapaz, ao percorrer as montanhas, encontrou sua mãe sob a forma de uma ursa. Calisto, que reconhecia seu filho sem ser conhecida por ele, deteve-se para contemplá-lo. Arcas preparou seu arco e ia trespassá-la com suas flechas, quando Júpiter, para evitar esse matricídio, transformou também a ele em urso. O deus transportou ambos para o céu, onde formam as constelações da Ursa Maior e da Ursa Menor.

Ao ver esses novos astros, a implacável Juno ficou de novo furiosa e rogou aos deuses do mar que nunca lhes permitissem deitar-se no oceano. Assim, essas duas constelações, situadas perto do pólo norte, sempre permanecem acima de nosso horizonte. Por causa da sua configuração, os gregos e os romanos designavam-nas freqüentemente, como hoje, pelos nomes de Grande e Pequeno Carro.

As Plêiades

Filhas de Atlas e Plêione, ela mesma filha de Oceano e Tétis, as Plêiades eram em número de sete: Maia, Electra, Taígete, Astérope, Mérope, Alcíone e Celeno.

Maia foi amada por Júpiter, de quem teve Mercúrio. Esse deus também lhe deu a nutrir Arcas, filho de Calisto, o que atraiu sobre ela o ressentimento de Juno.

Ovídio deriva de seu nome o do mês de maio. Sacrificava-se a Maia uma porca prenhe, vítima também ofertada a Cibele ou à Terra.

Electra, também amada de Júpiter, foi mãe de Dárdano. Ela o pôs no mundo na Arcádia. Mais tarde, porém, ele foi para a Frígia, onde se casou com a filha do rei Teucro; depois, construiu ao pé do monte Ida uma cidade a que deu seu nome e que veio a ser a célebre Tróia. Diz-se que, depois da ruína de Tróia, Electra não quis mais aparecer na companhia de suas irmãs, e, de fato, essa estrela das Plêiades é quase invisível.

Taígete teve, de Júpiter, Taígeto, que deu seu nome à montanha da Arcádia.

Astérope não tem posteridade conhecida, mas foi esposa de um Titã.

Mérope casou-se com Sísifo, filho de Éolo e neto de Hélen. Sísifo construiu a cidade de Éfiro, que, mais tarde, foi chamada Corinto. Do casamento de Mérope e Sísifo nasceu Glauco, que foi pai de Belerofonte. O que se conta de Electra, que, por vergonha ou tristeza, retira sua luz, também é atribuído a Mérope. Envergonhada por ter-se casado com um simples mortal, enquanto todas as suas irmãs haviam desposado deuses, conta-se que essa Plêiade se esconde o mais que pode e é ela, acrescenta-se, e não Electra, que percebemos indistintamente.

Alcíone teve, de Netuno, Glauco, o deus marinho.

Celeno teve também de Netuno Lico, rei dos mariandinos, que recebeu com hospitalidade os Argonautas e fez seu filho guiá-los até Termodonte, rio da Trácia à margem do qual moravam as Amazonas.

As Plêiades formam o signo de seu nome na constelação do Touro. Elas foram metamorfoseadas em estrelas porque seu pai quis ler o segredo dos deuses. Aparecem no mês de maio, tempo favorável à navegação. Seu nome deriva da palavra grega que significa *navegar*. Os latinos também chamavam-nas *Vergilies*, isto é, primaveris, ou estrelas da primavera.

As Híades

As Híades, ou *chuvosas*, assim chamadas da palavra grega que significa *chover*, eram filhas de Atlas, como as Plêiades. Aitra, sua mãe, era filha de Tétis e Oceano. Quanto a seu número, os poetas não estão de acordo. De ordinário, contam-se sete: Ambrosia, Eudora, Faisile, Corônis, Polixo, Faió e Dione.

Tendo seu irmão Hias sido dilacerado por uma leoa, elas choraram sua morte com tão viva dor que os deuses, tomados de compaixão, transportaram-nas para o céu. Tornandose um grupo de estrelas, estão situadas na constelação do

Touro, onde ainda choram, o que significa que seu aparecimento coincide com um período de mau tempo e de chuva.

Galáxia, ou Via Láctea

Os gregos davam o nome de Galáxia a essa larga faixa luminosa que percebemos à noite num céu sem nuvens e que, por sua brancura, tomou o nome de *Via Láctea*. É por lá que se vai ao palácio de Júpiter e que os heróis entram no céu. À direita e à esquerda ficam as habitações dos deuses mais poderosos.

A Via Láctea, acúmulo prodigioso de estrelas ou de nebulosas que fazem um longo traço do norte ao sul, tem sua origem na fábula. Tendo Juno, a conselho de Minerva, amamentado Hércules a quem encontrara num campo, onde sua mãe, Alcmene, o largara, o herói criança sugou o leite com tanta força que jorrou para fora grande quantidade, formando a Via Láctea.

Os signos do Zodíaco

O Zodíaco (palavra derivada do grego *Zôdion*, pequeno animal) é o espaço do céu que o sol parece percorrer durante o ano. É dividido em doze partes, onde ficam as doze constelações a que se dá o nome de signos do Zodíaco: Áries, Touro, Gêmeos, Câncer, Leão, Virgem, Balança, Escorpião, Sagitário, Capricórnio, Aquário e Peixes. A disposição dos astros, nessas diferentes constelações, evocou primeiro a idéia desses diferentes signos, e cada um deles encontrou mais tarde seu lugar na mitologia.

Áries, primeiro dos doze signos, é, diz-se, o carneiro do tosão de ouro, imolado a Júpiter e transportado ao firmamento.

O Touro é o animal sob a forma do qual Júpiter raptou Europa, ou, segundo certos poetas, é Io que Júpiter levou para o céu depois de tê-la metamorfoseado em bezerra.

Os Gêmeos representam, ao que parece, Cástor e Pólux.

Câncer (Caranguejo) foi o animal que Juno mandou contra Hércules, quando ele combateu a hidra de Lerna e que o mordeu no pé; morto por Hércules, Juno inscreveu-o entre os signos do Zodíaco.

A constelação do Leão representa o leão da floresta de Neméia, estrangulado por Hércules.

A Virgem, segundo uns, é Erígona, filha de Icário, modelo de piedade filial; segundo outros, é Astréia ou a Justiça, filha de Têmis e Júpiter. Ela desceu do céu durante a idade de ouro, mas como os crimes dos homens forçaram-na a deixar sucessivamente as cidades, depois os campos, voltou ao céu.

A Balança, símbolo da Eqüidade, representa a própria balança da Justiça ou de Astréia.

O oitavo signo do Zodíaco é o Escorpião, que, por ordem de Diana, picou vivamente o calcanhar do orgulhoso Órion.

O Sagitário, metade homem, metade cavalo, segurando um arco e atirando uma flecha, é Quíron, o Centauro, segundo uns; mas, para outros, é Croco, filho de Eufeme, ama das Musas. Era ele, parece, um dos mais intrépidos caçadores do Parnaso. Depois da sua morte, foi posto, a pedido das Musas, entre os astros.

O Capricórnio é a famosa cabra Amaltéia, que amamentou Júpiter. Ela está entre os astros com seus dois cabritos.

O Aquário é Ganimedes, raptado e levado ao céu por Júpiter: para outros, é Aristeu, filho de Apolo e Cirene, pai de Actáion, que foi devorado por seus cachorros.

Os Peixes, que constituem o décimo segundo signo do Zodíaco, são os que levaram em seu dorso Vênus e Amor. Fugindo da perseguição do gigante Tífon ou Tifoeu, Vênus, acompanhada por seu filho Cupido, foi levada além do Eufrates por dois peixes, que, por isso, foram postos no céu.

Outros poetas pretendem que essa constelação representa os golfinhos que levaram Anfitrite a Netuno e que, por reconhecimento, este obteve de Júpiter um lugar para eles no Zodíaco.

O Fogo, Prometeu, Pandora, Epimeteu

O culto do fogo em todos os povos da Antiguidade acompanhou o que se rendia ao Sol e a Júpiter, isto é, ao astro cujos raios benfeitores aquecem e clareiam o mundo, e ao raio que rasga a nuvem, golpeia a terra, consome a natureza viva e espalha longe a consternação e o pavor. Evidentemente, os primeiros homens, cujos olhares se dirigiam com medo e admiração para os fogos celestes, também não tardaram a notar com surpresa os fogos da terra. Como podiam deixar de admirar a chama dos vulcões, as fosforescências, os gases luminosos, os fogos-fátuos dos charcos, a incandescência produzida pela fricção rápida de dois pedaços de pau, a fagulha que jorra do choque de duas pedras?

No entanto, o fogo não lhes parecia feito para seu uso, era um elemento de que a divindade tinha o segredo e que esta reservara para si como um privilégio precioso. Como captar esses focos de calor e de luz situados a tal altura acima de suas cabeças, ou enterrados tão misteriosamente sob seus pés?

Por isso, o primeiro a lhes proporcionar o fogo não podia ser, a seus olhos, um simples mortal, mas antes um Titã, um êmulo ousado e feliz da divindade, ou, melhor dizendo, um verdadeiro deus. Assim foi Prometeu.

Filho de Jápeto e da oceânide Climene, ou, segundo outros, da nereida Ásia, ou ainda de Têmis, irmã mais velha de Saturno, Prometeu, cujo nome em grego significa "previdente", não foi apenas um deus industrioso, mas antes um criador. Ele notou que, entre todas as criaturas vivas, ainda não havia uma só capaz de descobrir, estudar, utilizar as forças da natureza, de comandar os outros seres, de estabelecer entre eles a ordem e a harmonia, de se comunicar com os deuses através do pensamento, de abraçar com sua inteligência não só o mundo visível, mas também os princípios e a essência de todas as coisas. Então, da lama da terra formou o homem.

Prometeu modelando o corpo do homem.

Minerva, admirando a beleza da sua obra, ofereceu a Prometeu tudo o que podia contribuir para a sua perfeição. Com reconhecimento, Prometeu aceitou a oferta da deusa, mas acrescentou que, para escolher o que melhor conviria para a obra que criara, ele próprio precisaria ver as regiões celestes. Minerva carregou-o para o céu e ele só desceu depois de ter roubado dos deuses, para dar ao homem, o fogo, elemento indispensável para a indústria humana. Conta-se que Prometeu tirou do carro do Sol esse fogo divino que trouxe para a Terra e dissimulou-o na haste de uma férula, uma vara oca.

Irritado com um atentado tão audacioso, Júpiter mandou Vulcano forjar uma mulher que fosse dotada de todas as perfeições e apresentá-la à assembléia dos deuses. Minerva vestiu-a de uma túnica de alvor fulgurante, cobriu-lhe a cabeça com um véu e guirlandas de flores que encimou com uma coroa de ouro. O próprio Vulcano levou-a nesse estado. Todos os deuses admiraram essa nova criatura e todos quiseram lhe dar um presente. Minerva lhe ensinou as artes que convêm a seu sexo, entre outras a arte de tecer. Vênus difundiu em torno dela o encanto, junto com o desejo inquieto e os cuidados cansativos. As Graças e a deusa da Persuasão ornaram seu pescoço com colares de ouro. Mercúrio lhe deu a palavra com a arte de conquistar os corações por meio de discursos insinuantes. Enfim, tendo todos os deuses lhe dado presentes, ela recebeu o nome de Pandora (do grego *pan*, tudo, e *doron*, dom). Quanto a Júpiter, deu-lhe uma caixa bem fechada e mandou entregá-la a Prometeu.

Este, desconfiando de alguma cilada, não quis receber nem Pandora, nem a caixa, e inclusive recomendou ao irmão, Epimeteu, que não recebesse nada da parte de Júpiter. Mas Epimeteu, cujo nome em grego significa "que pensa tarde demais", só julgava as coisas após o acontecimento. Ante o aspecto de Pandora, todas as recomendações fraternas foram esquecidas e ele tomou-a por esposa. A caixa fatal foi aberta e deixou escapar todos os males e todos os crimes, que a partir de então se difundiram pelo Universo. Epimeteu tentou fechá-la, mas já era tarde demais. Só reteve a Esperança, que estava prestes a escapar e que permaneceu na caixa hermeticamente fechada.

Por fim, exasperado por não ter sido Prometeu ludibriado por aquele artifício, Júpiter mandou Mercúrio conduzi-lo ao alto do monte Cáucaso e prendê-lo a um rochedo, onde uma águia, filha de Tífon e Équidna, devia devorar-lhe eternamente o fígado. Outros dizem que esse suplício devia durar apenas trinta mil anos.

Segundo Hesíodo, Júpiter não utilizou o serviço de Mercúrio, acorrentando ele próprio sua infortunada vítima não a um rochedo, mas a uma coluna. No entanto, mandou Hércules soltá-lo, pelos seguintes motivos e condições.

Desde a sua punição, tendo Prometeu impedido por suas advertências que Júpiter cortejasse Tétis, porque o filho que teria com ela o destronaria um dia, o senhor dos deuses consentiu, por reconhecimento, que Hércules fosse libertá-lo. Contudo, para não violar seu juramento de nunca admitir que o soltassem, ordenou que Prometeu sempre levasse no dedo um anel de ferro, ao qual seria encadeado um fragmento da rocha do Cáucaso, para que fosse de certa forma verdade que Prometeu permanecia sempre preso àquela corrente.

Em Ésquilo, é Vulcano que, em sua qualidade de ferreiro dos deuses, acorrenta Prometeu no cimo do Cáucaso, mas obedece contrariado à ordem de Júpiter, pois lhe custa usar violência contra um deus que é da sua raça.

A fábula de Prometeu era popular entre os atenienses, que gostavam de contar até mesmo às crianças as artimanhas engenhosas que esse deus fez com Júpiter. De fato, não teve ele a idéia de pôr à prova a sagacidade do senhor do Olimpo e de ver se ele merecia realmente as honras divinas? Num sacrifício, mandou matar dois bois, e encheu um dos couros de carne e o outro, de osso das vítimas. Júpiter foi tapeado e escolheu o último; mas isso só o fez mostrar-se ainda mais implacável em sua vingança.

Em Atenas, Prometeu tinha altares na Academia, ao lado dos que eram consagrados às Musas, às Graças, a Amor, a Hércules etc. Não se podia esquecer que Minerva, protetora da cidade, fora a única divindade do Olimpo a admirar o gênio de Prometeu e ajudá-lo em sua obra. Na festa solene dos archotes, as Lampadofórias, os atenienses associavam nas mesmas honras Prometeu, que havia roubado o fogo do céu, Vulcano, amo industrioso dos fogos da terra, e Minerva, que dera o azeite de oliva. Por ocasião dessa festa, os templos, os monumentos públicos, as ruas, os cruzamentos eram iluminados; instituíam-se jogos e corridas de archotes, como na festa de Ceres. A juventude ateniense se reunia à noitinha perto do altar de Prometeu, à luz do fogo que ainda ardia. A um sinal, acendia-se um archote, que os aspirantes ao prêmio da corrida deviam portar, sem deixá-lo apagar-se, correndo a toda pressa de uma ponta à outra do Cerâmico [bairro de Atenas].

Como o fogo era considerado um elemento divino, era natural que tivesse seu lugar em todos os cultos e em quase todos os altares. Um fogo sagrado ardia nos templos de Apolo, em Atenas e Delfos, no de Ceres, em Mantinéia, de Minerva e até de Júpiter. Nos pritaneus de todas as cidades gregas, mantinham-se lâmpadas que nunca se deixava apagarem-se. À semelhança dos gregos, os romanos adotaram o culto do fogo, que confiaram aos cuidados das vestais.

No dia das núpcias, em Roma, realizava-se uma cerimônia curiosa e simbólica. Ordenava-se à noiva que tocasse o fogo e a água. "Por quê?", observa Plutarco. "Será porque, entre os elementos de que se compõem todos os corpos naturais, um dos dois, o fogo, é masculino, e a água, feminina, sendo um o princípio de movimento e o outro, a propriedade de substância e de matéria? Ou será, antes, porque o fogo purifica, porque a água limpa, e é preciso que a mulher permaneça pura e sem mácula durante toda a sua vida?"

Os Ventos

As alturas celestes, região etérea em que os astros são fixados, desfrutam de uma paz eterna. Mas abaixo delas, bem abaixo, na região das nuvens e na proximidade da terra, grassam as tempestades ruidosas, as tormentas e os ventos.

Divindades poéticas, os Ventos são filhos do Céu e da Terra. Hesíodo os diz filhos dos gigantes Tifoeu, Astreu e

Perseu, mas excetua os ventos favoráveis, a saber: Noto, Bóreas e Zéfiro, que apresenta como filhos dos deuses.

Homero e Virgílio estabelecem a morada dos Ventos nas ilhas Eólias, entre a Sicília e a Itália, e lhes dão por rei Éolo, que os retém em profundas cavernas. Noite e dia, esses prisioneiros temíveis murmuram e rugem atrás das portas da sua prisão. Se seu rei não os retivesse, todos escapariam com violência e, em seu furor, arrastariam e varreriam através do espaço as terras e os mares e até a abóbada celeste.

Mas o onipotente Júpiter previu e preveniu tal desgraça. Não só encerrou os Ventos em cavernas, como teve o cuidado de pôr sobre eles, além disso, uma enorme massa de montanhas e rochedos. Do cimo dessas montanhas, Éolo reina sobre seus terríveis súditos. Entretanto, por mais deus que seja, é subordinado ao grande Júpiter; só tem o direito de desencadear os Ventos ou chamá-los de volta a seu antro por ordem ou com o assentimento de seu amo soberano. Caso se furte à obediência, acontecem graves desordens ou deploráveis desastres.

Na *Odisséia*, ele comete a imprudência de encerrar uma parte dos Ventos em odres que entrega a Ulisses. Os odres são abertos pelos companheiros do herói, uma tempestade se desencadeia e os navios são submersos.

Na *Eneida*, Éolo, para agradar a Juno, entreabre com a lança o flanco da montanha em que seu trono repousa. Assim que encontram essas saídas, os Ventos escapam e subvertem o mar. Mas Éolo não tem por que se aplaudir: Netuno, que desdenha castigar os Ventos, manda-os de volta a seu amo em termos cheios de desprezo e encarrega-os de lembrar, eles próprios, a Éolo sua insubordinação.

A fim de desarmar os Ventos, essas terríveis potências do ar, ou se conciliar com eles, dirigiam-lhes desejos, ofereciam-lhes sacrifícios.

Haviam-lhes erguido em Atenas um templo octogonal, em cada canto do qual estava a figura de um dos Ventos, correspondente ao ponto do céu de onde sopra. Esses oito ventos eram Solano, Euro, Austro, Áfrico, Zéfiro, Coro, Setentrião e Aquilão. No vértice piramidal desse templo havia um Tritão de bronze móvel e cuja vara sempre indicava o Vento que soprava. Os romanos reconhecem os quatro Ventos principais, a saber: Euro, Bóreas, Noto ou Austro e Zéfiro. Os outros eram Euronoto, Vulturno, Subsolano, Cécio, Coro, Áfrico, Libonoto etc. Em geral, os poetas antigos e modernos representam os Ventos como gênios turbulentos, inquietos e volúveis; no entanto, os quatro Ventos principais têm sua fábula distinta e um caráter particular.

Euro é o filho predileto de Aurora. Vem do Oriente e monta com orgulho os cavalos da mãe. Horácio pinta-o como um vento impetuoso, e Valério Flaco, como um deus descabelado e todo em desordem, em conseqüência das tempestades que provocou. Os modernos lhe prestam uma fisionomia mais calma e doce. Representam-no com os traços de um rapaz alado, que vai semeando flores com cada uma das mãos por toda parte onde passa. Atrás dele está um sol levante, e sua pele é bronzeada como a de um asiático.

Bóreas, vento do norte, reside na Trácia e os poetas por vezes lhe atribuem a realeza do ar. Raptou a bela Clóris,

Bóreas rapta Orítia.

filha de Arcturo, e transportou-a para o monte Nifates ou para o Cáucaso. Teve com ela um filho, Hirpace. Mas apaixonou-se sobretudo por Orítia, filha de Erecteu, rei de Atenas; não tendo podido obtê-la de seu pai, cobriu-se de uma nuvem espessa e raptou essa princesa em meio a um turbilhão de poeira.

Metamorfoseado em cavalo, deu nascimento a doze potros tão velozes que corriam pelos campos de trigo sem vergar as espigas e sobre as águas sem molhar os pés. Tinha um templo em Atenas, à margem do Ilisso, e todos os anos os atenienses celebravam festas em sua homenagem, as Boreasmas.

O Aquilão, vento frio e violento, por vezes é confundido com Bóreas. É representado como um velhote de cabelos brancos em desalinho.

Noto, ou Austro, é o vento quente e borrascoso que sopra do sul. Ovídio pinta-o alto, velho, de cabelos brancos, ar sombrio e nuvens em volta da cabeça, enquanto a água pinga de todas as partes de suas roupas. Juvenal representa-o sentado na caverna de Éolo, secando suas asas após a tempestade. Os modernos personificaram-no com os traços de um homem alado, robusto e inteiramente nu. Caminha sobre as nuvens, sopra com as bochechas inchadas, para designar sua violência, e tem na mão um regador, para anunciar que traz de ordinário a chuva.

Zéfiro era realmente o vento do ocidente. Os poetas gregos e latinos celebraram-no porque ele trazia o frescor nos climas quentes em que moravam. Feita essa observação, o Zéfiro, como os poetas o personificaram, é uma das mais joviais alegorias da fábula. Seu sopro, ao mesmo tempo suave e poderoso, dá nova vida à natureza. Os gregos atribuíam-lhe como mulher Clóris e os latinos, a deusa Flora.

Os poetas pintam-no como um rapaz de fisionomia doce e serena; prestam-lhe asas de borboleta e uma coroa composta de todos os tipos de flores. Era representado deslizando pelo espaço com uma graça e uma leveza aéreas, e levando na mão uma corbelha cheia das mais belas flores da primavera.

A Tempestade

Os romanos haviam deificado a Tempestade. Ela pode ser considerada como uma ninfa do ar. Marcelo mandara construir para ela um pequeno templo, em Roma, fora da porta Capena.

Encontramos em monumentos antigos sacrifícios à Tempestade. É representada com o rosto irritado, numa atitude furibunda e sentada em nuvens tempestuosas, entre as quais estão vários ventos que sopram em direções opostas. Ela espalha a mancheias o granizo que quebra árvores e destrói colheitas. Sacrificavam-lhe um touro preto.

Divindades do Mar e das Águas

O Oceano

Para os antigos, o Oceano é primitivamente um rio imenso que rodeia o mundo terrestre. Na mitologia, é o primeiro deus das águas, filho de Urano ou Céu, e de Gaia, isto é, a Terra. É o pai de todos os seres. Homero diz que os deuses originavam-se de Oceano e Tétis. No mesmo poeta, vê-se que os deuses iam com freqüência à Etiópia visitar Oceano e tomar parte das festas e sacrifícios que aí eram celebrados. Enfim, conta-se que Juno, desde seu nascimento, foi confiada por Réia, sua mãe, aos cuidados de Oceano e Tétis, para fazê-la escapar da cruel voracidade de Saturno.

Portanto, Oceano é velho como o próprio mundo. É por isso que é representado sob a forma de um velhote sentado nas ondas do mar, com uma lança na mão e um monstro marinho perto de si. Esse ancião segura uma urna e derrama água, símbolo do mar, dos rios e das fontes.

Ofereciam-lhe habitualmente em sacrifício vítimas grandes e, antes das expedições difíceis, faziam-lhe libações. Não era venerado apenas pelos homens, mas também pelos deuses. Nas *Geórgicas* de Virgílio, a ninfa Cirene faz, no meio do palácio do Peneu, na nascente desse rio, um sacrifício a Oceano; três vezes seguidas, ela derrama vinho no fogo do

Teve por mulher Anfitrite, filha de Dóris e de Nereu. Essa ninfa a princípio recusou-se a casar-se com Netuno e se escondeu para fugir de suas perseguições. Mas um golfinho, encarregado dos interesses de Netuno, encontrou-a ao pé do monte Atlas, persuadiu-a a concordar com o pedido do deus e, como recompensa, foi posto entre os astros. Ela teve de Netuno um filho chamado Tritão e várias ninfas marinhas; também foi, conta-se, mãe dos Ciclopes.

O barulho do mar, sua profundidade misteriosa, sua força, a severidade de Netuno que abala o mundo, quando levanta com o tridente seus enormes rochedos, inspiram à humanidade mais um sentimento de medo do que de simpatia e amor. O deus parecia dar-se conta disso todas as vezes que se apaixonava, seja por uma divindade, seja por uma simples mortal.

Anfitrite sobre um Tritão.

Recorria com freqüência, então, à metamorfose. Contudo, na maioria das vezes, em suas próprias transformações, conservava seu caráter de força e impetuosidade.

É representado transformado em touro em seus amores com uma filha de Éolo; sob a forma do rio Enipeu para tornar Ifimédia mãe de Efialtes e Oto; sob a de um carneiro, para seduzir Bisaltis; sob a de um cavalo para enganar Ceres; enfim, sob a de um grande pássaro no namoro com Medusa, e sob a de um golfinho, com Melanto.

Sua célebre desavença com Minerva a respeito da posse da Ática é uma alegoria transparente em que os doze grandes deuses, tomados como árbitros, indicam a Atenas seu destino. Esse deus teve ainda uma desavença com Juno por causa de Micenas e com o Sol acerca de Corinto.

A fábula pretende que Netuno, expulso do céu por Apolo por ter conspirado contra Júpiter, construiu as mura-

Netuno.

lhas de Tróia e que, não recebendo seu salário, vingou-se da perfídia de Laomedonte derrubando os muros dessa cidade.

Netuno era um dos deuses mais venerados na Grécia e na Itália. Possuía aí um grande número de templos, sobretudo nas proximidades do mar. Tinha suas festas, seus jogos solenes. Os do istmo de Corinto e do Circo de Roma lhe eram especialmente consagrados, sob o nome de Hípio. Independentemente das Netunais, festas que eram celebradas no mês de julho, os romanos consagravam a Netuno todo o mês de fevereiro.

Perto do istmo de Corinto, Netuno e Anfitrite tinham suas estátuas não longe uma da outra, no mesmo templo: a de Netuno era de bronze e tinha dez pés e meio de altura. Na ilha de Teno, uma das Cíclades, Anfitrite tinha uma estátua colossal, com nove côvados de altura. O deus do mar tomava sob sua proteção os cavalos e os navegadores. Além das vítimas e das libações em sua honra, os arúspices lhe ofereciam particularmente o fel da vítima, pelo fato de que o amargor convinha às águas do mar.

Netuno é ordinariamente representado nu, com uma longa barba e o tridente na mão, ora sentado, ora de pé sobre as águas do mar, freqüentemente num carro puxado por dois ou quatro cavalos, às vezes comuns, às vezes marinhos, tendo a parte inferior do corpo terminada em rabo de peixe.

Aqui está representado segurando seu tridente com a mão esquerda, com um golfinho na mão direita e pousando o pé na proa de um navio. Por sua atitude, seu ar calmo e os atributos que o acompanham, exprime visivelmente sua força soberana sobre as águas, os navegadores e os habitantes dos mares.

Anfitrite é pintada passeando sobre as águas num carro em forma de concha, puxado por golfinhos ou cavalos-marinhos. Às vezes traz um cetro de ouro, emblema de sua autoridade sobre as águas. As Nereidas e os Tritões formam seu cortejo.

Tritão

Filho de Netuno e Anfitrite, Tritão era um semideus marinho. A parte superior de seu corpo, até a cintura, figurava um homem nadando; a parte inferior era a de um peixe de rabo comprido. Era o arauto do deus do mar, a quem sempre precedia, anunciando sua chegada ao som de uma concha curva. Algumas vezes é levado à superfície das águas, outras aparece num carro puxado por cavalos azuis.

Os poetas atribuem a Tritão outra função que não a de arauto de Netuno: a de acalmar as águas e fazer cessar as tempestades. Assim, em Ovídio, Netuno, querendo chamar de volta as águas do dilúvio, manda Tritão soprar sua concha, ao som da qual as águas se retiram. Em Virgílio, quando Netuno quer aplacar a tempestade que Juno provocou contra Enéias, Tritão, assistido por uma Nereide, se esforça para salvar as naus naufragadas.

Os poetas admitem vários Tritões com as mesmas funções e a mesma figura.

Proteu

Proteu, deus marinho, era filho de Oceano e Tétis, ou, segundo outra tradição, de Netuno e Fenícia. Os gregos atribuem-lhe Palene, cidade da Macedônia, como pátria. Dois de seus filhos, Tmolo e Telégono, eram gigantes, monstros de crueldade. Não tendo podido conduzi-los a sentimentos de humanidade, tomou Proteu a decisão de se retirar para o Egito, com o auxílio de Netuno, que lhe cavou uma passagem sob o mar. Também teve filhas, entre outras a ninfa Idotéia, que apareceu a Menelau quando, ao voltar de Tróia, esse herói foi levado pelos ventos contrários à costa do Egito, e ensinou-lhe o que precisava fazer para saber de Proteu os meios de voltar à sua pátria.

Proteu era o guardião dos rebanhos de Netuno, isto é, dos peixes grandes e das focas. Para recompensá-lo pelos cuidados que tinha para com eles, Netuno dera-lhe o conhecimento do passado, do presente e do futuro. Mas não era fácil abordá-lo, e ele se recusava aos que vinham consultá-lo.

Idotéia disse a Menelau que, para decidi-lo a falar, era preciso surpreendê-lo durante o sono e amarrá-lo de maneira que não pudesse escapar, porque assumia todo tipo de formas para espantar os que dele se aproximavam: a de um leão, de um dragão, de um leopardo, de um javali. Às vezes metamorfoseava-se em árvore, em água e até em fogo. Mas caso se perseverasse em mantê-lo bem agrilhoado, reassumia enfim sua primeira forma e respondia a todas as perguntas que lhe eram feitas.

Menelau seguiu escrupulosamente as instruções da ninfa. Com seus três companheiros, entrou de manhã cedo nas grutas em que Proteu costumava vir repousar, no meio do dia, junto com seus rebanhos. Mal Proteu fechou os olhos e pôs-se numa posição cômoda para dormir, Menelau e seus três companheiros pularam em cima dele e apertaram-no firmemente entre os braços. De nada adiantou Proteu metamorfosear-se, pois a cada metamorfose eles o apertavam com mais força ainda. Enfim, quando esgotou todas as suas astúcias, tornou à sua forma normal e deu a Menelau os esclarecimentos que lhe pedia.

No quarto livro das *Geórgicas*, Virgílio, imitando Homero, conta que o pastor Aristeu, depois de ter perdido todas as suas abelhas, foi, a conselho da mãe, Cirene, consultar Proteu sobre os meios de recuperar seus enxames, e recorreu aos mesmos artifícios para fazê-lo falar.

Glauco

Filho de Netuno e Naís, ninfa do mar, Glauco foi primeiro um célebre pescador de Antêdon, na Beócia. Tendo um dia posto na relva da praia os peixes que acabara de pescar, percebeu que eles se agitavam de uma maneira extraordinária e se jogavam no mar. Persuadido de que essa relva tinha alguma virtude particular, experimentou-a e seguiu o exemplo dos peixes. Oceano e Tétis despojaram-no do que tinha de mortal e admitiram-no entre os deuses marinhos. Antêdon elevou-lhes um templo e ofereceu-lhes sacrifícios. Mais tarde, chegou a ter nessa cidade um oráculo freqüentemente consultado pelos marinheiros.

Conta-se que Glauco apaixonou-se por Ariadne, quando foi raptada por Baco, na ilha de Dia.

Para puni-lo, o deus prendeu-o com sarmentos de videira, mas Glauco conseguiu libertar-se.

Foi ele que apareceu aos Argonautas sob a figura de um deus marinho quando Orfeu, por ocasião de uma tempestade, fez uma promessa solene aos deuses da Samotrácia. No combate travado entre Jasão e os tirrenos, misturou-se aos Argonautas e foi o único a sair sem ferimentos.

Intérprete de Nereu, predizia o futuro e ensinara ao próprio Apolo a arte das predições.

Em seu aspecto, tem muitas semelhanças com Tritão. Sua barba é úmida e branca, e seus cabelos caem-lhe sobre os ombros. Tem sobrancelhas espessas e reunidas, de sorte que parecem ser uma só. Seus braços são feitos em forma de nadadeiras e seu peito é coberto de algas. O resto do corpo termina em peixe, cujo rabo se curva até a cintura.

Sáron

Sáron, antigo rei de Trezena, tinha paixão pela caça. Um dia em que caçava um cervo, perseguiu-o até a beira do mar. Tendo o cervo se jogado na água, pulou atrás dele e, deixando-se levar pelo ardor, encontrou-se sem perceber em alto-mar, onde, esgotado e não podendo mais lutar contra as águas, se afogou.

Circe

Irmã de Pasífae e Eetes, era filha do Sol e da ninfa Persa, uma das Oceânides, ou, segundo outros, do Dia e da Noite. Maga hábil, a ponto de, dizia-se, fazer as estrelas descerem dos céus, destacava-se sobretudo na arte dos envenenamentos. A primeira tentativa que fez de seus talentos nesse gênero foi com o rei dos sarmatas, seu marido, crime que a tornou tão odiosa a seus súditos que estes forçaram-na a fugir. O Sol transportou-a em seu carro para a costa da Etrúria, chamada desde então cabo de Circe, e a ilha de Ea tornou-se o lugar de sua residência. Foi lá que ela transformou em monstro a jovem Cila, porque era amada por Glauco, por quem Circe tivera uma violenta paixão. Fez o mesmo com Pico, rei da Itália, que transformou em pica-pau, porque ele se recusou a deixar sua mulher Canente para ligar-se a ela. A infortunada Canente ficou tão triste que, de tanto se lamentar, evaporou-se nos ares.

Lançado nas costas habitadas por essa temível maga, Ulisses só escapou de seus artifícios graças às recomendações de Mercúrio e ao socorro de Minerva. Mas ela achou um meio de detê-lo nos ardis do amor. Para agradá-lo, restituiu a forma original a seus companheiros, a quem metamorfoseara em animais; Ulisses ficou um ano com ela e a fez mãe de dois filhos, Ágrio e Latino.

A perfídia, os filtros e os malefícios de Circe não a impediram de ser colocada entre os deuses. Adoravam-na na ilha de Ea e ela tinha um monumento numa das ilhas chamadas Farmaeusas, perto de Salamina.

A fábula de Circe, que transformava os homens em brutos por suas seduções e seus sortilégios, é uma alegoria que se tornou tão popular quanto a expressão "companheiros de Ulisses".

Cila e Caríbdis

Cila, ninfa de uma beleza esfuziante, inspirara um violento amor a Glauco, que não dá importância às tempestades e se deleita nas águas azuladas. Metade homem, metade peixe, não se dando conta nem da sua feiúra, nem da sua deformidade, por mais que esse deus marinho invocasse o céu, a terra e o mar como testemunhas da sinceridade de seu coração, a ninfa permanecia insensível a suas juras e enlevos. Ele recorreu a Circe. A maga, que gostava de Glauco a ponto de sentir ciúmes, lhe fez pérfidas promessas. Preparou um veneno que jogou em seguida na fonte em que a ninfa costumava banhar-se.

Mal Cila entrou na fonte, viu-se transformada num monstro que tinha seis garras, seis focinhos e seis cabeças; uma matilha de cachorros saía-lhe do corpo em torno da cintura e seus uivos contínuos aterrorizavam todos os passantes. Apavorada com sua forma monstruosa, Cila jogou-se no mar perto dos rochedos e recifes que tomaram seu nome no estreito da Sicília.

Cila tem uma voz terrível e seus gritos pavorosos parecem o rugido de um leão; é um monstro cujo aspecto provocaria arrepios até mesmo num deus. Quando vê os navios passarem no estreito, sai de seu antro e os atrai a si, a fim de engoli-los. Foi assim que se vingou de Circe, fazendo naufragar os barcos de Ulisses, seu amante.

Tendo roubado uns bois de Hércules, Caríbdis, filha de Netuno e da Terra, foi fulminada por Júpiter e transformada num perigoso sorvedouro que se encontra no estreito da Sicília, diante do antro de Cila. Homero supôs que ele engole as águas três vezes por dia e três vezes as vomita com mugidos horríveis.

Desses dois sorvedouros, o menos perigoso é o de Caríbdis. Daí o provérbio: "Cair de Caríbdis em Cila."

As Sereias

Quando numa noite calma de primavera ou de outono o marinheiro deixa sua embarcação deslizar suavemente não longe da costa, em paragens semeadas de rochedos ou recifes, ouve ao largo, no marulho das ondas, o gorjeio das aves do mar. Esse gorjeio, entrecortado às vezes por gritos estridentes e zombeteiros, se eleva nos ares e passa invisível, com um estranho siflar de asas, por cima do marinheiro atento, dando-lhe a ilusão de um concerto de vozes humanas. Sua imaginação então lhe representa moças ou meninas divertindo-se e procurando desviá-lo de seu caminho. Ai dele caso se aproxime do lugar em que ouve mais vozes, isto é, dos rochedos à flor da água onde, para a ave marinha, a pesca é frutífera: infalivelmente seu barco vai se quebrar e se perder nos recifes.

É esta, sem dúvida, a origem da fábula das Sereias, mas a imaginação dos poetas lhes criou uma lenda mais maravilhosa.

Elas eram filhas do rio Aquelóo e da musa Calíope. Geralmente são três: Partênope, Leucósia e Lígia, nomes gregos que evocam as idéias de candura, brancura e harmonia. Outros chamam-nas Aglaofone, Telxiêpia e Pisínoe, denominações que exprimem a doçura da sua voz e o encanto das suas palavras.

Conta-se que, na época do rapto de Prosérpina, as Sereias foram à terra de Apolo, isto é, à Sicília, e que Ceres, em punição por não terem socorrido sua filha Prosérpina, transformou-as em pássaros.

Ovídio, ao contrário, diz que as Sereias, desoladas com o rapto de Prosérpina, rogaram aos deuses que lhes dessem asas para irem procurar sua jovem companheira por toda a terra. Elas habitavam rochedos escarpados à beira-mar, entre a ilha de Capri e a costa da Itália.

Uma Sereia.

O oráculo predissera às Sereias que elas viveriam enquanto pudessem deter os viajantes à sua passagem, mas que, tão logo um só passasse sem ser detido para sempre pelo encanto das suas vozes e das suas palavras, elas pereceriam. Por isso essas encantadoras criaturas, sempre despertas, não deixavam de deter com sua harmonia todos os que chegavam perto delas e que tinham a imprudência de ouvir seus cantos. Elas os enfeitiçavam, os encantavam a tal ponto que eles não pensavam mais em seu país, em sua família, em si mesmos; esqueciam-se de beber e de comer e morriam por falta de alimento. A costa vizinha era toda branca das ossadas dos que haviam perecido assim.

No entanto, quando os Argonautas passaram por suas paragens, elas fizeram esforços inúteis para atraí-los. De pé no barco, Orfeu pegou da sua lira e encantou-as, a tal ponto que permaneceram mudas e jogaram seus instrumentos no mar.

Obrigado a passar com seu navio diante das Sereias, mas advertido por Circe, Ulisses tapou os ouvidos de todos os seus companheiros com cera e fez-se amarrar num mastro pelos pés e pelas mãos. Ademais, proibiu que o soltassem se, por acaso, ao ouvir a voz das Sereias, ele exprimisse o desejo de parar. Tais precauções não foram vãs. Mal ouviu aquelas encantadoras criaturas, suas doces palavras, suas promessas sedutoras, Ulisses, apesar do conselho que recebera e da certeza de perecer, intimou seus companheiros a soltá-lo, o que, felizmente, eles evitaram fazer. Não havendo podido deter Ulisses, as Sereias se precipitaram no mar e as pequenas ilhas rochosas que habitavam, diante de um promontório da Lucânia, foram chamadas por causa delas *Sirenusas*.

As Sereias são representadas ora com uma cabeça de mulher e um corpo de pássaro, ora com todo o busto de mulher e a forma de ave, da cintura aos pés. Põem em suas mãos instrumentos: uma empunha uma lira, outra, duas flautas, e a terceira, flautas de bico ou um rolo, como para cantar. Também são pintadas segurando um espelho. Não há um só autor antigo que nos tenha representado as Sereias como mulheres-peixes.

Pausânias conta ainda uma fábula sobre as Sereias. “As filhas de Aquelóo incentivadas por Juno”, diz ele, “pretenderam a glória de cantar melhor que as Musas e ousaram desafiá-las; mas as Musas, tendo-as vencido, arrancaram-lhes as penas das asas e, com elas, fizeram coroas para si.” De fato, há monumentos antigos que representam as Musas com uma pena na cabeça.

Por mais temíveis ou perigosas que fossem, as Sereias não deixavam de participar das homenagens divinas. Tinham um templo perto de Sorrento.

As Fórcides. As Gréias. As Górgonas

Ponto, filho de Netuno, às vezes é confundido com Oceano. Esse deus, cujo nome designou mais tarde o Ponto Euxino e uma região da Ásia, unira-se à Terra e dera à luz Fórcis, deus marinho, freqüentemente identificado com Proteu. De Fórcis e sua esposa Ceto, filha de Netuno e da ninfa

Teséia, nasceram as Fórcides, isto é, as ninfas Toosa e Cila, as Gréias e as Górgonas. Toosa foi mãe do cíclope Polifemo, e já conhecemos a terrível metamorfose de Cila.

As Gréias, irmãs mais velhas das Górgonas, cujo nome em grego significa *velhas*, eram assim chamadas porque vieram ao mundo com cabelos brancos. São três: Enió, Pefredó e Dinó. Diz-se que tinham um olho só para as três e um só dente, que utilizavam uma após a outra; mas era um dente mais forte e mais comprido do que as defesas dos maiores javalis. Suas mãos eram de bronze e seus cabelos entrelaçados de serpentes. Tinham com as Górgonas, suas irmãs mais moças, uma notável semelhança, no entanto Hesíodo as diz belas. Como moravam sempre no mar ou em suas paragens, os mitólogos explicam seus cabelos brancos pelas águas do mar, que se embranquecem quando agitadas.

As Górgonas, também em número de três, Estenó, Euríale e Medusa, viviam além do Oceano, na extremidade do mundo, perto da morada da Noite. Ora são representadas como as Gréias, com um só olho e um só dente para as três, ora lhes é atribuída uma beleza estranha e atrativos fascinantes.

Medusa, sua rainha, era mortal, ao passo que suas duas irmãs, Euríale e Estenó, não estavam sujeitas nem à velhice, nem à morte. Era uma moça de uma beleza surpreendente, mas, de todos os atrativos de que era dotada, nenhum era tão lindo quanto seus cabelos. Uma multidão de amantes empenhou-se em pedi-la em casamento. Netuno também se apaixonou por ela e, metamorfoseando-se em pássaro, transportou-a para um templo de Minerva, que se sentiu ofendida com isso. Outros contam apenas que Medusa ousou competir em beleza com Minerva e comparar-se a ela. A deusa ficou tão irritada que transformou em medonhas serpentes os belos cabelos de que Medusa se gabava e deu a seus olhos a força de converter em pedra todos os que fitavam. Muita gente sentiu os efeitos perniciosos de seus olhares nos arredores do lago Tritônis, na Líbia.

Querendo libertar o país de tamanho flagelo, os deuses mandaram Perseu exterminá-la. Esse herói, com a ajuda de Minerva, cortou a cabeça da Górgona e consagrou-a à deusa que, desde então, a tem representada em sua égide.

Tipo artístico da Medusa.

Depois da morte de Medusa, sua rainha, as Górgonas foram morar perto da porta do inferno, com os Centauros, as Harpias e os demais monstros da fábula.

Em geral, as Górgonas ou Medusas são representadas com uma cabeça enorme, uma cabeleira hirta de serpentes, uma boca larga, dentes enormes e olhos arregalados. No entanto, nem todas as que os antigos monumentos nos conservaram têm esse rosto pavoroso e terrível. Algumas têm rosto de mulher, cheio de doçura; não raro, algumas são até graciosas, tanto na égide de Minerva como em outros lugares. Há no Museu de Florença uma cabeça de Medusa moribunda, obra-prima de Leonardo da Vinci.

É freqüente a cabeça de Medusa ser representada alada.

Os Ciclopes

Os Ciclopes eram gigantes monstruosos, filhos de Netuno e Anfitrite ou, de acordo com outros, do Céu e da Terra. Tinham um só olho no meio da testa, daí seu nome (*Cuclos,* círculo, e *ops,* olhar). Viviam dos frutos que a terra lhes dava sem cultivo e do produto de seus rebanhos. Não eram governados por nenhuma lei. É-lhes atribuída a construção primitiva das cidades de Micenas e Tirinto, formadas de massas de pedras tão enormes que eram precisos dois pares de bois para arrastar a menor delas.

Assim que nasceram, Júpiter precipitou-os no Tártaro, mas em seguida colocou-os em liberdade, por intercessão de Telus (a Terra), que lhe havia predito sua vitória. Eles se tornaram ferreiros de Vulcano (Hefesto) e trabalhavam seja na ilha de Lemnos, seja nas profundezas da Sicília, sob o Etna. Fabricaram para Plutão (Hades) o capacete que o torna invisível, para Netuno, o tridente com o qual agita e acalma os mares, para Júpiter, o raio com que faz tremer os deuses e os homens.

Os três principais Ciclopes eram Brontes, que forjava o raio, Estérope, que mantinha o raio na bigorna, e Piracmon, que o malhava com força redobrada. Eram, no entanto, mais de uma centena. Conta-se que, para vingar seu filho Esculápio, atingido pelo raio, Apolo matou todos eles a flechadas.

Vários poetas consideraram-nos como os primeiros habitantes da Sicília e os representam como antropófagos. Contudo, apesar de sua crueldade ou de sua barbárie, foram postos entre os deuses e tinham num templo de Corinto um altar em que lhes eram oferecidos sacrifícios.

O maior, mais forte e mais célebre dos Ciclopes era Polifemo, filho de Netuno e da ninfa Toosa. Ele se nutria principalmente de carne humana. Tendo Ulisses sido lançado na costa da Sicília, onde os Ciclopes habitavam, Polifemo encerrou-o com todos os seus companheiros e rebanhos de carneiros em seu antro, para devorá-los; mas Ulisses o fez tomar tanto vinho, distraindo-o com o relato do cerco de Tróia, que o embriagou. Depois, ajudado por seus companheiros, furou-lhe o olho com uma estaca.

Sentindo-se ferido, o Ciclope deu berros pavorosos; todos os seus vizinhos acorreram para saber o que lhe acontecera e, quando perguntaram o nome de quem o havia ferido, ele respondeu que fora Ninguém (pois Ulisses dissera que assim se chamava); então, os outros se foram, pois imaginaram que ele havia perdido o juízo. Entretanto, Ulisses mandou seus companheiros se prenderem sob os carneiros, a fim de não serem detidos pelo Ciclope, quando este tivesse de levar o rebanho para pastar.

O que previra aconteceu, pois Polifemo, depois de remover uma pedra que cem homens não teriam conseguido movimentar e que tapava a entrada da sua caverna, colocou-se de maneira que os carneiros só podiam passar um a um entre as suas pernas. Quando ouviu Ulisses e seus companheiros fora, perseguiu-os e jogou ao acaso um rochedo de enorme tamanho; mas eles o evitaram facilmente e embarcaram depois de terem perdido apenas quatro homens, que o Ciclope comera.

Apesar de sua ferocidade natural, Polifemo apaixonou-se por uma ninfa do mar, a nereida Galatéia, que, por sua vez, estava apaixonada pelo jovem e belo pastor Ácis. Indignado por essa preferência, Polifemo jogou um bloco de pedra no rapaz e esmagou-o. Vendo isso, Galatéia precipitou-se no mar e juntou-se às Nereidas, suas irmãs. Depois, a seu pedido, Netuno transformou Ácis num rio da Sicília.

A fábula do Ciclope Polifemo inspirou mais de um pintor, notadamente Aníbal Carracci e Poussin.

Os Rios

"Tratem de nunca atravessar as águas dos rios de curso eterno sem antes lhes ter dirigido uma prece, de olhos fitos em suas esplêndidas correntes, sem antes molhar suas mãos em sua onda agradável e límpida", aconselha Hesíodo.

Os Rios são filhos de Oceano e Tétis. Hesíodo conta três mil. Em todos os povos antigos, eles tiveram sua parte nas honras da divindade. Tinham seus templos, seus altares, suas vítimas preferidas. Normalmente, eram-lhes imolados cavalos ou touros. Sua nascente era sagrada. Supunha-se que, numa gruta profunda, onde nenhum mortal podia penetrar sem favor divino, o Rio, divindade real, tinha seu palácio misterioso. Era lá que esse deus, rodeado por uma multidão de ninfas sempre prontas a acompanhá-lo e servi-lo, comandava, vigiava e governava o curso das suas águas.

Por uma ficção graciosa permitida aos poetas, Virgílio, no quarto livro das *Geórgicas*, chegou a reunir numa só gruta, na nascente do Peneu, na Grécia, todos os Rios da terra. Dela jorram com grande estrépito e partem em direções diferentes, por canais subterrâneos, para irem a todas as regiões do mundo levar, com suas águas benfazejas, a vida e a fecundidade.

Os artistas e os poetas representam em geral os Rios sob a figura de anciões respeitáveis, símbolo de sua antiguidade, de barba densa, cabeleira comprida e solta, e uma coroa de juncos na cabeça. Deitados no meio dos caniços, apóiam-se numa urna, de onde sai a água que forma o curso natural a que presidem. Essa urna está inclinada, ou em nível, para exprimir a rapidez ou a tranqüilidade de seu curso.

Nas medalhas, os Rios são colocados à direita ou à esquerda, conforme corram para o oriente ou para o ocidente. Às vezes são representados na forma de touros, ou com chifres, seja para exprimir o mugido de suas águas, seja porque os braços de um rio lembram os chifres do touro.

Às vezes, os rios de cursos sinuosos são representados sob a forma de serpentes. No caso dos rios que não vão dar diretamente no mar, dá-se preferência à figura de uma mulher, de um rapaz imberbe, ou mesmo de uma criança.

Cada rio tem seu atributo que o caracteriza, e que, em geral, é escolhido entre os animais que habitam a região que banha, entre as plantas que crescem às suas margens, ou entre os peixes que vivem em suas águas.

As Náiades

As ninfas que presidiam às fontes, aos córregos e rios eram objeto de uma veneração e um culto particulares. Elas se chamavam Náiades, da palavra grega *naein* que significa *correr, fluir*. Diziam-nas filhas de Júpiter; por vezes são dadas como sacerdotisas de Baco. Alguns autores fazem delas as mães dos Sátiros.

Ofereciam-lhes em sacrifício cabras e cordeiros, com libações de vinho, mel e azeite; na maioria das vezes, a gente se contentava em pôr em seus altares leite, frutas e flores. Elas não eram mais que divindades campestres cujo culto não se estendia às cidades.

São pintadas jovens, bonitas, em geral de pernas e braços nus, apoiadas numa urna que verte água ou segurando na mão uma concha e pérolas cujo brilho realça a simplicidade de sua indumentária; uma coroa de juncos orna seus cabelos prateados que caem sobre os ombros. Às vezes, também são coroadas de plantas aquáticas e perto delas há uma serpente, que se ergue como para enlaçá-las em seus anéis.

O Aquelóo

Seria demasiado longo enumerar e caracterizar todos os rios celebrados pelos poetas, mas a mitologia deve ao menos uma menção aos mais conhecidos dentre eles.

Hércules vence Aquelóo.

O Aquelóo, rio do Epiro, que corria entre a Etólia e a Acarnânia, era tido como o mais antigo rio da Grécia. Foi às suas margens que se estabeleceram e viveram os homens primitivos, ao que se diz. Depois de terem comido as glandes macias da floresta de Dodona, eles vinham matar a sede nas águas doces do Aquelóo. Eis a fábula que se contava sobre esse rio.

Aquelóo era filho de Oceano e Tétis, ou, segundo outros, do Sol e da Terra. Amante de Dejanira, que lhe fora prometida, disputou-a com Hércules, mas foi vencido. Tomou de imediato a forma de uma serpente, sob a qual foi novamente derrotado; em seguida a de um touro, que não lhe foi mais favorável. Hércules agarrou-o pelos chifres e, tendo-o batido, arrancou-lhe um e obrigou-o a ir se esconder no rio Toas, depois chamado Aquelóo.

O vencido deu ao vencedor o chifre de Amaltéia para recuperar o seu. De acordo com certos poetas, foi o próprio chifre de Aquelóo que as Náiades recolheram; elas encheram-no de flores e dele fizeram a cornucópia.

Aquelóo era o pai das Sereias: soubera cair no agrado da musa Calíope. Prestam-lhe todavia um caráter vingativo e uma grande suscetibilidade.

Havendo feito um sacrifício de dez touros, cinco ninfas, filhas de Equino, convidaram para a festa todas as divindades campestres, com exceção de Aquelóo. Esse deus, ofendido por tal esquecimento, engrossou suas águas, que transbordaram e arrastaram para o mar as cinco ninfas, com o lugar onde a festa era realizada. Netuno, comovido com a sorte delas, metamorfoseou-as em ilhas, as Equínades. Elas estão situadas não longe e em face da foz do rio.

Podemos ver no jardim das Tulherias a estátua de Hércules vencendo o rio Aquelóo sob a forma de serpente, obra notável de F.-J. Bosio.

Alfeu e Aretusa

Os antigos observaram, de um lado, que Alfeu, pequeno rio da Élida que vem das montanhas da Arcádia, parecia desaparecer várias vezes debaixo da terra e, de outro, que a fonte Aretusa, que jorra de um rochedo na ponta da ilha de Ortígia, perto de Siracusa, fornecia água doce em abundância, embora estando cercada pelo mar. Essa observação sugeriu aos poetas a seguinte fábula.

Alfeu era um intrépido caçador que percorria as montanhas e vales da Arcádia. Um dia, percebe Aretusa, filha de Nereu e Dóris, ninfa favorita de Diana, tomando banho num córrego e fica perdidamente apaixonado por ela. Aretusa, assustada, foge, ele a persegue, cola-se a seus passos. Persegue-a, conta-se, até a Sicília. Chegando na ilha de Ortígia, pertinho de Siracusa, a ninfa, morta de cansaço e a ponto de ser alcançada pelo audacioso Alfeu, não teve outro recurso senão implorar o socorro de Diana. A deusa interveio e metamorfoseou um em rio, a outra em fonte.

Mas, em sua nova forma, Alfeu não renunciou a seu amor: dir-se-ia que ainda quer perseguir e alcançar a ninfa. É por isso que suas águas doces passam sob o mar sem se confundir com a água salgada e vão se misturar à fonte de Aretusa na ilha de Ortígia.

O Eurotas, o Pamiso, o Neda, o Ládon, o Ínaco

Além de Alfeu, rio-deus, objeto de um culto por assim dizer comum a toda a Grécia, quase todos os rios do Peloponeso tinham sua fábula ou sua lenda particular; quase todos, assim como os da Grécia propriamente dita, recebiam homenagens religiosas.

O Eurotas, tão célebre apesar da pouca importância e da extensão de seu curso, chamava-se primitivamente Himero. Eurotas, filho de Lêlex e pai de Esparta, mulher de Lacedêmon, ao conduzir os lacedemônios à guerra, quis dar combate aos inimigos sem esperar a lua cheia. Foi vencido e, de desespero, jogou-se no rio a que deu seu nome. Os lacedemônios pretendiam que Vênus, depois de atravessar esse rio, nele jogara as pulseiras e outros ornamentos femininos com que se enfeitava, e tomara, em seguida, da lança e do escudo para se mostrar nesse estado a Licurgo e conformar-se à magnanimidade das mulheres de Esparta.

Uma lei expressa ordenava aos lacedemônios prestar a esse rio as honras divinas. Foi em suas margens, ornadas de murtas e loendros, que Júpiter, sob a figura de um cisne, enganou Leda, que Apolo deplorou a perda de Dafne, que Cástor e Pólux tinham o costume de se exercitar na luta e no pugilato, que Helena fora raptada pelo troiano Páris, que Diana, sua irmã, gostava de caçar, com suas matilhas e em meio às suas ninfas.

As águas do Eurotas tinham uma virtude maravilhosa: fortaleciam ao mesmo tempo o corpo e a alma. As mulheres da Lacedemônia nelas mergulhavam seus filhos para calejá-los desde cedo nas fadigas da guerra.

Às margens do Pamiso, os reis de Messênia vinham fazer um sacrifício solene na época da primavera e, rodeados pela juventude, flor da nação, imploravam o socorro do rio em favor da independência da pátria.

Cada ano, também, mais ou menos na primavera, a juventude da Élida e da Messênia vinha às margens do Neda, e meninas e meninos sacrificavam seus cabelos à divindade que presidia a esse pequeno rio.

Mais longe, na própria Élida, pretendia-se que o deus Pã, descendo das montanhas da Arcádia, vinha repousar à beira do Ládon, afluente do Alfeu. Foi lá que encontrou a ninfa Siringe, companheira de Diana caçadora. Ele a perseguiu, tentou em vão alcançá-la; a ninfa transformou-se em juncos do rio, de que o deus Pã se serviu para fazer sua flauta de sete tubos.

O Ínaco, na Argólida, era pai da ninfa Io. Escolhido com seu filho, Foroneu, para árbitro entre Juno e Netuno que disputavam esse país, pronunciou-se em favor de Juno. Sentindo-se despeitado, Netuno secou-o e reduziu-o a só ter água nos tempos de chuva.

O Cefiso, o Ilisso, o Asopo, o Esperqueu, o Peneu

Na Grécia propriamente dita, os rios mais venerados por um culto religioso eram o Cefiso e o Ilisso, na Ática, o Asopo, na Beócia, o Esperqueu e o Peneu, na Tessália.

O Cefiso, passando ao norte de Atenas e indo se lançar no porto de Falero, era considerado um deus. Os habitantes de Oropo, na fronteira da Beócia e da Ática, haviam-lhe consagrado a quinta parte de um altar que compartilhava com Aquelóo, as Ninfas e Pã. À sua margem, via-se uma figueira selvagem no lugar em que se pretendia que Plutão descera para baixo da terra, depois de haver raptado Prosérpina. Também foi perto de lá que Teseu matou o célebre bandido Procusto.

O Ilisso, outro pequeno rio que passava a sudeste de Atenas, indo se lançar no golfo de Egina, na verdade não é mais que uma torrente, assim como o Cefiso. Mas suas águas eram consideradas sagradas. Foi às suas margens, dizia-se, que a filha de Erecteu, a bela Orítia, tinha sido raptada pelo impetuoso Bóreas.

O Asopo, torrente saída do Citéron, lança-se no mar de Eubéia. Filho de Oceano e Tétis, Asopo, indignado com o fato de Júpiter ter tido a audácia de seduzir sua filha Egina, quis mover guerra a esse deus. Engrossou suas águas, transbordou e foi devastar os campos vizinhos de seu leito. Tendo se transformado em fogo, Júpiter secou esse rio incômodo.

Peleu, em Homero, dedica ao rio Esperqueu a cabeleira de Aquiles, seu filho, se este tiver a felicidade de voltar à pátria após a guerra de Tróia.

O Peneu, cuja nascente está no Pindo e que corre entre os montes Ossa e Olimpo, banha o vale de Tempe, celebrado pelos poetas por suas sombras e seu frescor. Essas margens, tão procuradas e apreciadas pelos mortais, também pareciam uma região de predileção para os deuses. Os loureiros cresciam em abundância à beira desse rio, e foi lá, dizem os poetas, que Dafne foi transformada nessa árvore desde então consagrada a Apolo.

Rios forâneos à Grécia

Entre os rios forâneos à Grécia, os principais a ocorrer na mitologia grega e latina são o Estrímon, na Macedônia, o Hebro, na Trácia, o Fásis, da Cólquida, o Caíque, da Mísia, o Caístro, da Lídia, o Sangário, da Frígia, o Escamandro, o Xanto e o Símois, na Tróade, e o Pó ou Erídano e o Tibre, na Itália.

Todos são célebres, mas não oferecem o mesmo interesse do ponto de vista da fábula.

À margem do Estrímon, Orfeu chorou Eurídice, e foi nas águas do Hebro que as bacantes lançaram a cabeça desse poeta divino. Não tendo conseguido tornar Fásis, príncipe da Cólquida, sensível a seu amor, Tétis transformou-o no rio que tem seu nome. O Caístro, que via milhares de cisnes divertindo-se em suas margens, trazia o nome de um herói efésio em honra ao qual se haviam erigido altares. O Sangário era o pai da ninfa Sangárida, amada de Átis e que o fez esquecer seus compromissos com Cibele, causando assim a morte do amante.

O Escamandro passava perto da antiga cidade de Tróia. Ele nasce no monte Ida e vai lançar-se no mar, perto do promontório de Sigeu. Sua origem é atribuída a Hércules. O herói, premido pela sede, pôs-se a cavar a terra e fez jorrar a nascente desse rio. Conta-se que suas águas tinham a propriedade de tornar louros os cabelos das mulheres que nelas se banhavam. O Escamandro tinha um templo e sacrificantes. Era tão respeitado, que todas as moças da Tróade, na véspera de suas núpcias, iam venerá-lo e banhar-se em suas águas.

O Símois era um afluente do Xanto, dois outros rios célebres na *Ilíada*. Foi à margem do Símois que Vênus deu à luz Enéias. Durante o cerco de Tróia, esse rio sagrado fez suas águas transbordarem, a fim de se opor com o Escamandro às investidas dos gregos.

O Erídano é chamado por Virgílio o rei dos rios, por ser o maior e mais violento da Itália. Deve seu nome ao filho do Sol, Erídano ou Faetonte, que foi precipitado em suas águas. Hoje é o Pó. É representado com uma cabeça de touro e chifres dourados. Foi às suas margens que as Helíades, irmãs de Faetonte, deram vazão à sua dor e foram transformadas em álamos.

O Tibre, rio que banha a cidade de Roma, também recebeu as honras da divindade. Chamava-se primitivamente Álbula, por causa da brancura de suas águas. Tiberino, rei de Alba, afogou-se nesse rio que, desde esse acontecimento, mudou de nome.

É personificado nos monumentos e medalhas pela figura de um ancião coroado de flores e frutas, meio deitado; empunha uma cornucópia e apóia-se numa loba, junto da qual estão Rômulo e Remo, crianças.

Do Tibre e de Manto, a adivinha, nasceu Bianor, cognominado *Oenus*, rei da Etrúria. Fundou a cidade de Mântua e deu-lhe o nome de sua mãe. Na época de Virgílio, o túmulo desse rei ainda se via a alguma distância de Mântua, na estrada de Roma.

As Fontes

As Fontes, como os rios, em geral eram filhas de Tétis e Oceano. Elas se achavam sob a proteção de ninfas e gênios, com os quais se identificavam. Aquelas a cujas águas se atribuía uma virtude curativa ou salutar eram as mais veneradas. Nos dias de festas solenes, por ocasião de uma comemoração pública, eram cobertas de folhagens e de verdura, envoltas de flores e guirlandas, e a gente fazia-lhes libações; numa palavra, recebiam todas as honras da divindade.

Entre elas, havia algumas que, por sua origem, diferiam de todas as outras fontes. Por motivos particulares, os poetas deleitaram-se em celebrá-las. Tais eram, por exemplo, na Grécia, Aganipe, Hipocrene, Castália e Pirene.

Aganipe, que nasce ao pé do Hélicon, na Beócia, era filha do rio Permesso. Suas águas tinham a virtude de inspirar os poetas e eram consagradas às Musas. Junto dela, tão perto mesmo que muitas vezes com ela é confundida, estava Hipocrene, fonte que o cavalo alado Pégaso fez jorrar com um coice. Também ela, para os poetas, era uma fonte de inspiração.

Mas a fonte inspiradora por excelência, a que as Musas e Apolo preferiam dentre todas, era Castália. Jorrava ao pé do Parnaso e nem sempre fora uma simples fonte. Vivera e percorrera, sob a forma de uma graciosa ninfa, o vale que banhava com sua onda. Amada por Apolo, foi metamorfoseada por esse deus em fonte límpida e fresca, mas possuía a virtude, cara aos poetas, de suscitar o entusiasmo e exaltar a imaginação. Quem quer que viesse beber de suas águas sentia-se inspirado pelo gênio poético. O próprio murmúrio da fonte era inspirador. A Pítia de Delfos por vezes sentia a necessidade de vir molhar seus lábios na água de Castália, antes de ir proferir seus oráculos e sentar-se em sua trípode.

Na entrada do Peloponeso, as Musas também tinham sua fonte favorita, que lhes era consagrada. Brotava ao pé da cidadela de Corinto ou Acrocorinto, e se chamava fonte de Pirene.

Os mitólogos não estão de acordo sobre a origem dessa fonte. Uns referem sua lenda à de Sísifo ou Álope e de sua filha Egina, raptada por Júpiter. Outros contam que a ninfa Pirene, inconsolável com a perda de Cêncrias ou Cencréia, sua filha, morta acidentalmente por um dardo que Diana lançava num animal selvagem, derramou tantas lágrimas que os deuses, depois da sua morte, transformaram-na nessa fonte abundante que alimentava Corinto.

Veremos na fábula de Belerofonte que as águas frescas dessa fonte haviam retido Pégaso à sua beira, quando o herói apoderou-se do cavalo alado para erguer-se nos ares e voar rumo a suas façanhas.

A visão de uma fonte isolada, o ruído monótono da sua nascente levam naturalmente à melancolia; daí essas metamorfoses das grandes dores em fontes. Assim, Bíblis de Mileto, filha da ninfa Cianéia e irmã de Cauno, não podendo se conformar com o distanciamento do irmão e procurando-o por toda parte, acabou detendo-se numa floresta onde, de tanto chorar, foi transformada em fonte inexaurível.

As fontes termais também tinham sua fábula. Assim, a ninfa Juventa, metamorfoseada em fonte por Júpiter, tinha a virtude de rejuvenescer ou deter a marcha dos anos. Onde ficava essa fonte maravilhosa? A fábula não diz. Na Idade Média, faziam-na originar-se do Paraíso terrestre e situavam-na nos desertos da África. No início do século XVI, dois exploradores espanhóis, procurando-a na América, descobriram a Flórida.

As Águas Paradas

Os lagos, lagoas e pântanos, objetos de um culto religioso, tinham, como as fontes e rios, suas divindades tutelares. Não só a imaginação dos poetas punha ninfas e náiades em seus sorvedouros misteriosos ou entre seus caniços, como os povos erguiam às suas margens templos ou santuários consagrados às divindades mais poderosas.

Diana era venerada em particular à beira do lago Estínfalo, na Arcádia. Havia em seu templo uma estátua de madeira dourada conhecida pelo nome de Estinfalia. Em torno da imagem dessa deusa estavam arrumadas outras estátuas de mármore branco, que representavam sob a forma de moças as diversas aves do lago. Ai dos habitantes da cidade vizinha, Estínfalo, se viessem a desprezar o culto da deusa: as águas do lago manifestavam incontinenti a cólera de Diana, e só à força de preces e sacrifícios se preservava a região dos desastres de uma inundação.

Os povos da Itália consideravam deuses todos os lagos e todos os rios de sua região: adoravam o lago de Alba, o Fucino, os da Arícia e de Cutília tão religiosamente quanto os rios Clituno e Númico.

Às vezes, os lagos dissimulavam em sua profundidade a entrada do inferno, como o lago ou pântano de Lerna, na Argólida, ou o lago Averno, na Itália.

"Os argivos", diz Pausânias, "pretendem que foi pelo lago de Lerna que Baco desceu ao Inferno para de lá retirar sua mãe, Semele."

O lago Averno era consagrado a Plutão.

Suas águas estagnadas e talvez sulfurosas exalavam miasmas nauseabundos e deletérios. Os pássaros que voavam acima delas caíam asfixiados, do que se originou seu nome (*a*, privativo, e *ornis*, pássaro). Acreditava-se que ele comunicava com as moradas infernais; na sua margem estava o oráculo das Sombras, de que fala Homero, e que Ulisses veio consultar ao retornar.

Estrabão conta que esse lago era rodeado de árvores cujo topo inclinado formava uma abóbada impenetrável aos raios do sol. Acrescenta que, tendo elas sido cortadas por ordem de Augusto, o ar purificou-se. É certo que os passarinhos voam hoje sem perigo sobre as águas desse lago da Campânia.

As Montanhas, os Bosques, as Divindades Campestres

As Montanhas

As Montanhas eram filhas da Terra. Eram tidas em quase toda parte como lugares sagrados, muitas vezes adoradas até como divindades. As medalhas antigas figuram-nas como gênios, cada um dos quais é caracterizado por algum produto do país.

Na Grécia, a cadeia do Pindo era toda consagrada a Marte e Apolo, mas os poetas aplicaram-se a cercar de fábulas ou lendas particulares os principais cimos dessa montanha.

Assim, como o monte Eta, na Tessália, se estende até o mar Egeu, situado na extremidade oriental da Europa, pretendia-se que o sol e as estrelas se erguiam ao lado dessa montanha e que de lá nasciam o dia e a noite. Héspero (Vésper) era venerado lá. O monte Eta lembra a morte e a pira de Hércules.

O Parnaso, a mais alta montanha da Fócida, tem dois picos famosos: um era consagrado a Apolo e às Musas, o outro a Baco. É entre esses dois picos que nasce a fonte de Castália. Foi nessa montanha que Deucalião e Pirra se retiraram na época do dilúvio. Os antigos criam-na situada no meio da terra; pelo menos, o era no meio da Grécia.

O Citéron, na Beócia, era consagrado às Musas e a Júpiter, mas era na montanha vizinha, o Hélicon, que as

Musas recebiam mais homenagens. Essa montanha, dizia-se, lhes havia sido consagrada desde a época mais remota e quase desde a origem do mundo, pelos dois gigantes Aloídas, Oto e Efialtes. Aí havia um templo dedicado a essas deusas, a fonte Hipocrene, a gruta das ninfas Libétridas, muitas vezes confundidas ou identificadas com as próprias Musas, o túmulo de Orfeu e as estátuas dos principais deuses, obras dos artistas mais hábeis da Grécia. Também havia lá um bosque sagrado onde, cada ano, os habitantes de Téspias celebravam a dupla festa em homenagem às Musas e a Cupido.

O Himeto, na Ática, é célebre pela excelência e abundância do seu mel e pelo culto que aí se prestava a Júpiter.

O Cileno, o Liceu e o Mênalo, na Arcádia, bem como o Taígeto, na Lacônia, são celebrados pelos poetas por diversas razões. As duas primeiras montanhas eram consagradas a Júpiter e ao deus Pã, o Mênalo a Apolo e o Taígeto a Baco. Mas também era no círculo formado pelas montanhas da Arcádia que Diana gostava de consagrar-se ao prazer da caça, e seu culto não era negligenciado na região. A fábula conta que foi no monte Mênalo que o herói Hércules perseguiu a corça de pés de bronze e chifres de ouro; por respeito a Diana, a quem era consagrada, ele se absteve de trespassá-la com suas flechas e capturou-a viva no momento em que ia atravessar o Ládon.

Fora da Grécia, o monte Ródope ou Hemo, na Trácia, é célebre na mitologia pela morada de Orfeu. Hemo, filho de Bóreas e Orítia de Atenas e marido de Ródope, era um rei da Trácia. Esse rei e essa rainha, aspirando às honras divinas, quiseram fazer-se adorar sob os nomes de Júpiter e Juno. Essa louca pretensão fez que os deuses indignados transformassem a ambos numa só montanha. É no pico do Ródope que os poetas situam o deus Marte, quando este examina em que lugar da terra exercerá seus furores.

O monte Nifates, entre o Ponto Euxino e o mar da Hircânia, ou mar Cáspio, chamou-se Cáucaso, do nome de um pastor morto por Saturno na época em que, para escapar às perseguições de Júpiter, ele refugiou-se nessa montanha, depois da guerra dos Gigantes. Foi para honrar e perpetuar a memória desse pastor que Júpiter quis que a montanha tomasse seu nome. Foi no Cáucaso que Prometeu foi acorrentado e bicado por uma águia.

Na outra extremidade do mundo conhecido dos antigos elevava-se, a oeste, o monte Atlas, cujos picos cobertos de neve se perdem nas nuvens, enquanto seus pés se prolongam e penetram profundamente no Oceano que tem seu nome.

Filho do titã Jápeto e da oceânide Climene, neto de Urano e sobrinho de Saturno, Atlas ajudou os Gigantes em sua guerra contra Júpiter. Como punição por essa cumplicidade, o senhor do Olimpo, vencedor, transformou-o em montanha e condenou-o a sustentar em seus ombros a abóbada celeste.

Segundo outra fábula, Atlas, dono do jardim das Hespérides, advertido por um oráculo para desconfiar de um filho de Júpiter, recusou hospitalidade a Perseu, que lhe apresentou a cabeça de Medusa e o transformou em montanha.

É representado como um gigante de pé no meio das águas, suportando a esfera celeste e gemendo sob tal fardo. Hércules tomou seu lugar um dia e permitiu-lhe que descansasse; mas desde há muito Hércules deixou este mundo e Atlas, de costas arqueadas, continua a suportar fadigas seculares sob o peso do céu.

Acima da sua cabeça ele às vezes percebe as Atlântides, suas filhas, que, com o nome de Plêiades, se agrupam e brilham entre as estrelas. A seus pés, do lado da Mauritânia, também percebia as Hespérides – Egle, Aretusa e Hiperetusa –, três filhas que Hésperis, ou Noite, sua esposa,

Atlas.

filha de Héspero (Vésper), lhe deu. Essas três irmãs tinham em seu jardim as macieiras de frutos de ouro, árvores famosas postas sob a guarda de um dragão de cem cabeças. Essas maçãs de ouro, sobre as quais o terrível dragão mantinha seus olhos sempre abertos, tinham uma virtude surpreendente. Foi com uma delas que a Discórdia indispôs as três deusas, Juno, Vênus e Minerva; foi com a mesma fruta que Hipômenes venceu na corrida a imbatível Atalante e obteve sua mão em recompensa pela vitória. A fim de retardar Atalante em sua corrida, o hábil Hipômenes lançou-lhe a certa distância uma da outra as maçãs de ouro, que ela se atardava em recolher.

As Hespérides tinham a voz encantadora e o dom de se furtar aos olhares por metamorfoses súbitas. No decurso de seus trabalhos, Hércules colheu as maçãs de ouro e matou o dragão de seu maravilhoso pomar.

A mitologia, que consagrou e deificou as montanhas, também devia reservar um culto aos vulcões, em particular ao Etna. Não só pretendia-se que essa célebre montanha da Sicília encerrava as forjas de Vulcano e a oficina dos Ciclopes, como, persuadidos de que ela estava em comunicação com divindades infernais, os povos antigos serviam-se de suas erupções para pressagiar o futuro. Jogavam-se na cratera objetos de ouro ou de prata e até mesmo vítimas. Se o fogo os devorasse, o presságio era feliz; e, ao contrário, era funesto, se a lava viesse a rejeitá-los.

As Oréades, as Napéias

Do grego *Oros*, montanha, e *napos*, vale, são formadas as duas palavras, Oréades e Napéias. As Oréades, ninfas das montanhas, não se deleitavam apenas em percorrer os cimos rochosos e as escarpas, mas também se dedicavam à caça. Saíam de suas grutas em grupos vivos e alegres para caçar o cervo, perseguir o javali e acertar com suas flechas as aves. Ao sinal de Diana, acorriam para tomar parte em seus exercícios e lhe formar um brilhante cortejo.

As Napéias, ninfas menos ousadas, porém igualmente graciosas e belas, preferiam as encostas arborizadas das colinas, os vales frescos, as campinas verdes. Por vezes saíam de suas matas para virem assistir aos divertimentos das Náiades, à beira dos córregos solitários que as encantavam com seu murmúrio e seu gorjeio.

Os bosques

Os grandes bosques, tanto quanto os mares, os lagos e as águas correntes e profundas, inspiraram aos primeiros homens um terror religioso. O vagido ou o murmúrio do vento nas grandes árvores lhes causava uma emoção que levava seu pensamento a um poder superior e divino. Assim, as florestas, os bosques foram os primeiros lugares destinados ao culto da divindade. Aliás, era nos bosques que os primeiros homens fixavam de preferência sua residência, e era natural que fizessem os deuses morarem onde eles mesmos moravam. Mas escolhiam os lugares mais sombrios para o exercício da sua religião. Parecia-lhes que, na meia-luz, sob as sombras quase impenetráveis aos raios do sol, a divindade se aproximava com maior facilidade deles, se comunicava mais livremente e dava maior atenção às suas preces. Mais tarde, quando, reunidos em sociedade, os homens ergueram templos, a arquitetura desses edifícios, com suas altas colunas, suas abóbadas, sua semi-obscuridade, ainda lembrava a floresta dos tempos primitivos.

Em memória dessas velhas eras, sempre se plantavam em torno dos templos e dos santuários pelo menos algumas árvores tão respeitadas quanto os próprios templos. Com freqüência essas árvores eram bastante numerosas para formar todo um *bosque sagrado*. Era nesses bosques que as pessoas se reuniam nos dias de festa. Lá realizavam banquetes públicos, acompanhados de danças e jogos. Lá faziam ricas oferendas. As mais belas árvores eram ornadas de festões e fitas, como as estátuas dos deuses. Os bosques sagrados eram como asilos onde o homem e os próprios animais inofensivos tinham direito à proteção da divindade.

Em Claro, ilha do mar Egeu, "havia um bosque consagrado a Apolo, onde nunca entrava animal venenoso", conta Eliano. "Viam-se nos arredores muitos cervos, que, perseguidos pelos caçadores, se refugiavam dentro do bosque; os cachorros, repelidos pela força onipotente do deus, latiam em vão e não ousavam entrar, enquanto os cervos pastavam sem nada temer."

Em Epidauro, o templo de Esculápio era rodeado por um bosque sagrado cingido de todos os lados por grandes marcos. Nesse recinto, não se deixava morrer nenhum dos doentes que vinham consultar o deus.

As florestas mais veneradas da Grécia eram as de Neméia, na Argólida, onde eram celebrados, em homenagem a Hércules, os Jogos Nemeus, e a de Dodona, no Epiro, onde, por uma graça de Júpiter, os carvalhos proferiam oráculos.

As Dríades e Hamadríades

Da palavra grega *drus*, carvalho, vem o nome das Dríades. Eram ninfas protetoras das florestas e bosques. Tão robustas quanto viçosas e leves, podiam vagar em liberdade, formar coros de dança em torno dos carvalhos que lhes eram consagrados e sobreviver às árvores postas sob a sua proteção. Não lhes era proibido casarem-se. Assim, Eurídice, mulher de Orfeu, era uma Dríade.

A crença dos povos na existência dessas divindades florestais os impedia de destruir com demasiada facilidade os grandes bosques. Para cortar as árvores, era preciso primeiro consultar os ministros da religião e obter deles a garantia de que as Dríades os haviam abandonado.

Essas ninfas são representadas sob a forma de mulheres cujo corpo, em sua parte inferior, termina numa espécie de arabesco, exprimindo por seus contornos alongados um tronco e as raízes de uma árvore. A parte superior sem nenhum véu é sombreada por uma abundante cabeleira que cai sobre os ombros ao sabor dos ventos. A cabeça porta uma coroa de carvalho. Às vezes, põem um machado em suas mãos, porque se acreditava que essas ninfas puniam os ultrajes cometidos contra as árvores que guardavam.

As Hamadríades eram ninfas cujo destino dependia de certas árvores com as quais nasciam e morriam, o que as distinguia das Dríades. Era principalmente com os carvalhos que elas tinham essa união. No entanto, não eram de todo inseparáveis deles. Em Homero, vemo-las escaparem das árvores em que estão encerradas, a fim de irem oferecer sacrifícios a Vênus nas grutas, junto com os Sátiros. Segundo Sêneca, elas também saíam de seus carvalhos para ouvir o canto do divino Orfeu.

Reconhecidas aos que as protegiam contra a morte, puniam severamente aqueles cuja mão sacrílega ousava atacar as árvores, de que dependiam. Testemunha disso é Erisícton, que ousou levar um machado criminoso a uma floresta consagrada a Ceres.

Veremos adiante como a Fome encarregou-se de seu castigo.

As Hamadríades não eram, pois, imortais; mas a duração da sua existência era ao menos igual à vida das árvores sob cuja casca moravam.

Pelo nome de Melíades também são designadas as ninfas que habitam os bosques ou arvoredos de freixos. Pretendia-se que essas divindades estendiam mais particularmente sua proteção às crianças que, em razão de seu nascimento furtivo, eram abandonadas ou às vezes penduradas nos galhos das árvores.

Outros mitólogos consideram as Melíades ou Epimélides como ninfas a quem cabia especialmente o cuidado com os rebanhos.

Sua mãe, Mélia, filha de Oceano, foi amada por Apolo, de quem também teve dois filhos, Tereno e o adivinho Ismênias.

Episódio de Narciso e da ninfa Eco

Filho da ninfa Liríope e de Cefiso, rio da Fócida, Narciso foi punido pela deusa Nêmesis por ter desprezado a ninfa Eco. O adivinho Tirésias predissera a seus pais que Narciso viveria enquanto não se visse. Um dia em que passeava no bosque, deteve-se à beira de uma fonte onde percebeu sua imagem. Enamorou-se por sua aparência e, não se cansando de contemplar seu rosto na água límpida, consumiu-se de amor à beira dessa fonte. Insensivelmente, enraizou-se na relva banhada por ela e toda a sua pessoa transformou-se na flor que tem seu nome.

Outros contam que simplesmente se deixou morrer, recusando-se a beber e a comer, e que, depois da morte, seu amor louco acompanhou-o até o inferno, onde ainda se contempla nas águas do Estige.

Nos arredores de Téspias, havia uma fonte que se tornou famosa, dizia-se, por essa aventura. Chamava-se fonte de Narciso.

Eco, filha do Ar e da Terra, ninfa do séquito de Juno, favorecia as infidelidades de Júpiter, distraindo a deusa com longas histórias, quando o senhor do Olimpo se ausentava para cuidar de seus amores. Tendo percebido esse artifício, Juno puniu-a, condenando-a a não mais falar sem que fosse interrogada e a só responder as perguntas pelas últimas palavras que lhe fossem dirigidas.

Apaixonada pelo jovem e belo Narciso, ela seguiu por muito tempo seus passos, sem se deixar ver. Depois de ter experimentado o desprezo daquele que amava, retirou-se para o fundo dos bosques e passou a habitar apenas as cavernas e rochedos. Aí se consumiu de dor e pesar. Insensivelmente, sua carne emagreceu, a pele colou-se a seus ossos, seus próprios ossos se petrificaram, e da ninfa não restou mais que a voz. Por toda parte ela escuta, em parte alguma é visível e, se ouve algumas frases, delas só repete as últimas palavras.

De acordo com alguns autores, Pã apaixonou-se pela ninfa Eco e teve com ela uma filha, chamada Siringe.

Pã

O deus Pã, assim chamado, ao que se diz, da palavra grega *pan*, tudo, era, segundo uns, filho de Júpiter e da ninfa Timbris, segundo outros, de Mercúrio e da ninfa Penélope. De acordo com outras tradições, era filho de Júpiter e da ninfa Calisto, ou talvez do Ar e uma Nereide, ou enfim do Céu e da Terra. Todas essas origens diversas têm sua explicação, não só no grande número de deuses com esse nome, mas também nas múltiplas atribuições que a crença popular prestava a essa divindade. Seu nome parecia indicar a extensão do seu poder, e a seita dos filósofos estóicos identificava esse deus com o Universo ou, pelo menos, com a natureza inteligente, fecunda e criativa.

No entanto, a opinião comum não se elevava a uma concepção tão geral e tão filosófica. Para os povos, o deus Pã tinha um caráter e uma missão sobretudo agrestes. Embora nos tempos mais remotos haja acompanhado os deuses do Egito em sua expedição à Índia, embora tenha inventado a ordem de batalha e a divisão das tropas em ala direita e ala esquerda, que os gregos e os latinos chamavam de chifres de um exército, embora fosse inclusive por esse motivo representado com chifres, símbolo de sua força e de sua invenção, a imaginação popular, tendo bem cedo restringido e limitado suas funções, colocara-o nos campos, perto dos pastores e dos rebanhos.

Era venerado sobretudo na Arcádia, país de montanhas, onde proferia oráculos. Ofertavam-lhe em sacrifício mel e leite de cabra. Celebravam em sua homenagem as Lupercais, festa que, em seguida, se difundiu por toda a Itália, aonde o arcadiano Evandro levara o culto de Pã. De ordinário, é representado feiíssimo, de cabelos e barba mal cuidados, com chifres e o corpo de bode da cintura para baixo, não diferindo enfim de um fauno ou de um sátiro. Leva com freqüência um cajado e uma flauta de sete tubos, chamada flauta de Pã, porque, diz-se, foi ele seu inventor graças à metamorfose da ninfa Siringe em caniços do Ládon.

Também era tido como deus dos caçadores, mas, quando se dedicava à caça, era menos o terror dos animais selvagens do que das ninfas, que perseguia com seus ardores amorosos. Costuma estar à espreita atrás dos rochedos e dos arbustos; para ele, o campo não tem mistérios. Foi assim que descobriu e pôde revelar a Júpiter o lugar em que Ceres estava escondida depois do rapto de Prosérpina.

Na literatura latina, Pã foi freqüentemente confundido com Fauno e Silvano. Vários autores consideraram-nos uma mesma divindade sob diferentes nomes. As próprias Lupercais eram celebradas em sua tríplice homenagem. No entanto, Pã é o único dos três que foi alegorizado e tido como símbolo da Natureza, segundo o significado de seu nome. Por isso atribuem-lhe chifres, para assinalar, segundo os mitólogos, os raios do sol; a vivacidade de sua tez exprime o brilho do céu; a pele de cabra estrelada que usa na altura do estômago representa as estrelas do firmamento; enfim, seus pés e suas pernas hirtos de pêlos designam a parte inferior do mundo, a terra, as árvores e as plantas.

Seus amores suscitaram-lhe rivais por vezes temíveis. Um deles, Bóreas, quis tomar-lhe violentamente a ninfa Pitis, que a Terra, tomada de compaixão, transformou em pinheiro. Eis por que essa árvore, que ainda conserva, ao que se diz, os sentimentos da ninfa, coroa Pã com sua folhagem, enquanto o sopro de Bóreas provoca seus gemidos.

Pã também é amado por Selene, isto é, a Lua, ou Diana, que, para vir visitá-lo nos vales e grutas das montanhas, despreza o belo e eterno dorminhoco Endimião.

A fábula do grande Pã deu lugar, no reinado de Tibério, a um acontecimento que interessou vivamente a cidade de Roma e merece ser contado. No mar Egeu, narra Plutarco, estava a nau do piloto Tamo certa noite nas paragens de determinadas ilhas, quando o vento cessou completamente. Todas as pessoas a bordo estavam bem despertas, a maioria inclusive passava o tempo bebendo juntas, quando se ouviu de repente uma voz que vinha das ilhas e chamava Tamo. Este deixou-se chamar duas vezes sem responder, mas da terceira vez replicou. A voz ordenou-lhe que, quando chegasse em certo lugar, gritasse que o grande Pã morrera. Todos na nau foram tomados do medo e do terror. Deliberaram se Tamo devia obedecer à voz, e Tamo concluiu que, quando chegassem ao lugar indicado, se ventasse o bastante para prosseguirem, não seria preciso dizer nada, mas, se a calmaria os detivesse lá, era preciso cumprir a ordem recebida. Foi surpreendido por uma calmaria nesse lugar e logo pôs-se a gritar com toda a sua força: "O grande Pã morreu!" Mal cessou de gritar, ouviram-se de toda parte queixumes e gemidos, como de um grande número de pessoas surpreendidas e aflitas com a notícia.

Todos os que estavam no navio foram testemunhas dessa estranha aventura. O rumor propagou-se em pouco tempo até Roma. O imperador Tibério quis ver pessoalmente Tamo; viu-o, interrogou-o, reuniu os sábios para saber deles quem era esse grande Pã, e concluíram que era o filho de Mercúrio e Penélope.

Outros mitólogos, interpretando esse fato, preferiram ver nele a morte do antigo mundo romano e o advento de uma nova sociedade.

Mársias

O sátiro Mársias, originário de Celene, na Frígia, era filho de Hiagne, que é tido como o inventor da harmonia frígia. Na escola e sob a direção de um pai que compôs nomos ou cânticos para a mãe dos deuses, Baco, Pã e as outras divindades do país, Mársias não tardou a sobressair-se na música. E cultivou sua arte com ardente paixão. Ele unia a muito espírito, gosto e indústria, uma sabedoria e uma virtude a toda prova.

Seu gênio revelou-se sobretudo na invenção da flauta, em que soube reunir todos os sons que antes se achavam repartidos entre os diversos tubos da flauta pastoril; e partilha com o pai a honra de ter musicado pela primeira vez os hinos consagrados aos deuses.

Ligado a Cibele, acompanhou-a em todas as suas viagens, que conduziram ambos a Nisa, onde encontraram Apolo. Foi lá que, orgulhoso de suas novas descobertas, Mársias ousou lançar ao deus um desafio que foi aceito.

Não foi sem dificuldades que Apolo venceu seu concorrente, e a crueldade com que tratou o vencido mostrou quanto estava surpreso e indignado com tão hábil resistência. Conta-se que o infortunado sátiro, demasiado confiante em seu saber, foi amarrado a uma árvore e esfolado vivo. Mas acrescenta-se que, passado o calor do seu ressentimento e arrependido de sua barbárie, Apolo rompeu as cordas da sua guitarra ou da sua lira e depositou-a com as flautas de Mársias numa caverna de Baco, a quem consagrou seus instrumentos.

Esse sátiro fez escola e teve numerosos discípulos. Um destes, o mais célebre, foi Olimpo, que também recebeu as lições do deus Pã.

As representações de Mársias decoravam vários edifícios. Via-se na cidade de Atenas uma estátua de Minerva que castigava o sátiro por ter-se apropriado das flautas que

Pã e Olimpo.

a deusa rejeitara com desprezo. Para os gregos, a lira tinha sobre a flauta uma indiscutível superioridade.

As cidades livres tinham na praça pública uma estátua de Mársias, símbolo de sua independência, por causa da ligação íntima de Mársias, tomado por Sileno, com Baco, apelidado *Líber*, pois os poetas e os pintores representam-no às vezes com orelhas de fauno ou de sátiro e um rabo de sileno.

Em Roma, tinha no Fórum uma de suas estátuas, perto de um tribunal. Os advogados que ganhavam sua causa tinham o cuidado de coroá-la para agradecer a Mársias pelo sucesso de sua eloqüência e torná-lo favorável à declamação, em sua qualidade de excelente flautista. Via-se também em Roma, no templo da Concórdia, um quadro representando Mársias amarrado, obra de Zêuxis.

Alguns poetas disseram que Apolo, em seu arrependimento, metamorfoseou em rio o corpo de Mársias. Outros pretendem que as ninfas e os sátiros, privados das notas da sua flauta, derramaram tantas lágrimas que elas formaram o rio da Frígia que tem seu nome.

Priapo

Priapo era filho de uma ninfa chamada Naias ou Quione, ou, segundo outros autores, de Vênus e Baco, que fora recebido com solicitude por essa deusa, quando de sua volta triunfal das Índias. Com ciúme de Vênus, Juno quis prejudicar Priapo e o fez nascer com uma deformidade extraordinária. Assim que veio ao mundo, sua mãe fez com que fosse criado longe de si, à beira do Helesponto, em Lâmpsaco, onde, por suas libertinagens e suas impudentes ousadias, tornou-se objeto de terror e repulsa. No entanto, tendo sucedido uma epidemia, os habitantes consternados viram nela uma punição pelos parcos cuidados que dispensavam ao filho de Vênus; pediram que ficasse entre eles e, posteriormente, Priapo se tornou objeto da veneração pública em Lâmpsaco; daí o epíteto que lhe é dado pelos poetas, de lampsaceno ou helespôntico.

Como Pã, Priapo costuma ser tomado como emblema da fecundidade da natureza. Na Grécia, era particularmente venerado pelos que criavam rebanhos de cabras ou ovelhas, ou colméias de abelhas. Em Roma, era considerado um deus protetor dos pomares. Era ele, acreditava-se, que os guardava e fazia frutificar. Mas não deve ser confundido com Vertumno.

É quase sempre representado na forma de Hermes ou de Termo, isto é, em busto sobre um pedestal com chifres de bode, orelhas de cabra e uma coroa de folhas de vinha ou de loureiro. Os antigos tinham o costume de pintar suas estátuas com cinábrio ou zarcão. Algumas vezes, colocamse a seu lado ferramentas de jardinagem, cestas para conter as frutas, uma foice para ceifar, uma clava para afastar os ladrões ou uma vara para assustar os passarinhos.

Também se vêem em monumentos de Priapo cabeças de burros, animais que os habitantes de Lâmpsaco ofereciam em sacrifício a esse deus. Ovídio pretende que tais sacrifícios eram feitos em memória da ninfa Lótis, que, perseguida um dia por esse deus, dele escapou transformando-se em lótus.

Os artistas e os poetas costumam tratar Priapo de maneira bastante inconveniente. Uns representam-no às vezes com uma crista de galo, uma bolsa na mão direita, um chocalho na esquerda; outros ameaçam atirá-lo no fogo, se ele deixar que cortem algumas árvores confiadas à sua guarda. Chegam até a zombar dele, a pretexto de que se deixa insultar pelos passarinhos, que não se deixam amedrontar por seu aspecto.

Em Roma, eram celebradas as Priápias ou festas de Priapo. Eram sobretudo as mulheres que delas participavam; muitas delas vestiam-se de bacantes, ou de dançarinas tocando flauta ou outro instrumento. A vítima oferecida era um burro, e uma sacerdotisa fazia as vezes de vitimário.

Aristeu

Filho de Apolo e de Cirene, Aristeu foi criado pelas ninfas que lhe ensinaram a talhar o leite, a cultivar as oliveiras e a criar abelhas. Amante da ninfa Eurídice, foi causa da sua morte, perseguindo-a no dia de suas núpcias com Orfeu: quando fugia dele, a infeliz não percebeu sob seus pés uma serpente escondida no mato. A picada da serpente tirou-lhe a vida. Para vingá-la, as ninfas, suas companheiras, fizeram todas as abelhas de Aristeu perecerem. Sua mãe, Cirene, a quem implorou socorro para reparar essa perda, levou-o a consultar Proteu, de quem ficou sabendo a causa de seu infortúnio, e recebeu a ordem de aplacar a alma de Eurídice com sacrifícios expiatórios. Dócil a seus conselhos, Aristeu imolou imediatamente quatro jovens touros e outras tantas novilhas; viu surgir então uma nuvem de abelhas que lhe permitiram reconstituir suas colméias.

Casou-se com Autônoe, filha de Cadmo, com quem teve Actáion. Depois da morte desse filho dilacerado por seus cães, retirou-se para Céos, ilha do mar Egeu, então devastada por uma peste que ele fez cessar oferecendo aos deuses sacrifícios; daí passou à Sardenha, que foi o primeiro a civilizar, em seguida à Sicília, onde difundiu os mesmos benefícios e, enfim, à Trácia, onde Baco iniciou-o nas orgias. Estabelecido no monte Hemo, que escolhera para morada, desapareceu de repente para sempre. Os deuses puseram-no entre as estrelas e, segundo certos autores, tornou-se o signo de Aquário.

Os gregos veneram-no desde então como um deus, sobretudo na Sicília; foi ele uma das grandes divindades campestres, e os pastores rendiam-lhe um culto particular.

Heródoto conta que Aristeu apareceu em Cízico depois da sua morte, que desapareceu uma segunda vez e, após trezentos anos, tornou a reaparecer em Metaponto. Lá ordenou aos habitantes que lhe erigissem uma estátua ao lado da de Apolo, ordem a que estes obedeceram depois de terem consultado o oráculo. Segundo Plutarco, Aristeu deixava e retomava sua alma à vontade e, quando ela saía de seu corpo, os assistentes viam-na sob a forma de um cervo.

Dáfnis

Dáfnis, pastor da Sicília, filho de Mercúrio e de uma ninfa, aprendeu com o próprio Pã a cantar e a tocar flauta e foi protegido das Musas, que lhe inspiraram o amor à poesia. Foi o primeiro, diz-se, a exceler na poesia pastoral. Antes dele, os pastores levavam uma vida selvagem; ele soube civilizá-los, ensinou-lhes a respeitar e venerar os deuses; propagou entre eles o culto de Baco, que celebrava solenemente. Notável por sua beleza e sua sabedoria, era, ao mesmo tempo, querido dos deuses e dos homens. Quando morreu, as ninfas choraram-no, Pã e Apolo, que seguiam seus passos, desertaram os campos, a própria terra tornou-se estéril ou cobriu-se de sarças e espinhos.

Mas Dáfnis foi admitido no Olimpo e, uma vez recebido entre os deuses, tomou sob a sua proteção os pastores e os rebanhos. O campo mudou de aspecto, cobriu-se de verdura, de flores e de colheitas. Nas montanhas, só se ouviram gritos de alegria e cantos jubilosos. Nos rochedos, nos arvoredos ecoavam estas palavras: "Dáfnis, sim, Dáfnis é um deus."

Esse deus campestre tinha seus templos, seus altares; faziam-lhe libações, como a Baco e a Ceres; para os habitantes do campo era quase outro Apolo.

Diz-se que não contente de guardar seus belos rebanhos, ele também ia à caça. E era tal o encanto que esse caçador divino espalhava à sua volta, que, ao morrer, seus cães também se deixaram morrer de dor.

Egipãs, Sátiros, Silenos

Ao lado das divindades campestres, protetoras da Natureza, guardiãs vigilantes da vida, dos bens, dos interesses do homem, os poetas haviam imaginado uma infinidade de seres menos divinos que fantásticos, os quais parecem não ter tido, na fábula, outro papel que o de povoar, alegrar e por vezes perturbar as solidões das montanhas e dos bosques. Os Egipãs, cujo nome em grego significa *cabra-pan*, eram destes. Tratava-se de homenzinhos peludos com chifres e pés de cabra. Os pastores acreditavam ver esses monstrinhos humanos saltitar nos rochedos, no flanco das colinas e desaparecer em cavidades ou grutas misteriosas.

Conta-se também que o primeiro Egipã era filho de Pã e da ninfa Ega. Ele inventou a trombeta, feita de uma concha marinha e, por essa razão, é representado com um rabo de peixe. Ao que se diz, havia na Líbia certos monstros a que também se dava o mesmo nome. Esses seres híbridos tinham uma cabeça de cabra e um rabo de peixe. É assim que se representa o *Capricórnio*.

Os Sátiros, disseminados nos campos, tinham com o Egipã uma semelhança notável; talvez se distinguissem deste por uma estatura menos reduzida. Mas eram, como ele, peludíssimos, com chifres, orelhas de cabra, rabo, coxas e pernas do mesmo animal. Algumas vezes são representados com a forma humana, não tendo da cabra mais que os pés. Esses seres eram dotados de todas as malícias e de todas as paixões: escondidos atrás das árvores, ou deitados nos vinhedos e na relva, surgiam inopinadamente para assustar as ninfas e persegui-las rindo de seu pavor.

Diz-se descenderem os primeiros sátiros de Mercúrio e da ninfa Iftime, ou de Baco e da náiade Nicéia, que ele havia embriagado, transformando em vinho a água de uma fonte em que ela costumava beber.

Alguns poetas dizem que, primitivamente, os Sátiros tinham a forma toda humana. Eles guardavam Baco; mas como Baco, apesar de todos os seus guardas, transformava-se ora em bode, ora em moça, Juno, irritada com todas essas metamorfoses, deu aos Sátiros chifres, orelhas e pés de cabra.

Sátiro tocando flauta.

Persuadidos de que os campos estavam cheios dessas divindades maliciosas e malfeitoras, os pastores e pastoras temiam por seus rebanhos e por si mesmos, o que fez que procurassem acalmá-los com sacrifícios e oferendas dos primeiros frutos e das primícias dos rebanhos.

Vimos que Sileno, companheiro e preceptor de Baco, era um velhote calvo, corpulento, de nariz arrebitado, riso hipócrita, andar cambaleante e quase sempre em estado de embriaguez. É verdade que, lembrando que Sileno não só é velho, mas que, sendo deus, seguiu outro deus em suas viagens distantes, alguns poetas, como Virgílio, lhe atribuem uma longa experiência e uma profunda sabedoria. Mas é sobretudo a primeira concepção que se estabeleceu na opinião e na memória dos povos. Assim, estes deram o nome de Silenos aos Sátiros velhos. De fato, supunha-se que esses seres de apetites grosseiros não tinham, em sua velhice, outro prazer que a embriaguez, e que era por ela que terminavam sua existência. Os Silenos, com efeito, eram considerados mortais. Nos arredores de Pérgamo chegava-se até a mostrar um grande número de túmulos deles.

Divindades do Campo e da Cidade Particulares a Roma

Faunos, Silvanos

Entre os romanos, os Faunos e os Silvanos eram, com poucas diferenças, a mesma coisa que os Egipãs e os Sátiros entre os gregos. Deuses rústicos, eram representados sob a mesma forma que os Sátiros, mas com traços menos hediondos, com uma figura mais alegre e, sobretudo, com menos brutalidade em seus amores. O pinheiro e a oliveira selvagem lhes eram consagrados.

Os Faunos eram tidos como filhos ou descendentes de Fauno, terceiro rei da Itália, o qual era, dizia-se, filho de Pico ou de Marte e neto de Saturno. Distinguem-se dos Silvanos pelo gênero de suas ocupações, que se aproximam mais da agricultura. No entanto, os poetas pretendem que se costumava ouvir a voz dos Faunos na densidão dos bosques. Embora semideuses, não eram imortais, mas só morriam depois de uma longuíssima existência.

Nos monumentos, vemos Faunos que têm toda a forma humana, com exceção do rabo e das orelhas; alguns aparecem com um tirso e uma máscara. O do palácio Borghese, assim designado, é representado tocando flauta.

Os Silvanos residiam de preferência nos pomares e bosques. Seu pai, ao que parece, era um filho de Fauno, talvez fosse o mesmo deus que o Pã dos gregos. O deus Silvano costuma ser representado empunhando uma podadeira, com uma coroa de hera ou de pinheiro, sua árvore favorita. Algumas vezes, o galho de pinheiro que forma a sua coroa é substituído por um de cipreste, por causa da sua ternura pelo jovem Ciparisso, que, segundo certos autores, foi metamorfoseado em cipreste, ou porque foi o primeiro a aprender a cultivar essa árvore na Itália.

Silvano tinha vários templos em Roma, um em particular no monte Aventino e outro no vale do monte Viminal. Tinha-os também à beira-mar, daí ser chamado *Littoralis.*

Esse deus era o terror das crianças que se divertem quebrando galhos de árvores. Fazia-se dele uma espécie de bicho-papão que não deixava estragar ou quebrar impunemente as coisas confiadas à sua guarda.

Vertumno

Vertumno, cujo nome significa *transformar*, *mudar*, era sem dúvida um rei da Etrúria, que, por causa do cuidado que teve pelas frutas e a cultura dos pomares, obteve, depois da sua morte, as honras da divindade. O que há de certo é que seu culto passou dos etruscos a Roma, onde era considerado um deus dos jardins e pomares. Suas atribuições diferiam das de Priapo. Ele cuidava sobretudo da fecundidade da terra, da germinação das plantas, da sua floração e da maturação das frutas.

Tinha o privilégio de poder mudar de forma a seu belprazer e recorreu a esse artifício para fazer-se amar pela ninfa Pomona, que escolheu para esposa. Esse casal feliz e imortal envelhece e rejuvenesce periodicamente, sem nunca morrer. Vertumno prometeu fidelidade à ninfa e mantém inviolável sua palavra.

Nessa fábula, a alegoria é transparente. É claro que se trata do ano e da sucessão ininterrupta das estações. Ovídio parece apoiar essa concepção de Vertumno, pois diz que esse deus assumiu sucessivamente a figura de um lavrador, de um ceifador, de um vinhateiro, enfim de uma velha senhora, designando assim a primavera, o verão, o outono e o inverno.

Vertumno tinha um templo em Roma, perto do mercado de legumes e frutas, de que era o deus tutelar. Era representado sob o aspecto de um rapaz com uma coroa de ervas de diferentes espécies, com frutas na mão esquerda e, na direita, uma cornucópia.

Flora

Flora era uma ninfa das ilhas Afortunadas, situadas, acredita-se, a ocidente da África: os gregos chamavam-na Clóris. Zéfiro amou-a, raptou-a e fez dela sua esposa, conservando-a no brilho da juventude e dando-lhe o império das flores. Seu himeneu celebrou-se no mês de maio, e os poetas, descrevendo as estações, não se esquecem de dar lugar a esses dois esposos no cortejo da Primavera. Flora era adorada entre os sabinos, que transportaram esse culto a Roma.

Pomona

Pomona, ninfa de uma beleza notável, foi pedida em casamento por todos os deuses campestres. Ela deu preferência a Vertumno, por causa da conformidade de seus gostos. Nenhuma ninfa conhecia, como ela, a arte de cultivar os jardins e, sobretudo, as árvores frutíferas. Seu culto passou dos etruscos a Roma, onde tinha um templo e altares.

Representavam-na de ordinário sentada numa grande cesta cheia de flores e frutas, segurando na mão esquerda algumas maçãs e, na direita, um ramo. Os poetas pintaram-na coroada de folhas de vinha e cachos de uva, e segurando em suas mãos uma cornucópia ou uma corbelha cheia de frutas.

Pales

Algumas vezes confundida com Ceres ou mesmo Cibele, Pales era a deusa dos pastores, entre os romanos; mas não se limitava a tomar sob sua proteção os rebanhos; presidia em geral à economia rural: os cultivadores, assim como os pastores, são chamados pelos poetas *discípulos, favoritos*, de Pales.

A festa que os romanos celebravam todos os anos em homenagem a essa deusa chamava-se *Palilia*. Acontecia no dia 21 de abril. Era propriamente a festa dos pastores, que a solenizavam para espantar os lobos e afastá-los de seus rebanhos. Desde a manhã desse dia, o povo procedia à sua purificação com diferentes perfumes; purificava também o redil e os rebanhos com água, enxofre, pinho, louro e alecrim, cuja fumaça se espalhava pelo lugar. Em seguida, fazia-se um sacrifício não sangrento à deusa; ofereciam-lhe leite, vinho cozido e painço, depois seguia-se um banquete. Essas cerimônias eram acompanhadas por instrumentos musicais, como flautas, címbalos e tambores. As Palilias coincidiam com o aniversário da fundação de Roma por Rômulo.

O deus Termo

O deus Termo, da família dos Faunos e dos Silvanos, era o protetor dos marcos que se põem nos campos e o vingador das usurpações. Também era um deus exclusivamente romano. O culto dessa divindade fora estabelecido por Numa, depois da repartição das terras entre os cidadãos. Seu pequeno templo se erguia na rocha Tarpéia. Mais tarde, tendo Tarquínio, o Soberbo, querido construir no Capitólio um templo para Júpiter, foi preciso deslocar as estátuas e mesmo os santuários que lá já se encontravam. Todos os deuses cederam sem resistência o lugar que ocupavam, mas o deus Termo resistiu contra todos os esforços que fizeram para retirá-lo e foi preciso deixá-lo no lugar. Assim, ele permaneceu no próprio templo que foi erguido nesse lugar. O povo romano pensou ver nesse fato uma garantia da duração eterna de seu império; ademais, persuadiu-se de que não há nada mais sagrado do que os limites de um campo.

O deus Termo foi representado primeiro sob a figura de uma grande pedra quadrangular ou de um cepo; mais tarde, atribuíram-lhe uma cabeça humana posta num marco piramidal; mas estava sempre sem braços e sem pés, para que, diz-se, não pudesse mudar de lugar.

No dia da sua festa, ofereciam-lhe leite, mel, frutas, raramente pequenas vítimas; naquele dia também ornavam-se com guirlandas os marcos dos campos e, inclusive, das grandes estradas.

Jano

Jano é uma divindade romana sobre cuja origem os mitólogos não estão de acordo. Uns dizem-no originário de Cítia; outros, do país dos perrebos, povo da Tessália; outros, enfim, fazem dele um filho de Apolo e Creusa, filha de Erecteu, rei de Atenas. Ao se tornar adulto e tendo armado uma frota, Jano abordou na Itália, onde fez conquistas e construiu uma cidade a que deu seu nome, Janículo. Todas essas origens são obscuras e confusas. Mas a lenda o faz reinar, desde as primeiras eras, no Lácio. Expulso do céu, Saturno refugiou-se nesse país e foi recebido por Jano, que inclusive o associou à sua realeza. Em reconhecimento, o deus destronado dotou-o de uma rara prudência que tornava o passado e o futuro sempre presentes a seus olhos, o que foi expresso representando-o com dois rostos voltados em sentidos contrários.

O reinado de Jano foi pacífico, e por esse motivo foi considerado o deus da paz. O rei Numa construiu para ele em

Roma um templo que permanecia aberto em tempo de guerra e que era fechado em tempo de paz. Esse templo foi fechado uma vez sob o reinado de Numa; a segunda vez, depois da segunda guerra púnica, e três vezes, em diversos intervalos, sob o reinado de Augusto.

Ovídio diz que Jano tem uma dupla face porque exerce seu poder sobre o céu e sobre o mar, assim como sobre a terra; é tão antigo quanto o mundo; tudo se abre ou se fecha à sua vontade. Só ele governa a vasta extensão do universo. Preside às portas do céu e guarda-as junto com as Horas. Observa ao mesmo tempo o oriente e o ocidente.

É representado tendo numa mão uma chave e, na outra, uma vara, para assinalar que é o guardião das portas (*januae*) e que preside aos caminhos. Suas estátuas muitas vezes marcam com a mão direita o número trezentos e, com a esquerda, o número sessenta e cinco, para exprimir a medida do ano. Era o primeiro a ser invocado quando se fazia um sacrifício a qualquer outro deus.

Havia em Roma vários templos de Jano, uns de Jano Bifronte, outros de Jano Quadrifonte. Além da porta de Janículo, haviam sido erguidos, fora dos muros de Roma, doze altares a Jano, relativos aos doze meses do ano.

No reverso das suas medalhas, via-se um navio ou simplesmente uma proa, em memória da chegada de Saturno na Itália a bordo de uma nau.

O mês de janeiro (*januarius*), a quem o rei Numa deu seu nome, lhe era consagrado.

Posteridade de Jano

Os latinos atribuíam a Saturno um filho nascido no Lácio, Pico, esposo da bela Canente, filha de Jano. Por esse casamento, foram reunidas duas famílias de deuses aborígenes. Pico, amador de cavalos, ocupou-se sobretudo das pastagens; e, apesar da sua metamorfose em pica-pau, conservou sempre, na opinião dos aldeões, a importância e o prestígio de uma divindade agreste.

Seu filho Fauno se consagrou mais particularmente à viticultura com Fauna, sua mulher, que, apesar da sua intemperança, foi posta como ele entre os imortais.

A essas divindades, objetos de veneração nos campos, por vezes eram sacrificadas uma ovelha, um cabrito; no entanto, na maioria das vezes, a gente se contentava com oferecer-lhe um pouco de incenso, leite e mel.

Pode-se comparar esse culto ao de Picuno e Piluno, dois irmãos, filhos de Júpiter e da ninfa Garamante. Um, alcunhado Esterquilínio, imaginara estercar as terras; o outro inventara a arte de moer o trigo. Os moageiros tinham alta veneração por este.

Juturna

Juturna, deusa dos romanos, era particularmente reverenciada pelas moças e pelas mulheres; umas para obter dela um rápido casamento, outras para escapar das angústias e das dores da maternidade.

Juturna, dizia-se, era de rara beleza. Foi amada por Júpiter que dela fez uma ninfa imortal e a transformou em fonte inexaurível. Essa fonte ficava perto de Roma e suas águas eram utilizadas nos sacrifícios, sobretudo nos de Vesta, para os quais era proibido empregar outras. Chamavam-na *fonte virginal*.

Carmenta

Carmenta, divindade romana e, ao mesmo tempo, profetisa da Arcádia, teve de Mercúrio Evandro, com o qual foi para a Itália, onde Fauno, rei do Lácio, os recebeu favoravelmente. Depois da sua morte, foi admitida entre os deuses Indígetes de Roma. Tinha um altar perto da porta Carmental e um templo na cidade. É representada com os traços de uma moça cujos cabelos, que se frisam naturalmente, caem em anéis sobre seus ombros; usa uma coroa de favas e perto dela se encontra uma harpa, símbolo de seu caráter profético.

Os Deuses da Pátria, da Família, da Vida Humana

Deuses autóctones ou indígetes

Entre os povos da Antiguidade, certas famílias, certos povos se consideravam oriundos do próprio solo e, por esse motivo, atribuíam-se uma espécie de superioridade entre todos os demais. Nações inteiras chegavam a ter essa pretensão. Assim, os egípcios chamavam-se "a raça por excelência", isto é, "homens verdadeiramente homens" e filhos da terra fecundada pelo divino rio Nilo. Na Grécia, também havia autóctones, isto é, habitantes que não vieram de outras partes, mas que descendiam dessas famílias provenientes, originariamente, em época pré-histórica, do solo nacional; a Itália, enfim, também tinha seus indígenas, segundo a tradição.

Como o mundo divino era constituído ou imaginado a partir da sociedade humana tomada como modelo, não poderíamos nos espantar com encontrarmos na Grécia deuses *autóctones*, nem tampouco deuses *indígetes* na Itália.

Esses deuses eram invocados sob a denominação de "deuses dos pais ou da pátria". Assim era Minerva, em Atenas; assim eram sobretudo, em Roma, Pico, Fauno, Vesta, Rômulo.

Os Cabiros

Em certas ilhas da Grécia, o culto das divindades arcaicas, anteriores à religião nacional, perpetuara-se e mantivera-se, durante longos séculos, ao lado do culto por assim dizer oficial. Até a conquista da Grécia e mesmo até os últimos dias da República romana, essas divindades pré-históricas, se não tinham mais ministros, pelo menos tinham certo número de fiéis adoradores.

A iniciação aos mistérios dessas divindades, as mais antigas do mundo mitológico, era um favor sempre procurado. A supremacia dos deuses do Olimpo não havia alterado nem a lembrança dessas potências misteriosas, nem o sentimento de sua grandeza.

Nessa classe, devemos incluir os Cabiros da Samotrácia, os Telquines de Rodes, os Dáctilos, os Curetes, os Coribantes de Creta. É bastante difícil, se não impossível, fornecer detalhes precisos sobre a origem, o caráter e o culto desses deuses. Os autores não estão de acordo entre si sobre todos esses pontos. De resto, como os iniciados nos mistérios são obrigados a manter um silêncio absoluto sobre suas crenças e suas práticas religiosas, concebe-se que só se cometeram raras indiscrições. Na própria Antiguidade, não há mais do que simples conjeturas sobre o assunto.

Os Cabiros eram filhos de Vulcano; esta era a opinião mais geral, embora alguns autores os digam filhos de Júpiter ou de Prosérpina. Exploravam as minas de ferro, em particular as da Samotrácia, mas trabalhavam todos os metais. Talvez seu culto tenha vindo do Egito, pois, em Mênfis, tinham um templo; contudo, diz-se mais costumeiramente que vêm da Frígia. Na Samotrácia, estabeleceram os célebres mistérios cujo conhecimento era objeto dos votos de quem se tivesse distinguido por sua coragem e suas virtudes. Cadmo, Orfeu, Hércules, Cástor, Pólux, Ulisses, Agamêmnon, Enéias, se acreditarmos na fábula, fizeram-se iniciar em tais mistérios. Pelo menos, nos tempos históricos, Filipe, pai de Alexandre, aspirou e alcançou a honra dessa iniciação.

Os pelasgos, na época de sua migração para a Grécia, levaram essas festas misteriosas a Atenas. Lico, que provém dessa última cidade e se tornou mais tarde rei da Messênia, estabeleceu-as em Tebas; seus sucessores fizeram-nas celebrar em seus Estados.

Enéias fez a Itália conhecer o culto dos Cabiros; Alba recebeu-o e Roma ergueu no Circo três altares a esses deuses, que eram invocados nos infortúnios domésticos, nas tempestades e, sobretudo, nos funerais, sem nunca designá-los por seu próprio nome. Eram chamados apenas com um termo geral: "Deuses poderosos" ou "Deuses associados". Alguns autores pretenderam, mas sem provas, que eram Plutão, Prosérpina e Mercúrio, divindades infernais ou que presidiam à morte. Como o culto dos Cabiros era bem inferior ao desses deuses, só se deve reter dessa suposição o caráter fúnebre dessas forças misteriosas e divinas. Nas iniciações, o postulante era submetido a provas terríveis mas não perigosas; depois vestiam-no com trajes magníficos, faziam-no sentar num trono iluminado por mil luzes; punham-lhe na testa uma coroa de oliveira, um cinto de púrpura em torno da cintura, e os outros iniciados executavam danças simbólicas ante seus olhos.

Outros pretenderam que os Cabiros a princípio não eram mais que hábeis mágicos que se encarregavam de expiar os crimes dos homens por meio de certas formalidades ou cerimônias. Viam vir até eles os grandes culpados e mandavam-nos embora absolvidos e tranqüilizados. Morrendo esses Cabiros, ter-se-ia feito deles deuses e suas cerimônias de expiação ter-se-iam tornado o fundo de seus mistérios.

Numa medalha de Trajano está representado um deus Cabiro: tem a cabeça coberta com um gorro que termina em ponta; numa mão segura um galho de cipreste e, na outra, um esquadro. Traz nos ombros um manto estendido e calça coturnos.

Em Tebas, Lemnos e sobretudo na Samotrácia, as Cabírias, ou festas solenes em homenagem aos Cabiros, eram celebradas à noite.

Os Telquines

Os Telquines, filhos do Sol e de Minerva, habitaram por muito tempo a ilha de Rodes. Como os Cabiros, com os quais têm mais de um traço em comum, dedicavam-se à metalurgia e à magia. Pretendia-se que esses magos, regando a terra com a água do Estige, causavam a sua esterilidade e provocavam a peste. Por essa razão os gregos denominavam-nos *Destrutores*. Ovídio conta que, no fim, Júpiter sepultou-os sob as águas e transformou-os em rochedos. Nem por isso deixaram de ser venerados na ilha de Rodes, onde seu culto, de caráter misterioso, tornou-se célebre.

Conta-se que os Dáctilos idanos, isto é, do monte Ida em Creta, haviam ensinado as cerimônias teúrgicas dos mistérios a Orfeu, que as levou para a Grécia, assim como o uso do ferro. Como os Telquines, eram os Dáctilos filhos do Sol e de Minerva, segundo uns, de Saturno e Alcíope, segundo outros. Dizem-nos inclusive filhos de Júpiter e da ninfa Ida, porque, havendo esse deus ordenado que suas amas jogassem atrás de si um pouco de poeira tirada da montanha, daí resultaram os Dáctilos. Eram homens industriosos; na qualidade de sacerdotes, ofereciam a Réia ou à Terra sacrifícios em que usavam coroas de carvalho. Depois da sua morte, foram venerados como deuses protetores ou deuses Lares. Eram chamados de *Dedos* do monte Ida, porque sem dúvida tinham suas forjas nessa montanha.

Coribantes, Curetes, Gales

Os Coribantes e os Curetes, naturais da Frígia, estabeleceram e praticaram em Creta o culto de Cibele. Tendo concorrido para salvar Júpiter da gula de Saturno e elevá-lo ao trono, receberam as honras divinas. Tinham inclusive uma espécie de supremacia sobre os Dáctilos e outras divindades secundárias de Creta. Também eram considerados potências tutelares.

Seus sucessores, chamados como eles Coribantes, Curetes, Gales, eram sacerdotes especialmente encarregados do culto de Cibele. Eles se abstinham de comer pão, solenizavam suas festas com um grande tumulto e danças frenéticas; ao som da flauta e dos tambores caíam num delírio que era considerado profético ou inspirado.

Os deuses Penates

Os povos, em suas migrações, não esqueciam de levar consigo não só o culto de seu país de origem, mas sobretudo as estátuas antigas, veneradas por seus ancestrais. Esses ídolos tornavam-se uma espécie de talismã nos novos Estados ou nas novas cidades, pelo que eram chamados deuses Penates. As aldeolas, os povoados simples, as casas humildes tinham os seus, como as grandes cidades e os vastos Estados. Tróia teve seu Paládio, estátua de Minerva, protetora e guardiã de seus destinos; Roma teve seus Penates.

O culto desses deuses é originário da Frígia e da Samotrácia. Tarquínio, o Antigo, instruído na religião dos Cabiros, ergueu um templo único a três divindades samotracianas, que mais tarde chamaram-se as Penates dos romanos.

As famílias escolhiam livremente seus Penates entre os grandes deuses ou os grandes homens deificados. Esses deuses, que cabe não confundir com os deuses Lares, eram transmitidos como uma herança, de pai para filho. Em cada habitação, era-lhes reservado um lugar, ao menos um reduto, com freqüência um altar e às vezes um santuário.

Os deuses Lares

Em geral, todos os deuses que eram escolhidos como patronos e protetores de um lugar público ou particular, todos os deuses de cuja proteção os Estados, as cidades, as casas desfrutavam, qualquer que fosse o gênero de tal proteção, eram chamados Lares. Distinguiam-se, pois, várias espécies de deuses Lares, além dos das casas, que eram chamados domésticos ou familiares. Estes, guardiães da família, tinham suas estátuas em pequeno modelo perto da lareira; tinha-se um cuidado extremo com elas; em certos dias, eram cercadas de flores, ganhavam coroas e lhes eram dirigidas freqüentes preces. No entanto, às vezes perdia-se todo respeito para com esses deuses, como, por exemplo, quando da morte de algumas pessoas caras; eram acusados então de não terem se preocupado com a conservação destas, de terem-se deixado surpreender por gênios malfazejos.

Os Lares públicos presidiam aos edifícios, aos cruzamentos, às praças da cidade, às estradas, aos campos; eram encarregados inclusive de afastar os inimigos. Em Roma, os Lares tinham seu templo no Campo de Marte. Jano, Apolo, Diana, Mercúrio eram considerados deuses Lares dos romanos. O culto dos deuses Lares veio, ao que parece, do fato de que, primitivamente, tinha-se o costume de enterrar os corpos nas casas. O povo crédulo imaginou que suas almas também permaneciam aí e logo venerou-as como gênios favoráveis e propícios. Mais tarde, quando foi introduzido o costume de enterrar os mortos ao longo das grandes estradas, também consideraram-se os Lares deuses protetores das estradas.

Convém acrescentar que os Lares podiam ser apenas as almas dos bons; às almas dos maus dava-se o nome de Lêmures. Os Lêmures, gênios malfazejos e inquietos, apareciam, ao que se dizia, sob a forma de fantasmas e sentiam grande prazer em assustar e atormentar os vivos. Também eram chamados *Larvae*.

Os Gênios

Além das divindades tutelares, designadas pelos nomes de Penates e Lares, os impérios, as províncias, as cidades, os campos, em suma, todos os lugares tinham seu gênio protetor e cada homem tinha o seu. Cada um, no aniversário do seu nascimento, oferecia sacrifícios a seu gênio. Oferecia-lhe vinho, flores, incenso, mas não se degolavam vítimas nessas espécies de sacrifícios.

Os Lares e os Penates eram divindades especialmente veneradas pelos romanos, embora os gregos também costumassem invocar os deuses do lar. Mas esses dois povos acreditavam igualmente nos gênios, nos bons que protegem e conduzem ao bem, assim como nos maus, que prejudicam e conduzem ao mal.

O bom Gênio é representado pela figura de um belo rapaz coroado de flores ou espigas de trigo; o mau Gênio, com os traços de um ancião de barba comprida, cabelos curtos e tendo na mão uma coruja, ave de mau agouro.

A Fortuna

Outra divindade que preside aos acontecimentos, à vida dos homens e dos povos, é a Fortuna. Ela distribui os bens e os males segundo seu capricho. Os poetas deleitaram-se com pintá-la calva, cega, de pé, com asas nos dois pés, um sobre uma roda que gira e o outro no ar. Foi representada ainda com um sol e um crescente na cabeça, porque ela preside, como esses dois astros, a tudo o que acontece na terra. Por vezes, atribuem-lhe um timão, para exprimir o império do acaso. Ela é seguida pela Potência e Pluto, deus cego da Riqueza, mas também da Servidão e da Pobreza.

A deusa Fortuna tinha um templo em Âncio. Muitas medalhas mostram-na com atributos diversos e apropriados aos epítetos que lhe são dados, como Fortuna dourada, permanente, complacente, vitoriosa. Em Egina, tinha uma estátua que trazia em suas mãos uma cornucópia; perto dela estava um Cupido alado.

A Má Fortuna é expressa sob a figura de uma mulher exposta num navio sem mastro e sem timão, e cujos véus são rasgados pela violência dos ventos.

Todos os esforços, todos os desejos, todas as súplicas do homem tendiam apenas a conjurar os traços da Fortuna; e, em cada condição, cada circunstância da vida, ele encontra perto de si alguma divindade que se torna sua auxiliar.

No momento em que sua mãe o põe no mundo, ela é assistida e socorrida por Juno ou sua filha, Ilítia, a *bela fiandeira*. Ele cresce, se desenvolve, mas precisa de saúde. Esta lhe será proporcionada por Esculápio, primeiro, depois por Higéia.

Esculápio (em grego, Asclépio)

Esculápio, filho de Apolo e de Corônis, filha única de Flégias, rei da Beócia, nasceu no monte Títio, perto de Epidauro, no Peloponeso. Como a palavra *coronis* em grego significa *gralha*, apregoou-se que Esculápio nascera de um ovo desse pássaro, sob a figura de uma serpente. Acrescenta-se que Flégias, irritado contra Apolo, que tornara sua filha mãe de Esculápio, pôs fogo no templo de Delfos e foi punido eternamente por isso no Tártaro, onde um grande rochedo, suspenso acima da sua cabeça, ameaça a cada instante esmagá-lo com sua queda.

Segundo outros, Corônis foi morta por Diana, ou por Apolo, num acesso de ciúme, e seu corpo já estava colocado na pira fúnebre quando Mercúrio, ou o próprio Apolo, veio fazer o parto de Esculápio. O menino, confiado a princípio a uma ama chamada Trigone, logo passou à escola do centauro Quíron, onde fez rápidos progressos no conhecimento das plantas medicinais e na composição dos remédios; praticou com tamanha habilidade e sucesso a arte de curar os ferimentos e as doenças, que foi considerado o deus da cirurgia e da medicina.

Acompanhou Hércules e Jasão na expedição da Cólquida e prestou grandes serviços aos Argonautas. Não contente com curar os doentes, chegou a ressuscitar os mortos. Vimos na fábula de Apolo como essa temeridade foi punida. Como Esculápio parecia usurpar assim os direitos da divindade suprema, senhora da vida dos homens, Júpiter exterminou-o com um raio. Mas, depois da sua morte, não se deixou de prestar-lhe as honras divinas.

Certo autor pretende que ele formava no céu a constelação que se chamava *Serpentário*. Segundo Pausânias, seus descendentes reinaram numa parte da Messênia, e foi de lá que Macáon e Podalírio, seus dois filhos, partiram para a guerra de Tróia.

Seu culto foi estabelecido primeiro em Epidauro, lugar de seu nascimento; de lá propagou-se em seguida a toda a Grécia. Veneravam-no em Epidauro sob a forma de uma serpente.

Uma estátua de ouro e marfim, obra de Trasimedes de Paros, representava-o sob o aspecto de um homem sentado num trono, tendo um bastão numa das mãos e apoiando a outra na cabeça de uma serpente, com um cachorro deitado perto de si.

O galo, a serpente, a tartaruga, símbolos da vigilância e da prudência necessárias aos médicos, eram-lhe especialmente consagrados. Cobras domesticadas eram alimentadas no templo de Epidauro, e pretendia-se inclusive que era sob esse aspecto que Esculápio se deixava ver; pelo menos os romanos acreditavam que ele havia vindo a eles sob essa forma, quando mandaram uma embaixada a Epidauro para implorar a proteção do deus contra a peste que assolava sua cidade.

Atenas e Roma celebravam solenemente as festas chamadas Epidáurias ou Esculápias em homenagem a esse

Esculápio e Higéia.

deus. Em suas estátuas, Esculápio é representado na maioria das vezes com os traços de um homem grave, barbado e com uma coroa de louros na cabeça; traz numa das mãos uma pátera, na outra um bastão com uma serpente enrolada.

Nessa fábula, tudo é prodígio. Se, por exemplo, Apolo trespassou com suas flechas a mãe de Esculápio, foi porque o corvo acusara falsamente Corônis de ter outros amores. Logo o deus recriminou-se por ter dado ouvidos a essa calúnia e vingou-se do corvo tornando negra sua plumagem, até então branca.

Higéia

Higéia, nome que em grego significa saúde, pertencia duplamente à família de Apolo, tanto por seu pai, Esculápio, como por sua mãe, Lampécia, filha de Apolo e Climene.

Os gregos veneravam-na como uma deusa poderosa, encarregada de cuidar da saúde dos seres vivos. Não só os homens, mas todos os animais eram objeto de seus tratos atentos e de suas inspirações salutares. Era ela quem sugeria misteriosamente a uns e a outros a escolha dos alimentos necessários à sua existência, os remédios apropriados a seus males; personificava de certa forma o instinto da vida e, sustentando as forças dos mortais, prevenindo inclusive a doença, evitava a seu pai o trabalho de intervir continuamente com sua ciência onipotente a fim de aliviar ou curar a dor.

Num templo de Esculápio em Sicião, ela possuía uma estátua coberta de um véu, à qual as mulheres dessa cidade dedicavam seus cabelos. Monumentos antigos representam-na coroada de louro e empunhando um cetro na mão direita, como rainha da medicina. Em seu seio há um dragão com várias roscas, que avança a cabeça para beber numa taça que ela traz na mão esquerda.

Himeneu

O deus Himeneu, filho de Baco e Vênus, presidia ao casamento. Certos poetas fazem-no nascer da musa Urânia, outros da musa Calíope e de Apolo. Qualquer que seja a sua genealogia, esse deus desempenha um papel importante na vida humana, e seu culto era apreciadíssimo em toda parte. Os atenienses sempre o invocavam nas cerimônias do casamento; nas festas solenes, chamavam-no por um canto de triunfo: "Himeneu, Himeneu! Ó Himeneu, Himeneu!"

Era representado sob o aspecto de um rapaz louro coroado de flores, sobretudo de manjerona, trazendo na mão direita uma tocha e na esquerda um véu amarelo, cor que era, em Roma, particularmente destinada ao casamento. Assim, nas bodas romanas, o véu da noiva era de um amarelo fulgurante. Por vezes, esse deus, coroado de rosas, usa um traje branco bordado de flores; certos mitólogos lhe atribuem um anel de ouro, um jugo e peias nos pés, alegoria tornada ainda mais transparente por duas tochas com uma só chama, postas em suas mãos ou perto dele.

Como e Momo

Como, deus da alegria e da boa mesa, presidia aos banquetes, às danças noturnas, à libertinagem. Era representado jovem, rechonchudo, com a face iluminada pelo vinho, a cabeça coroada de rosas, trazendo uma tocha na mão direita e apoiando a esquerda numa estaca. Estava acompanhado com freqüência por Momo, deus do deboche, das críticas maliciosas e dos ditos espirituosos. Esse deus é representado erguendo sua máscara e trazendo na mão um bastão de bobo, símbolo da folia.

Morfeu

Se, após seus trabalhos a que os grandes deuses presidem, o homem desejasse repousar, Morfeu, filho do Sono e da Noite, com uma papoula na mão, chegava trazido por suas asas de borboleta e apenas tocava a pessoa com o caule da planta, o que bastava para adormecê-la.

O Sono, pai dos Sonhos e irmão da Morte, tinha sua morada aprazível na ilha de Lemnos, segundo Homero, ou, segundo Ovídio, no país dos cimérios. Esse deus que se introduz tão misteriosamente em nosso ser, fazendo-nos esquecer nossas tristezas, nossas fadigas e reparando nossas forças, repousava, sob os traços de uma criança ou de um efebo, no fundo de uma gruta silenciosa e impenetrável à luz do dia. Com uma das mãos segurava um dente, com a outra, uma cornucópia; e os Sonhos, seus filhos, dormiam dispersos aqui e ali, sobre papoulas, em volta da sua cama.

Portanto, noite e dia, a vida humana inteira transcorria em companhia e sob os olhares dos deuses. Depois da morte, os homens encontravam-se no Inferno em meio a outras divindades.

O Mundo Infernal

O Inferno

Na mitologia grega e romana, o Inferno é o lugar subterrâneo para onde descem as almas depois da morte, para serem julgadas e receberem o castigo por seus erros ou a recompensa por suas boas ações. "Todos os caminhos levam ao Inferno", disse um poeta da Antiguidade, isto é, à morte e ao juízo que deve segui-la. Esses lugares subterrâneos, situados a uma profundidade incomensurável abaixo da Grécia e da Itália, estendiam-se até os extremos confins do mundo então conhecido; e, do mesmo modo que a Terra era cercada pelo rio Oceano, era o Inferno circunscrito e limitado pelo reino da Noite. Sua entrada, para os gregos, situava-se nas cavernas próximas do cabo Tênaro, ao sul do Peloponeso; os romanos supunham outras entradas, mais próximas deles, por exemplo, os sorvedouros do lago Averno, as grutas vizinhas de Cumos. De resto, tanto na Grécia como na Itália, era admitido e convencionado que todas as cavernas, todas as anfractuosidades, as rachaduras do solo, cuja profundidade ninguém sondara, podiam estar em comunicação com o Inferno.

Seria tão supérfluo quanto pueril tentar uma descrição desse império subterrâneo em que a imaginação dos poetas, ajudada pela credulidade dos povos, deleitou-se em introduzir particularidades divergentes e, não raro, contraditórias. No entanto, é possível fazer uma idéia geral do mapa geográfico do Inferno tal como a Antiguidade o imaginava em seu conjunto. Distinguiam-se nele quatro regiões principais.

A primeira, mais próxima da terra, era o Érebo; além deste ficava o Inferno dos maus; na terceira região estava o Tártaro e a quarta compreendia os Campos Elísios.

No Érebo, via-se o palácio da Noite, bem como o do Sono e dos Sonhos: era a morada de Cérbero, das Fúrias e da Morte. Era lá que erravam durante cem anos as sombras infortunadas cujos corpos não haviam recebido sepultura; e, quando Ulisses evocou os mortos, os que lhe apareceram, diz Homero, saíram apenas do Érebo.

O Inferno dos maus era o lugar temível de todas as expiações. Era lá que o crime sofria seu justo castigo, lá que o remorso roía suas vítimas, lá enfim que se faziam ouvir as lamentações e os gritos agudos da dor. Lá se viam todos os gêneros de tortura. Essa região pavorosa, cujas planícies não eram mais que aridez, cujas montanhas eram só rochas e escarpas, encerrava lagos gelados e lagos de enxofre e pez fervente, onde as almas erravam sucessivamente imersas e sofriam sucessivamente as provações de um frio ou de um calor extremos. Ela era cercada de pântanos lamacentos e fétidos, de rios de águas estagnadas ou em brasa, formando uma barreira intransponível e não deixando às almas nenhuma esperança de fuga, de consolo, nem de socorro.

O Tártaro propriamente dito vinha depois desse Inferno: era a prisão dos deuses. Cercado por um muro tríplice de bronze, sustentava os vastos fundamentos da terra e dos mares. Sua profundidade distanciava-o tanto da superfície da terra quanto esta era afastada do céu. Era lá que estavam encerrados os Titãs, os Gigantes e os deuses antigos expulsos do Olimpo pelos deuses reinantes e vitoriosos; era lá também que se encontrava o palácio do rei do Inferno.

Os Campos Elísios constituíam a morada feliz das almas virtuosas. Reinava lá uma eterna primavera; a terra sempre sorridente cobria-se sem cessar de verdura, folhagens, flores e frutas. À sombra dos arvoredos cheirosos, dos bosques, dos maciços de rosas e murtas alegrados pelo canto e o chilrear dos passarinhos, banhados pelas águas do Lete de suave murmúrio, as almas afortunadas gozavam o mais delicioso repouso e desfrutavam de uma juventude perpétua, sem inquietude nem dor. Deitados em leitos de asfódelo, planta de folhagem pálida, ou preguiçosamente sentados na relva fresca, os heróis contavam-se uns aos outros suas façanhas, ou escutavam os poetas celebrarem seu nome em versos de uma alegria deslumbrante. Enfim, nos Campos Elísios, haviam sido reunidos todos os encantos e os prazeres, como haviam sido acumulados no Inferno dos culpados toda sorte de tormentos.

Diante do vestíbulo do Inferno, na estreita passagem que leva à sombria morada, habitam espectros assustadores. Foi lá que a Dor, o Luto, os Remorsos torturantes, as pálidas Doenças, a triste Velhice, o Terror, a Fome, má conselheira, a vergonhosa Indigência, a Fadiga, o Esgotamento, a Morte, elegeram domicílio. Lá também pode-se ver o Sono, irmão da Morte, as Alegrias culpadas e, em face deles, a Guerra mortífera, as jaulas de ferro das Eumênides e a cega Discórdia, cuja cabeleira de serpentes é enlaçada de faixas ensangüentadas. No meio do vestíbulo ergue-se um olmo frondoso, imenso, no qual residem os Sonhos quiméricos – vemo-los aderindo sob todas as folhas. Nesse lugar, encontram-se ainda muitos outros espectros monstruosos de toda espécie e de toda conformação; representam centauros, seres híbridos, gigantes de cem braços, a hidra de Lerna, uma Quimera que vomita chamas e dá assobios horríveis, Górgonas, Harpias, homens compostos de três corpos reunidos num só. É por essa vereda pavorosa que chegam as sombras, e daí elas se encaminham até seus juízes, mas é preciso que atravessem primeiramente os rios infernais.

O Estige, o Aqueronte, o Cocito, o Flégeton

Os principais rios do Inferno eram o Estige, o Aqueronte, o Cocito e o Flégeton.

Estige era uma ninfa, filha de Oceano e de Tétis. De todos os filhos que o casal deu à luz, diz Hesíodo, ela foi a mais respeitável. Palas, filho de Crias e Euríbia, apaixonou-se por ela e a fez mãe do Zelo, da Força e de Nice, ou Vitória.

Quando Júpiter, para punir o orgulho dos Titãs, convocou todos os imortais a ajudá-lo, foi Estige a primeira a acorrer com sua temível família. O senhor dos deuses soube reconhecer tal solicitude em servi-lo. Admitiu à sua mesa os filhos dessa ninfa tão devotada e, pela distinção mais lisonjeira, quis que ela fosse o vínculo sagrado das promessas dos deuses. Estabeleceu as penas mais graves contra os que violassem as promessas feitas em seu nome. Quando o próprio Júpiter jura por Estige, seu juramento é irrevogável.

A ninfa Estige presidia a uma fonte da Arcádia cujas águas silenciosas formavam um córrego que desaparecia debaixo da terra e, em seguida, ia correr nas regiões infernais. Lá esse córrego tornava-se um rio lamacento que extravasava em pântanos infectos cobertos por uma noite escura.

Aqueronte, filho do Sol e da Terra, foi transformado em rio e precipitado no Inferno por ter fornecido água aos Titãs quando estes declararam guerra a Júpiter. Três riachos com este nome corriam na Grécia: no Epiro, na Élida e na Lacônia. Este último desaparecia nos arredores do cabo Tênaro, fato que explica a fábula. Como o Estige, o Aqueronte era um rio que as sombras atravessavam sem retorno. Em grego, seu nome exprime Tristeza e Aflição.

É representado sob o aspecto de um ancião coberto por um traje úmido. Ele repousa numa urna preta, da qual saem ondas espumantes, porque o curso do Aqueronte é tão impetuoso que arrasta como grãos de areia grossos blocos de rochedos. A coruja, ave lúgubre, é um de seus atributos.

O Cocito, no Inferno, é um afluente do Aqueronte. No Epiro, não longe do lago Aqueruso, havia um rio com esse nome. Era à margem do Cocito infernal que as sombras dos mortos privados de sepultura eram condenadas a errar durante cem anos antes de comparecer diante do tribunal supremo e conhecer sua sorte definitiva. Era o rio dos gemidos; rodeava a região do Tártaro e seu curso era formado, diz-se, pelas lágrimas abundantes dos maus. Representavam-se à sua margem teixos, ciprestes e outras árvores de folhagem escura. Nas suas proximidades encontrava-se uma porta posta numa moldura e em gonzos de bronze, entrada do Inferno.

O Flégeton, outro afluente do Aqueronte, rolava torrentes de chama sulfurosa. Atribuíam-lhe as qualidades mais nocivas. Seu curso longuíssimo, em sentido contrário ao do Cocito, rodeava a prisão dos maus.

Plutão, ou Hades

Plutão, ou mais freqüentemente, em grego, Hades, irmão de Júpiter e Netuno, era o terceiro filho de Saturno e de Réia. Arrancado graças a Júpiter das entranhas de seu pai que o devorara, mostrou-se reconhecido por isso e não hesitou em secundar seu irmão na luta contra os Titãs. Depois da sua vitória, obteve em partilha o reino do Inferno. Por causa da sua feiúra ou da dureza de seus traços, por causa sobretudo da tristeza de seu império, nenhuma deusa aceitou partilhar a sua coroa. Foi por isso que decidiu raptar Prosérpina, a quem fez sua esposa.

Seu palácio está estabelecido no meio do Tártaro. É de lá que ele zela soberanamente pela administração de seus

Estados e dita suas leis inflexíveis. Seus súditos, sombras ligeiras e quase todas miseráveis, são tão numerosos quanto as ondas do mar e as estrelas do firmamento; tudo o que a morte ceifa na terra recai sob o cetro desse deus, aumenta sua riqueza ou se torna sua presa. Dos três deuses soberanos que governam o mundo, ele é o único que nunca tem a temer a insubordinação ou a desobediência, o único cuja autoridade é universalmente reconhecida.

Mas, apesar de obedecido, não é menos odiado e temido. Assim, não tinha na terra nem templo, nem altar, e não se compunham hinos em sua homenagem. O culto que os gregos lhe rendiam distinguia-se por cerimônias particulares. O sacerdote queimava incenso entre os chifres da vítima, amarrava-a e lhe abria o ventre com uma faca, cujo cabo era redondo e o castão de ébano. As coxas do animal eram particularmente consagradas a esse deus. Só se podiam oferecer-lhe sacrifícios nas trevas, e vítimas negras, cujas fitas eram da mesma cor e cuja cabeça devia estar voltada para a terra. Era venerado sobretudo em Nisa, Opunte, Trezena, Pilos e entre os eleatas, onde possuía uma espécie de santuário que só ficava aberto um dia por ano; ainda assim, nele só podiam entrar os sacrificantes. Epimênides, conta Pausânias, mandara colocar sua estátua no templo das Eumênides e, contra o uso ordinário, era representado nesta sob uma forma e numa atitude agradáveis.

Os romanos puseram Plutão não só entre os doze grandes deuses, como entre os oito deuses eleitos, os únicos que se podiam representar em ouro, prata e marfim. Havia em Roma sacerdotes vitimários consagrados unicamente a Plutão. Eram-lhe imoladas, como na Grécia, vítimas de cor escura e sempre em número par, enquanto eram sacrificadas aos outros deuses um número ímpar de vítimas. Elas eram inteiramente reduzidas a cinzas e o sacerdote nada reservava delas, nem para o povo, nem para si. Antes de imolá-las, abria-se uma fossa para receber o sangue e derramava-se nela o vinho das libações. Durante esses sacrifícios, os sacerdotes ficavam com a cabeça nua e um silêncio absoluto era recomendado aos assistentes, menos por respeito do que por temor ao deus.

Plutão (Hades).

Plutão foi tão temido pelos povos da Itália, que o criminoso condenado ao suplício era-lhe antes devotado. Depois desse ato religioso, todo cidadão que encontrasse o culpado podia tirar-lhe a vida impunemente.

No monte Soracte, na Itália, Plutão partilhava com Apolo as honras de um templo. Assim, os faliscos, habitantes do lugar, acharam que deviam venerar ao mesmo tempo o calor subterrâneo e o do astro do dia. Os povos do Lácio e dos arredores de Crotona haviam consagrado o número dois ao rei do Inferno, como um número desditoso; pela mesma razão, os romanos lhe consagraram o segundo mês do ano e, nesse mês, o segundo dia também foi mais particularmente designado para lhe oferecer sacrifícios.

Plutão costuma ser representado com uma barba espessa e um ar severo. Usa com freqüência um capacete, presente dos Ciclopes e cuja propriedade era torná-lo invisível; por vezes tem a testa cingida por uma coroa de ébano, avenca ou narciso. Quando está sentado em seu trono de ébano ou de enxofre, traz na mão direita seja um cetro negro, seja um forcado ou uma lança. Algumas vezes traz chaves nas mãos, para exprimir que as portas da vida estão irreversivelmente fechadas para os que chegam a seu império.

Também é representado num carro puxado por quatro cavalos negros e fogosos.

O atributo que se vê com maior freqüência perto dele é o cipreste, cuja folhagem escura exprime a melancolia e a dor. Os sacerdotes desse deus faziam coroas com essas folhagens e as espargiam sobre suas vestimentas nos sacrifícios.

Prosérpina (em grego, Perséfone ou Cora)

Filha de Ceres e de Júpiter, Prosérpina foi raptada por Plutão um dia em que colhia flores, e apesar da resistência obstinada de Cíane, sua companheira. Cheia de tristeza com a perda da filha e voltando de suas longas viagens através do mundo sem ter notícias dela, Ceres descobriu enfim, através de Aretusa ou da ninfa Cíane, o nome do raptor. Indignada, pediu que Júpiter a fizesse voltar do Inferno, o que o deus lhe concedeu, contanto que ela ainda não tivesse comido nada lá. Ascálafo, filho de Aqueronte e oficial de Plutão, contou que a vira comer seis grãos de romã desde a sua entrada nas sombrias moradas. Em conseqüência, Prosérpina foi condenada a permanecer no Inferno na qualidade de esposa de Plutão e rainha do império das Sombras.

Segundo outros, Ceres obteve de Júpiter que Prosérpina passaria seis meses do ano com a mãe. A cena do rapto dessa deusa por Plutão é situada em diversos lugares, por uns na Sicília, ao pé do monte Etna, por outros na Ática, na Trácia, na Jônia. Alguns elegeram como lugar da cena uma floresta perto de Mégara, que a tradição fez considerar como sagrada. Orfeu diz, ao contrário, que a deusa foi conduzida ao mar por seu temido amante, que desapareceu no meio das ondas. Nessa fábula, certos mitólogos pensaram ver o emblema da germinação.

Acreditava-se comumente que ninguém podia morrer sem que Prosérpina, por si mesma, ou pelo ministério de

Rapto de Prosérpina (Cora).

Átropos, lhe tivesse cortado um cabelo fatal a que a vida estava presa.

A Sicília era o lugar em que o culto dessa deusa era mais solene, e os sicilianos não podiam garantir a fidelidade de suas promessas por um juramento mais forte do que jurando por Prosérpina. Nos funerais, batia-se no peito em sua honra; os amigos, os serviçais do morto por vezes cortavam os cabelos e jogavam-nos na fogueira fúnebre para dobrar essa divindade. Imolavam-lhe cachorros, como a Hécate, e sobretudo novilhas estéreis. Os arcadianos lhe haviam consagrado um templo com o nome de *Conservadora*, porque invocavam-na para encontrar objetos perdidos.

Essa deusa é ordinariamente representada ao lado de seu esposo, num trono de ébano e segurando uma tocha que lança uma chama mesclada com uma fumaça escura. Na cena do rapto, aparece desmaiada de terror no carro que deve transportá-la para o Inferno. A papoula é seu atributo ordinário. Se por vezes põem-lhe na mão direita um buquê de narciso, é porque, segundo se conta, estava ocupada em colher essa flor primaveril quando foi surpreendida e raptada por Plutão.

Davam-lhe em grego o nome de Cora, isto é, “moça”, porque supunha-se que a rainha do império dos Mortos não devia ter filhos ou porque ainda não era mais que uma adolescente, quando desceu ao Inferno. No entanto, teve um filho de Júpiter, que se fez amar por ela sob a forma de uma serpente. Esse filho, chamado Sabázio, era de uma habilidade notável, foi ele que soube costurar Baco na coxa de seu pai.

Prosérpina e Plutão não eram sempre nem por toda parte considerados como divindades infernais. Alguns povos que se dedicavam sobretudo à agricultura veneravam-nos como as divindades misteriosas da fecundação da terra e só começavam a semeadura depois de lhes terem feito sacrifícios.

Caronte

Caronte, filho de Érebo e da Noite, era um deus idoso, mas imortal. Tinha por função transportar além do Estige e do Aqueronte as sombras dos mortos numa barca estreita, reles e de cor fúnebre. Era não só velho, mas avaro; só levava em sua barca as sombras dos que tinham recebido sepultura e que lhe pagavam a passagem. A soma exigida não podia estar abaixo de um óbolo nem acima de três; por isso, tomava-se o cuidado de pôr na boca do morto o dinheiro necessário para pagar a passagem.

Caronte rejeitava implacavelmente as sombras dos que haviam sido privados de sepultura e os deixava errar durante cem anos à beira do rio onde estendiam, em vão, os braços para a outra margem.

Nenhum mortal vivo podia entrar em sua barca, a menos que um ramo de ouro, consagrado a Prosérpina e destacado de uma árvore fatídica, lhe servisse de salvo-conduto. Foi assim que a Sibila de Cumos teve de dar um ao piedoso Enéias, quando este quis descer ao Inferno. Pretende-se até que Caronte foi punido e exilado durante um ano nas profundezas obscuras do Tártaro por ter atravessado Hércules, que não estava munido desse magnífico e precioso ramo.

O barqueiro do Inferno é representado como um velhote magro, grande e robusto; seus olhos vivos, seu rosto majestoso, embora severo, têm uma marca divina. Sua barba é branca, comprida e densa; suas roupas são de uma cor escura e manchadas pela lama preta dos rios infernais. Está de ordinário de pé em sua barca e segura o remo com as duas mãos.

Cérbero

Cérbero, cachorro de três cabeças, com o pescoço hirto de serpentes, filho do gigante Tífon e do monstro Équidna, era irmão de Orto, da Quimera, da Esfinge, da Hidra de Lerna e do Leão de Neméia. Seus dentes negros, cortantes, penetravam até a medula dos ossos e injetavam em sua mordida um veneno mortal. Deitado num antro à margem do Estige, onde estava amarrado com laços de serpentes, guardava a porta do Inferno e do palácio de Plutão. Era carinhoso com as sombras que entravam e ameaçava com seus latidos e seus três focinhos arreganhados as que queriam sair. Hércules acorrentou-o, quando retirou Alceste do Inferno e arrancou-o do trono de Plutão, sob o qual o cão se havia refugiado.

Na Tessália e em diferentes regiões da Grécia, mostravam-se cavernas por onde, dizia-se, Hércules havia trazido para a terra esse monstro infernal. Mas, de acordo com a crença ou a lenda popular mais difundida, era pela caverna do cabo Tênaro, na Lacônia, que Cérbero, acorrentado e de ca-

Cérbero e Plutão.

beças baixas, viera seguindo seu vencedor. Nesse lugar e em lembrança dessa vitória, havia-se erguido um templo a Hércules, depois de se ter aterrado o subterrâneo.

Orfeu adormeceu Cérbero ao som da sua lira quando foi buscar Eurídice; a Sibila de Cumos também adormeceu-o com uma massa temperada com mel e ópio, quando conduziu Enéias ao Inferno.

Nas medalhas, moedas e vasos antigos, Cérbero sempre acompanha Hades; mas é acorrentado ou entre as mãos de Hércules que os pintores e os escultores representaram-no com maior freqüência.

Os juízes do Inferno

Depois de ter recebido as honras da sepultura e atravessado o Estige e o Aqueronte, as almas comparecem diante de seus juízes. Lá os príncipes despojados de seu poder e os ricos privados de seus tesouros são postos no nível dos humildes e dos pobres; os culpados não podem contar com nenhum apoio, nenhuma proteção; a calúnia também não pode mais denegrir, nem mesmo atingir as pessoas de bem. O tribunal está situado num lugar chamado Campo da Verdade, porque nem a mentira, nem a maledicência podem se aproximar daí: de um lado, vai dar no Tártaro, do outro, nos Campos Elísios.

Os juízes são três: Radamanto, Éaco e Minos. Os dois primeiros instruem a causa e, de ordinário, pronunciam a sentença; em caso de incerteza ou indecisão, Minos, que ocupa o assento mais elevado entre os dois outros juízes, intervém como árbitro e seu veredito é sem apelação. Penas e recompensas são proporcionais aos crimes e às virtudes. Há erros inexpiáveis que acarretam condenações à perpetuidade; há outros erros menos graves, que permitem a libertação do culpado após expiação.

Os três juízes do Inferno foram investidos de tão importantes funções por terem sido, na terra, modelos de eqüidade.

Radamanto, filho de Júpiter e Europa, era irmão de Minos. Indo primeiro à Beócia onde se casou com Alcmene, viúva de Anfitrião, foi estabelecer-se em seguida na Lícia, e por toda parte adquiriu a reputação de um príncipe justo, mas severo; por isso, os julgamentos que pronuncia no Inferno são marcados não só pela justiça, como por uma rigorosa severidade. É designado para julgar em particular os habitantes da África e da Ásia. Foi ele que ensinou Hércules a atirar com arco. Costuma ser representado com um cetro na mão e sentado num trono perto de Saturno, na porta dos Campos Elísios.

Éaco, filho de Júpiter e Egina, nasceu na ilha que tem o nome de sua mãe e de que foi rei. É encarregado no Inferno de julgar os europeus. Tendo a peste despovoado seu pequeno reino, obteve de seu pai que as formigas fossem transformadas em homens e chamou seus novos súditos de mirmidões (da palavra grega *murmex*, formiga). Foi pai de Peleu e avô de Aquiles.

Minos, irmão de Radamanto e, como ele, filho de Júpiter e de Europa, governou a ilha de Creta com muita sabedoria e doçura. Para dar às suas leis mais autoridade, retirava-se cada nove anos numa caverna, onde pretendia que Júpiter as ditasse para ele. Fundou em Creta várias cidades, entre outras Cnosso e Festo. Presidente do tribunal infernal, escruta atentamente a vida dos mortais e submete todas as suas ações ao mais severo exame. É representado com um cetro na mão, citando os mortos em seu tribunal, ou sentado no meio das sombras, cujas causas são defendidas em sua presença.

As Fúrias, ou Eumênides, ou Erínias

As Fúrias, ou, por antífrase, as Eumênides, isto é, em grego, as *Benevolentes*, também são chamadas Erínias. São as divindades infernais encarregadas de executar nos culpados a sentença dos juízes. Devem seu nome ao furor que inspiram.

Ministras da vingança dos deuses, devem ter existido desde a origem do mundo; são velhas como o crime, que elas perseguem, e como a inocência, que se esforçam por vingar. Segundo alguns, foram formadas no mar pelo sangue de Caelus, quando esse deus antigo foi ultrajado e ferido por Saturno. Segundo Hesíodo, que as fez uma geração mais jovens, nasceram da Terra que as concebera do sangue de Saturno ferido por Júpiter. Em outro passo, esse poeta as diz filhas da Discórdia. Ésquilo pretende que foram engendradas pela Noite e o Aqueronte. Enfim, Sófocles as faz originarem-se da Terra e das Trevas, e Epimênides as supõe filhas de Saturno e de Evônime, irmãs de Vênus e das Parcas. Seu poder se exerce não só no Inferno, mas também na terra e até no céu.

As Fúrias mais conhecidas, citadas com maior freqüência pelos poetas, são Tisífone, Megera e Alecto.

Tisífone, vestida com uma túnica ensangüentada, está sentada e vela noite e dia à porta do Tártaro. Assim que a sentença é pronunciada aos criminosos, ela se arma de sua chibata vingadora, fustiga-os implacavelmente e insulta-os ao se lamentarem; com a mão esquerda, apresenta-lhes serpentes horríveis e chama suas bárbaras irmãs para secundá-la. Era ela que, para punir os mortais, espalhava a peste e os flagelos contagiosos; foi ela também que perseguiu Etéocles e Polinices e fez nascer neles aquele ódio insuperável que sobreviveu inclusive à morte. Essa Fúria tinha no monte Citéron um templo rodeado de ciprestes, onde Édipo, cego e banido, veio buscar asilo.

Megera, sua irmã, tem por missão semear entre os homens as querelas e as desavenças. É ela também que persegue os culpados com maior obstinação.

Alecto, a terceira Fúria, não deixa aos criminosos nenhum descanso; atormenta-os sem trégua. Odiosa ao próprio Plutão, só respira vingança e não há forma que ela não assuma para trair ou satisfazer sua raiva. É representada armada de víboras, tochas e chicotes, com os cabelos cheios de serpentes.

Por vezes dá-se o nome de Erínias à primeira das Fúrias, tendo seu nome se tornado um termo genérico empregado para designar a todas elas juntas. As Erínias tinham um templo perto do Areópago, em Atenas. Esse templo servia de asilo inviolável aos criminosos. Era lá que todos aqueles que compareciam diante do tribunal do Areópago eram obrigados a oferecer um sacrifício e a jurar sobre os altares que estavam dispostos a dizer a verdade.

Nos sacrifícios oferecidos às Erínias, Eumênides ou Fúrias, eram empregados o narciso, o açafrão, o zimbro, o pilriteiro, o cardo, o sabugueiro ou ébulo, e queimavam-se madeiras de cedro, amieiro e cipreste. Imolavam-lhes ovelhas prenhes, carneiros e rolas.

Essas deusas temíveis eram por toda parte objeto de homenagens particulares. Era com respeito que se pronunciava seu nome, e mal se ousava olhar para as suas estátuas e os santuários que lhes eram consagrados.

Alguns autores confundiram Erínias com Nêmesis e, por conseguinte, as Erínias com as Nêmesis. Estas, segundo Hesíodo, eram apenas duas. Uma, a Pudicícia, voltou ao céu depois da Idade de Ouro; a outra, a verdadeira Nêmesis, filha de Érebo e da Noite, permaneceu na terra e no Inferno, para zelar pela punição dos erros e pela execução das regras imprescritíveis da Justiça. Ela fazia uma inspeção especial das ofensas cometidas contra os pais pelos filhos. Era invocada nos tratados de paz e garantia a estrita observação destes. Era ela que mantinha a fé jurada, vingava a infidelidade dos juramentos, recebia os votos secretos, curvava as cabeças orgulhosas, tranqüilizava os humildes e consolava as amantes abandonadas. Num mosaico de Herculano, vemos a infeliz Ariadne consolada por Nêmesis: a nau de Teseu singra os mares e se afasta, enquanto, perto de Ariadne, Amor se esconde e derrama lágrimas.

Em resumo, Fúrias e Nêmesis tinham por dever a manutenção da ordem e da harmonia na família, na sociedade e no mundo moral. Inspiravam o temor dos remorsos, dos castigos inevitáveis e, por isso mesmo, faziam os homens compreenderem as doçuras de uma consciência honesta e as vantagens da virtude. Não é em vão que se via Nêmesis com um dedo na boca e segurando um freio ou um aguilhão. Era fácil deduzir daí que ela recomendava a discrição, a prudência, a moderação na conduta, ao mesmo tempo que incitava ao bem.

O deus Tânatos, ou a Morte

Tânatos, ou a Morte, é um nome grego masculino. Filho da Noite, que o concebeu sem o socorro de nenhum outro deus, irmão do Sono (*Hipnos*), inimigo implacável do gênero humano, odioso inclusive aos Imortais, fixou residência no Tártaro, segundo Hesíodo, ou diante da porta do Inferno, segundo outros poetas. Foi nesses lugares que Hércules acorrentou-o com cadeias de diamante, quando foi libertar Alceste. Tânatos era raramente nomeado na Grécia, porque a superstição temia despertar uma idéia incômoda ao trazer ao espírito a imagem da nossa destruição.

Os eleatas e os lacedemônios veneravam-no com um culto particular, mas nada se sabe a respeito deste culto. Os romanos também ergueram-lhe altares.

Hipnos, irmão de Tânatos.

Tânatos tinha um coração de ferro e entranhas de bronze. Os gregos representavam-no na figura de um menino preto com pés tortos e acariciado pela Noite, sua mãe. Algumas vezes, seus pés, sem serem disformes, estão apenas cruzados, símbolo do incômodo em que os corpos se encontram na sombra.

Essa divindade também aparece nas esculturas antigas com um rosto desfigurado e emagrecido, os olhos fechados, coberta por um véu e trazendo, como o Tempo, uma foice na mão. Esse atributo parece significar que os homens são ceifados em quantidade, como as flores e as ervas efêmeras.

Os escultores e os pintores conservaram essa foice para a Morte, à qual atribuíram os traços mais hediondos. É na maioria das vezes sob a forma de um esqueleto que a representam.

Os atributos comuns a Tânatos e à Noite são as asas e a tocha caída; mas Tânatos é distinguido também por uma urna e uma borboleta. Supõe-se que a urna contenha cinzas, enquanto a borboleta alçando vôo é o emblema da esperança de outra vida.

Hipnos, nos túmulos, designa o Sono eterno.

Suplícios dos grandes criminosos

Os criminosos mais conhecidos pelo gênero de seu suplício no Inferno são Títio, Tântalo, Sísifo e Ixíon.

Títio, filho da Terra, cujo corpo estendido cobria nove jeiras, teve a insolência de querer atentar contra a honra de Latona num dia em que ela atravessava as deliciosas campinas de Pânope, na Fócida, para ir a Pito ou Delfos. Foi morto por Apolo e por Diana, a flechadas, e precipitado no Tártaro. Lá um abutre insaciável, preso a seu peito, devora-lhe o fígado e as entranhas, que dilacera sem cessar e que renascem eternamente para seu suplício.

Tântalo, rei da Lídia, filho de Júpiter e da ninfa Plotas, raptou Ganimedes para se vingar de Tros, que não o convidara para a primeira solenidade realizada em Tróia. Os antigos não estão de acordo sobre a natureza de seu crime, como tampouco sobre a de seu castigo. Uns o acusam de ter mandado servir aos deuses os membros do seu próprio filho. Outros o repreendem por ter revelado os segredos dos deuses de que era o grão-sacerdote, isto é, de ter descoberto os mistérios de seu culto. Segundo Píndaro, ele mereceu seu suplício porque, não tendo sido admitido à mesa dos deuses, roubou o néctar e a ambrosia para comunicá-los aos mortais; ou, enfim, segundo Luciano, porque roubara um cachorro que Júpiter lhe havia confiado para guardar seu templo na ilha de Creta, e respondera ao deus que ignorava que fim levara o animal.

Quanto ao suplício que suporta no Inferno, Homero, Ovídio e Virgílio representam-no consumido por uma sede ardente no meio de um riacho fresco e límpido, que sem cessar se furta a seus lábios ressequidos, e devorado pela fome, sob árvores cujos frutos são erguidos bem alto por um vento cioso cada vez que sua mão tenta colhê-los.

Outra tradição representa esse criminoso debaixo de um rochedo cuja queda ameaça a cada instante a sua cabeça; mas esse suplício era, antes, segundo se conta, o de Flégias, avô de Esculápio.

Sísifo, filho de Éolo e neto de Hélen, era irmão de Salmoneu que, tendo conquistado toda a Élida, foi fulminado e precipitado no Tártaro por Júpiter porque, querendo fazer-se passar por um deus, imitava o barulho da trovoada empurrando uma carreta numa ponte de bronze e lançando tochas acesas sobre alguns infelizes. Sísifo reinou em Corinto, depois que Medéia se retirou. Diz-se que havia acorrentado a Morte e que a reteve até que Marte libertou-a, a pedido de Plutão, cujo império estava deserto. Homero explica que Sísifo acorrentara a Morte porque evitava a guerra e até trabalhava para manter a paz entre seus vizinhos. Também era, diz Homero, o mais sensato e o mais prudente dos mortais.

No entanto, os poetas colocam-no unanimemente no Inferno e pretendem que está condenado a rolar sem cessar uma enorme pedra até o alto de uma montanha; chegando ao cume, a pedra logo desce por seu próprio peso e ele é obrigado de imediato a subi-la de novo, num trabalho que não lhe dá nenhum descanso.

Como mereceu tal suplício? Alegam-se várias razões. Como Tântalo, teria revelado os segredos dos deuses. Havendo Júpiter raptado Egina, filha do rio Asopo, este se dirigiu a Sísifo para saber que fim levara sua filha; Sísifo, que tinha conhecimento do rapto, prometeu a Asopo informá-lo, contanto que este desse água à cidadela de Corinto. A esse preço, Sísifo revelou o segredo e foi punido no Inferno por causa disso. Segundo outros, foi por haver desviado Tiro, sua sobrinha, filha de Salmoneu, de seus deveres. Outros, enfim, sem levar em conta o retrato favorável que Homero pinta de Sísifo, disseram que ele exercia toda sorte de banditismo na Ática e que matava todos os estrangeiros que caíam em suas mãos; que Teseu, rei de Atenas, moveu-lhe guerra, matou-o num combate e que Sísifo é punido por todos os crimes que cometeu na terra. Essa pedra que o fazem rolar sem cessar pode muito bem ser o emblema de um príncipe ambicioso que alimentou durante muito tempo em sua cabeça desígnios não executados.

Ixíon, filho de Antíon, rei dos lápitas, na Tessália, casou-se com Clia, filha de Deioneu, e recusou dar os presentes que lhe prometera para desposar sua filha, o que obrigou Deioneu a retirar-lhe os cavalos. Dissimulando o ressentimento, Ixíon atraiu seu sogro à sua casa e o fez cair num fosso ardente, onde este perdeu a vida. Esse crime causou horror; Ixíon não encontrou ninguém que quisesse expiá-lo e foi obrigado a fugir de todos os olhares. Abandonado por todo o mundo, recorreu a Júpiter, que teve piedade de seus remorsos, recebeu-o no céu e admitiu-o à mesa dos deuses.

Deslumbrado com os encantos de Juno, o ingrato Ixíon teve a insolência de lhe declarar seu amor. Ofendida por sua temeridade, a severa deusa foi se queixar a Júpiter, que formou com uma nuvem um fantasma semelhante à sua

Castigo de Ixíon.

esposa. Ixíon caiu na armadilha e essa união imaginária deu à luz os Centauros, monstros metade homens, metade cavalos.

Júpiter, considerando-o como um louco cuja razão havia sido perturbada pelo néctar, contentou-se com bani-lo; mas vendo que ele se gabava de tê-lo desonrado, precipitou-o com um raio no Tártaro, onde Mercúrio, por sua ordem, foi amarrá-lo pelos quatro membros numa roda cercada de serpentes e que gira sem nunca parar.

O Lete

Depois de tão grande número de séculos passados no Inferno, as almas dos justos e dos maus que expiaram seus erros aspiravam a uma nova vida e obtinham o favor de voltar à terra para habitar um corpo e se associar ao destino deste. Mas, antes de sair das moradas infernais, tinham de perder a lembrança de sua vida anterior e, para tanto, beber as águas do Lete, o rio do Esquecimento.

A porta do Tártaro que abria para esse rio era oposta à que dava para o Cocito. Lá, as almas puras, sutis e leves, bebiam com avidez essas águas cuja propriedade era apagar da memória todo vestígio do passado, ou de só deixar nela pelo menos vagas e obscuras reminiscências. Tornadas aptas a voltar à vida e a suportar suas provações, eram chamadas pelos deuses para sua nova encarnação.

O Lete corria com lentidão e silêncio. Era, dizem os poetas, o *rio de azeite*, cujo curso tranqüilo não fazia ouvir nenhum murmúrio. Separava o Inferno deste mundo exterior do lado da Vida, do mesmo modo que o Estige e o Aqueronte separavam-no do lado da Morte.

Costuma ser representado pela figura de um ancião que segura com uma das mãos uma urna e, com a outra, a taça do Esquecimento.

Tempos Heróicos, Crenças Populares

As diferentes idades

Era tradicional entre os gregos e os latinos que a humanidade primitiva, isenta de vícios, havia possuído todas as alegrias, todos os prazeres e todas as perfeições. Daí a concepção da Idade de Ouro, que começara sob o reinado de Saturno. Mas, insensivelmente, a perversidade insinuou-se no coração dos homens e, por volta do fim do reinado do antigo Saturno, a Idade de Ouro já cedera o lugar à Idade de Prata. As pessoas ainda eram boas e virtuosas, havia muita gente de bem, mas houve um relaxamento quanto aos princípios rigorosos da justiça. E a natureza, até aquele momento tão generosa, tão pródiga em seus benefícios, mostrou-se mais parcimoniosa: os campos eram férteis, as estações clementes, mas a terra, que antes abria espontaneamente seu seio e apresentava por si mesma seus produtos, dissimulou seus tesouros e deixou-se cultivar.

Terminado o reinado de Saturno, a injustiça ergueu a cabeça sem que a perversidade ainda se declarasse abertamente. A Idade de Prata passara; a Idade de Bronze lhe sucedia. Todos os bens haviam sido comuns até aquela época; mas as pretensões injustas, as querelas entre vizinhos espocaram e fizeram compreender a necessidade de recorrer a partilhas, de fixar os limites das propriedades e de promulgar leis. No entanto, restavam alguns vestígios da honestidade primordial e os homens usavam entre si de certa moderação. Por isso, em recompensa, a terra fornecia numerosos frutos e alimentos para dispensá-los de duras e ingratas fadigas.

Contudo, logo chegou a Idade de Ferro, e todas as injustiças, todos os crimes extravasaram de todas as partes. Os homens, os povos se armaram uns contra os outros; a maldade, a mentira, a perfídia, a traição, a libertinagem, a violência triunfaram descaradamente; a santa Pudicícia, a inviolável Justiça, a Boa-Fé, vendo-se rejeitadas e desconhecidas na terra, fugiram para o céu. Começou então, para o homem, uma vida de provações e de misérias. Para arrancar da terra seus alimentos, ele teve de cultivá-la penosamente e regá-la com seu suor; a natureza guardou para si suas riquezas e seus segredos, e só foi à custa de longas vigílias, de cálculos, de esforços e de paciência que foi possível tomá-los dela.

Deucalião e Pirra

Deucalião, filho de Prometeu, era esposo de Pirra, filha de seu tio Epimeteu. Cansado com a morada forçada na Cítia, onde seu pai o havia relegado, aproveitou a primeira oportunidade e veio se estabelecer e reinar na Tessália, perto do Parnaso. Foi sob seu reinado que ocorreu o famoso dilúvio.

Vendo a malícia dos homens crescer, Júpiter resolveu submergir o gênero humano. A superfície da terra foi inundada, salvo uma só montanha da Fócida, onde veio se deter a pequena barca que trazia Deucalião, o mais justo dos homens, e Pirra, a mais virtuosa das mulheres. Assim que as águas se retiraram, foram consultar a deusa Têmis que proferia oráculos ao pé do Parnaso, e receberam a seguinte resposta: "Saiam do templo, velem o rosto, soltem seus cintos e joguem atrás de vocês os ossos de sua avó." A princípio, os dois não compreenderam o sentido do oráculo e sua piedade ficou alarmada com uma ordem que parecia cruel. Mas Deucalião, depois de ter pensado bem, compreendeu que, sendo a terra a mãe comum de ambos, seus ossos eram as pedras. Portanto, pegaram as pedras e, tendo-as jogado atrás de si, perceberam que as de Deucalião haviam se transformado em homens e as de Pirra em mulheres.

Assim a terra foi repovoada. Mas a Idade de Ferro continuou com o gênero humano, cuja dureza de coração e cuja resistência ao trabalho lembram essa segunda origem.

Anfictíon, filho de Deucalião e de Pirra, partilhou com Heleno, seu irmão, os Estados de Deucalião. Ficou Anfictíon com o Oriente e reinou nas Termópilas, onde estabeleceu o famoso *conselho dos anfictíons*. Esse conselho, formado pelos delegados de doze cidades gregas confederadas, se reunia duas vezes por ano para deliberar sobre os interesses comuns da Grécia.

Lendas Tebanas

Rapto de Europa

Filho de Netuno e da oceânide Líbia, Agenor, rei da Fenícia, casou-se com Agríope ou Teléfassa, com quem teve uma filha, Europa, e três filhos, Cadmo, Fênix e Cílix. Europa aliava a uma incomparável beleza uma alvura tão fulgurante que suspeitavam que ela tivesse roubado a maquiagem de Juno. Um dia, Júpiter, enamorado, vendo-a brincar à beira-mar com suas companheiras, transforma-se em touro, aproxima-se da princesa com um ar doce e carinhoso, deixa-se ornar de guirlandas, come algumas ervas em sua bela mão, recebe-a em seu dorso, lança-se ao mar e alcança a nado a ilha de Creta.

Ela chegou à ilha pela foz do rio Lete, que passava em Gortina. Vendo nesse rio plátanos sempre verdes, os gregos apregoaram que foi sob essas árvores que aconteceram os encontros entre Júpiter e Europa. Por isso Europa foi representada bastante triste, sentada sob um plátano, ao pé do qual está uma águia a quem ela dá as costas. De seus três filhos, Minos, Radamanto e Sarpédon, os dois primeiros são juízes no Inferno; o terceiro, tendo querido roubar o trono de seu irmão mais velho, foi obrigado a sair de Creta e fugir para a Ásia Menor, onde fundou uma colônia.

Depois da sua morte, Europa foi considerada uma divindade pelos cretenses. Eles chegaram até a instituir uma festa em sua homenagem, chamada Helotia, daí ter sido Europa chamada Helotes.

Mal Agenor soube do rapto da filha, mandou procurá-la em todas as partes e ordenou a seus filhos que embarcassem e não voltassem sem ela.

Suas buscas foram vãs, e eles não voltaram mais a seus Estados.

Cadmo – Fundação de Tebas

Ao chegar à Grécia, Cadmo, filho mais velho de Agenor, consultou o oráculo de Delfos para saber em que lugar poderia se estabelecer, e recebeu a ordem de fundar uma cidade no lugar em que um boi o conduziria. Seguiu a ordem e encontrou na Fócida uma novilha que lhe serviu de guia e que se deteve no lugar em que, desde então, foi construída a cidade de Tebas, com base no modelo da Tebas egípcia.

Antes de lançar as fundações da sua cidadela, que por seu nome foi chamada Cadméia, quis oferecer um sacrifício

Europa montada no touro.

a Palas. Nessa intenção, mandou seus companheiros buscarem água num bosque vizinho consagrado a Marte; mas um dragão, filho de Marte e de Vênus, devorou-os. Cadmo vingou a morte deles matando o monstro, cujos dentes semeou, seguindo o conselho de Minerva. Destes brotaram homens armados que primeiro o atacaram, mas logo voltaram seu furor contra si mesmos e se mataram, com exceção de cinco, que ajudaram-no a construir a cidade.

Cadmo casou-se com Harmonia ou Hermíone, filha de Marte e Vênus, ou, segundo outros, filha de Júpiter e Electra, uma das Atlântides. Todos os deuses, com exceção de Juno, assistiram às suas núpcias e lhes deram muitos presentes. Foi Harmonia que levou para a Grécia os primeiros conhecimentos da arte que guardou seu nome. Diz-se também que foi Cadmo quem ensinou aos gregos o uso das letras, ou do alfabeto, e lhes levou o culto de várias divindades fenícias.

Do casamento de Cadmo com Harmonia nasceram um filho chamado Polidoro, e quatro filhas, Ino, Agave, Autônoe e Semele. Toda essa família foi extremamente infeliz, por isso imaginou-se a seguinte fábula. Para se vingar da infidelidade de Vênus, Vulcano deu à sua filha Harmonia uma roupa tingida de todas as espécies de crimes, o que fez com que todos os seus filhos fossem celerados. Harmonia e Cadmo, depois de terem passado por muitos infortúnios, por si mesmos e na pessoa de seus filhos, foram transformados em serpentes.

Antíope

Antíope, filha de Nicteu, rei de Tebas, foi célebre em toda a Grécia por sua beleza; acreditavam-na filha do rio Asopo, que banha o território dos plateus e dos tebanos. Foi seduzida por Júpiter metamorfoseado em sátiro. Seu pai, tendo percebido isso, resolveu puni-la cruelmente.

Antíope, para evitar a cólera do pai, foge para a corte de Épafo ou Epopeu, rei de Sícion, que se casou com ela. Nicteu fez guerra contra esse príncipe; mas, tendo sido mortalmente ferido, encarregou Lico, seu irmão, de punir o erro de sua filha. A morte de Épafo, que aconteceu logo depois, pôs fim à guerra e entregou Antíope a Lico, que a levou de volta a Tebas. Foi ao ir para lá que ela deu à luz dois gêmeos, Anfíon e Zeto, no monte Citéron.

Casando-se com Lico, seu tio, e logo repudiada por ele, Antíope viu-se às voltas com a perseguição de Dirce, segunda mulher desse príncipe. Posta na prisão por essa princesa cruel e ciumenta, escapou, graças à intervenção de Júpiter, e foi unir-se a seus dois filhos. Com o relato de seus sofrimentos, ela insuflou-lhes o desejo de vingá-la. Eles rumaram de mão armada para Tebas, mataram Lico e amarraram Dirce ao rabo de um touro indômito, que a arrastou até uns rochedos, onde foi feita em pedaços. Os deuses, comovidos com sua infelicidade, transformaram-na numa fonte com seu nome. Acrescenta-se que, em punição pela morte de Dirce, Baco, a quem ela venerava com um culto particular, acometeu Antíope de demência. Fora de si, ela percorria toda a Grécia, quando Focas, neto de Sísifo e rei de Corinto, encontrou-a por acaso, curou-a e desposou-a.

Anfíon

Os filhos de Júpiter e Antíope, Anfíon e Zeto, foram criados por pastores no Citéron e nas outras montanhas da Beócia. Suas inclinações foram diferentes: Zeto dedicou-se aos rebanhos e Anfíon procurou o doce convívio das Musas. Apaixonou-se pela música, e Mercúrio, de quem foi discípulo, deu-lhe uma lira maravilhosa.

Após o assassinato de Lico e Dirce, fez-se senhor do reino de Tebas, com Zeto, seu irmão. Essa cidade já tinha uma cidadela, a Cadméia, mas era desprovida de muralhas. An-

Touro Farnese.

fíon dotou-a de muramentos, e foi ao som da sua lira que os construiu. As pedras, sensíveis à doçura de seus acentos, vinham por si mesmas pôr-se umas sobre as outras. "Aos acordes de Anfíon", diz Boileau,

> "as pedras se movimentavam
> E sobre as muralhas tebanas em ordem se elevavam.
> A harmonia assim nascente produziu estes milagres."

Engenhoso símbolo do poder da eloqüência e da poesia sobre os homens primitivos, esparsos nos bosques.

Níobe

Filha de Tântalo e irmã de Pélope, Níobe casou-se com Anfíon, rei de Tebas, de quem teve um grande número de filhos. Homero lhe atribui doze, Hesíodo vinte e Apolodoro catorze, tanto moças quanto rapazes. Os filhos chamavam-se Sípilo, Agenor, Fédimo, Ismeno, Ulínito, Tântalo, Damasícton. As filhas eram Etoséia ou Tera, Cleodosa, Astíoque, Ftia, Pelópia, Asticrátia ou Melibéia, Ogígia.

Níobe, mãe de tantos filhos, vangloriava-se disso e desprezava Latona, que só tivera dois. Chegava ao ponto de censurá-la por isso e de se opor ao culto religioso que lhe rendiam, pretendendo que ela própria merecia, a muito mais justo título, ter altares. Latona, ofendida com o orgulho de Níobe, recorreu a seus filhos para se vingar. Apolo e Diana viram um dia, nas planícies vizinhas de Tebas, os filhos de Níobe fazendo seus exercícios e mataram-nos a flechadas. Ao ouvirem o barulho dessa funesta execução, as irmãs desses infortunados príncipes acorrem sobre as muralhas e, no mesmo momento, sentem-se atingidas e caem sob as flechas invisíveis de Diana. Enfim, a mãe chega, presa da dor e do desespero; fica sentada junto do corpo de seus queridos filhos; banha-os com suas lágrimas. Sua dor a torna imóvel; ela não dá mais sinal algum de vida; ei-la transformada em rochedo. Um turbilhão de vento carrega-a para a Lídia no cimo de uma montanha, onde continua a derramar lágrimas que vemos escorrer de um bloco de mármore.

Segundo alguns autores, somente Clóris, a filha mais moça de Níobe, escapou da vingança de Latona e mais tarde casou-se com Neleu, pai de Nestor. O primeiro nome dessa órfã era Melibéia; ganhou o de Clóris, "pálida", porque, nunca se havendo recuperado do pavor que lhe causara a morte trágica de seus irmãos e irmãs, permaneceu a vida toda de uma palidez extrema.

Essa fábula tornou-se célebre nos tempos modernos, sobretudo devido ao grupo de Níobe e seus filhos, hoje exposto em Florença, e que foi descoberto em Roma em 1583. Essa obra é atribuída a Praxíteles ou Escopas. Ainda existem três grupos notáveis de Níobe: na Vila Borghese, no Vaticano e na Vila Albani.

Hércules (em grego, Héracles)

Homero dá o nome de *heróis* aos homens que se distinguem por sua força, sua coragem e suas façanhas; Hesíodo designa especialmente por essa palavra os filhos de um deus e de uma mortal. O tipo de Hércules corresponde ao mesmo tempo a ambas as concepções.

A lenda de Hércules, com variantes e amplificações, encontra-se em quase todos os povos da Antiguidade, no Egito, na Grécia, na Fenícia, na Índia e até na Gália. Cícero conta seis heróis com o nome de Hércules; Varrão, quarenta e três. O mais conhecido, o que os gregos e os romanos veneravam e a que se referem quase todos os monumentos, é, incontestavelmente, o Hércules tebano, filho de Júpiter e Alcmene, mulher de Anfitrião.

Tebano de nascimento, Hércules é originário de Argos. Por Alcmene e Anfitrião, pertencia à família de Perseu e, do nome de seu avô paterno Alceu, costuma ser designado pelo de Alcides.

Tendo Anfitrião, filho de Alceu e neto de Perseu, matado por descuido Electríon, rei de Micenas, seu tio, pai de Alcmene, afastou-se de Argos, sua pátria, e retirou-se para Tebas, onde se casou com a prima. Esta pôs uma condição para o casamento: que Anfitrião vingasse a morte de seu irmão morto pelos teleboios, habitantes de pequenas ilhas do mar Jônio, vizinhas de Ítaca. Foi durante essa expedição que Júpiter, disfarçado de Anfitrião, veio encontrar Alcmene e a tornou mãe de Hércules, nome que significa *glória de Hera* ou *de Juno*.

Ao mesmo tempo que Hércules, Alcmene pôs no mundo Íficles. Querendo saber qual dos dois gêmeos era seu filho, conta Apolodoro, Anfitrião mandou duas serpentes ao berço das crianças: Íficles pareceu transido de medo e quis fugir; quanto a Hércules, estrangulou as duas serpentes e mostrou, desde o seu nascimento, que era digno de ter Júpiter por pai.

No entanto, a maioria dos mitólogos diz que foi Juno que, desde os primeiros dias de Hércules, deu provas incontestes do ódio que tinha por ele devido à sua mãe, mandando dois horríveis dragões a seu berço para devorá-lo. Mas a criança, sem se perturbar, agarrou-os e despedaçou-os. A deusa acalmou-se e, a pedido de Palas, até consentiu em dar-lhe seu leite para torná-lo imortal. Foi então que o leite da deusa, sugado fortemente por Hércules, respingou no céu e formou a Via Láctea.

O jovem herói teve vários mestres. Aprendeu com Radamanto a manejar o arco, com Cástor a combater armado; o centauro Quíron foi seu mestre de astronomia e medicina; Lino, filho de Ismênio, neto de Apolo, ensinou-lhe a tocar um instrumento que se friccionava com o arco, e, como Hércules desafinasse ao tocar, Lino repreendeu-o com certa severidade; pouco dócil, Hércules não pôde suportar a reprimenda, jogou-lhe o instrumento na cabeça e matou-o com o golpe.

Ele tornou-se de um tamanho extraordinário e de uma força corporal incrível. Também era um grande comilão e um grande beberrão. Para beber, tinha um copo enorme; eram necessários dois homens para levantá-lo; quanto a ele, só precisava de uma mão para servir-se quando bebia.

O apólogo de Pródico, reproduzido por Xenofonte, merece ser apresentado aqui:

"Hércules, ao crescer, retirou-se para um lugar afastado a fim de pensar a que gênero de vida se dedicaria. Apareceram-lhe então duas mulheres de grande estatura, uma das quais, belíssima, a *Virtude*, tinha um rosto majestoso e cheio de dignidade, pudor nos olhos, modéstia em todos os gestos e túnica branca. A outra, chamada *Indolência* ou *Volúpia*, era bem carnuda e de uma cor mais acentuada; seus olhares ousados e sua roupa magnífica faziam-na conhecer pelo que era. Cada uma das duas tentou conquistá-lo com suas promessas. Ele se determinou enfim a seguir o partido da *Virtude*, que aqui significa *Valor*." Vemos numa medalha Hércules sentado entre Minerva e Vênus; uma, reconhecível por seu capacete e sua lança, é a imagem da Virtude; a outra, precedida de Cupido, é o símbolo da Volúpia.

Portanto, tendo abraçado por sua própria escolha um gênero de vida dura e laboriosa, foi se apresentar a Euristeu, rei de Micenas, sob as ordens de quem devia empreender seus combates e seus trabalhos, pela sorte de seu nascimento.

Euristeu era filho de Estênelo e de Micipe, filha de Pélope. Como Júpiter jurara que, de dois meninos que iam nascer, um filho de Estênelo, o outro de Alcmene, o que viesse à luz primeiro obteria o império sobre o outro, Juno, que estava irritada com Alcmene, vingou-se em seu filho, adiantou o nascimento de Euristeu e proporcionou-lhe a superioridade sobre seu concorrente. Esse príncipe político, enciumado com a reputação de Hércules e temendo ser destronado um dia, perseguiu-o sem cessar e teve o cuidado de lhe dar muitas ocupações fora de seus Estados para lhe privar do meio de perturbar seu governo. Hércules exerceu sua grande coragem e suas forças em empresas igualmente delicadas e perigosas: é o que se chama de *Trabalhos de Hércules*. Esses trabalhos são em número de doze.

O *primeiro* é o combate contra o leão de Neméia.

Numa floresta próxima de Neméia, cidade da Argólida, havia um leão de tamanho descomunal que devastava o país. Hércules, aos dezesseis anos de idade, atacou esse monstro, esgotou sua aljava contra sua pele impenetrável às flechas e quebrou nele sua maça de ferro. Enfim, depois de muitos esforços inúteis, agarrou o leão, dilacerou-o com as mãos e arrancou-lhe com as unhas a pele, que lhe serviu de escudo e de roupa.

O *segundo* é o combate contra a Hidra de Lerna.

No território de Argos encontrava-se o lago de Lerna, cujo perímetro, diz Pausânias, não tinha mais que um terço de estádio. Era, portanto, uma grande poça profunda de cerca de 62 metros de circunferência. Nessa espécie de cloaca pantanosa vivia uma hidra temível, monstro de várias cabeças. Uns atribuem-lhe sete, outros nove, outros cinqüenta. Quando se cortava uma, viam-se renascer tantas quantas restavam após esta, a menos que se aplicasse fogo na chaga. O veneno desse monstro era tão sutil, que uma flecha em que fosse passado proporcionava infalivelmente a morte. Essa hidra devastava os campos e os rebanhos.

Para combatê-la, Hércules montou em seu carro. Iolau, seu sobrinho, filho de Íficles, serviu-lhe de cocheiro. Vendo Hércules a ponto de triunfar desse monstro, Juno enviou em socorro da hidra um caranguejo marinho que mordeu-o no pé. O herói esmagou-o imediatamente, e a deusa colocou-o entre os astros, onde forma o signo de Câncer. A hidra foi morta em seguida sem obstáculo: Hércules cortou-lhe todas as cabeças de um só golpe.

O *terceiro* consistia em matar o javali de Erimanto.

Erimanto era uma montanha da Arcádia, célebre por um javali que devastava seus arredores. Hércules capturou o animal vivo, e Euristeu, vendo o herói trazer o javali nos ombros, apavorou-se e foi se esconder sob uma cuba de bronze.

O *quarto* assegurou-lhe a vitória sobre a corça de pés de bronze.

Nas encostas e nos vales do monte Mênalo, na Arcádia, encontrava-se uma corça de pés de bronze e chifres de ouro, tão rápida na corrida que ninguém podia alcançá-la. Ela deu ao herói muito trabalho, porque, sabendo que era consagrada a Diana, Hércules não queria matá-la com suas flechas. Portanto, perseguiu-a com ardor e acabou pegando-a no momento em que atravessava o Ládon.

O *quinto* foi o extermínio das aves do lago Estínfalo.

Na Arcádia, no lago Estínfalo, havia aves monstruosas, cujas asas, a cabeça e o bico eram de ferro, as unhas curvas e aceradas. Elas lançavam dardos de ferro contra quem as atacava; o deus Marte em pessoa as treinara para o combate. Eram em tão grande número e de um tamanho tão extraordinário que, quando voavam, suas asas interceptavam a claridade do sol. Tendo recebido de Minerva címbalos de bronze próprio para espantar essas aves, Hércules utilizou-os para atraí-las para fora do bosque onde se retiravam e exterminou-as a flechadas.

No *sexto*, ele domou o touro da ilha de Creta enviado por Netuno contra Minos e levou-o a Euristeu. Este deixou escapar o temível animal que foi devastar a planície de Maratona. Hércules teve de empreender uma nova luta contra o touro e, finalmente, matou-o.

No *sétimo*, capturou as éguas de Diomedes.

Diomedes, rei da Trácia, filho de Marte e de Cirene, tinha éguas furiosas que cuspiam fogo. Conta-se que as alimentava com carne humana e lhes dava a devorar todos os estrangeiros que tinham a má sorte de lhe cair nas mãos. Hércules capturou Diomedes, deu-o para ser devorado por suas próprias éguas, levou-as em seguida para Euristeu e soltou-as no monte Olimpo, onde foram devoradas pelas feras.

Foi nessa expedição que Hércules fundou na Trácia a cidade de Abdera, em memória de seu amigo Abdero, que as éguas de Diomedes haviam devorado.

O *oitavo* dos trabalhos de Hércules é sua vitória sobre as Amazonas.

A nação das Amazonas, estabelecida às margens e na vizinhança do Ponto Euxino, na Ásia e na Europa, tornara-se temível. Essas mulheres guerreiras viviam só dos saques e dos produtos de sua caça. Vestiam-se de peles de animais selvagens; sua roupa, presa ao ombro esquerdo e caindo até o joelho, deixava descoberta toda a parte direita do corpo. Seu armamento se compunha de um arco, de uma aljava guarnecida de flechas ou dardos, e de um machado. Seu escudo tinha a forma de um crescente e cerca de um pé e meio de diâmetro. Na guerra, sua rainha usava um corpete formado de pequenas escamas de ferro, preso com um cinto; todas tinham um capacete ornado de plumas, mais ou menos brilhantes, insígnias de sua posição hierárquica ou de sua dignidade. Estavam com freqüência a cavalo, mas também combatiam a pé. Com sua rainha Pentesiléia, tinham ido ao socorro de Tróia; uma de suas rainhas, Harpálice, célebre pela ligeireza de sua corrida, submeteu a seu poder toda a Trácia. No tempo de Hércules, elas obedeciam à rainha Hipólita.

Tendo Euristeu ordenado que o herói trouxesse o cinto dessa princesa, Hércules foi buscar essas guerreiras, matou Mígdon e Âmico, irmãos de Hipólita, que lhe disputavam a passagem, derrotou as Amazonas e raptou sua rainha, que deu como esposa a seu amigo Teseu.

No *nono* de seus trabalhos, limpou os estábulos de Áugias.

Rei de Élis e filho do Sol, Áugias, um dos Argonautas, possuía estábulos que continham três mil bois e que não haviam sido limpos fazia trinta anos. Tendo sabido da chegada de Hércules em seus Estados, propôs-lhe limpá-los com a promessa de um décimo de seu rebanho. O herói desviou o rio Alfeu e o fez passar pelos estábulos. Levado o estrume e limpo o ar, Hércules apresentou-se para receber o prêmio de seu trabalho. Como hesitasse e não ousasse recusá-lo abertamente, Áugias remeteu-o ao julgamento de seu filho, Fileu. Este decidiu em favor de Hércules. Seu pai expulsou-o de sua presença e obrigou-o a refugiar-se na ilha de Dulíquio. Hércules, indignado com esse procedimento, saqueou a cidade de Élis, matou Áugias, chamou Fileu de volta e deu-lhe os Estados de seu pai.

No *décimo*, combateu Gérion e trouxe seus bois. Filho de Crisaor e Calírroe, Gérion era, segundo Hesíodo, o mais forte de todos os homens e rei da Erítia, região da Espanha vizinha do oceano. Os poetas posteriores a Hesíodo dele fizeram um gigante de três corpos, que tinha, para guardar seus rebanhos, um cachorro de duas cabeças e um dragão de sete. Hércules matou-o com seus guardiões e levou seus bois.

No *décimo primeiro*, colheu os pomos de ouro do jardim das Hespérides, filhas de Atlas.

No *décimo segundo*, retirou Teseu do Inferno.

Atribuíram-lhe muitas outras ações memoráveis. Cada país e quase todas as cidades da Grécia honravam-se por ter sido o teatro de algum feito maravilhoso desse herói. Assim, ele exterminou os Centauros, matou Busíris, Anteu, Hipocoonte, Eurito, Periclímeno, Érix, Lico, Caco, Laomedonte etc.; arrancou Cérbero do inferno; de lá também retirou Alceste; libertou Hesíone do monstro que ia devorá-la e Prometeu da águia que lhe comia o fígado; aliviou Atlas, que vergava sob o peso do céu, que suportava em seus ombros; separou as duas montanhas desde então chamadas *Colunas de Hércules*; combateu contra o rio Aquelóo, de que

Hércules e Cérbero.

tirou um dos chifres; enfim, chegou a combater contra os próprios deuses.

Homero conta que esse herói, para se vingar das perseguições que Juno suscitara, atirou contra essa deusa uma flecha de três pontas que a feriu gravemente. O mesmo poeta acrescenta que Plutão também foi ferido por uma flechada no ombro, na sombria morada dos mortos, e que foi obrigado a subir ao céu para ser curado pelo médico dos deuses. Um dia em que se achava incomodado com os ardores do sol, irritou-se contra esse astro e retesou seu arco para atirar contra ele. Admirando sua grande coragem, o Sol deu-lhe de presente um copo de ouro no qual, diz Ferecides, ele embarcou. (A palavra grega *scaphos* significa, ao mesmo tempo, *barco e copo.*)

Enfim, tendo se apresentado aos Jogos Olímpicos para disputar o prêmio e como ninguém ousasse concorrer com ele, o próprio Júpiter quis lutar contra seu filho, sob a figura de um atleta; como, após um longo combate, a vantagem foi igual para ambos, o deus deu-se a conhecer e felicitou seu filho por sua força e seu valor.

Teve Hércules várias mulheres, sendo as mais conhecidas Mégara, Ônfale, Iole, Epicaste, Partênope, Augé, Astioquéia, Astidâmia, Dejanira e a jovem Hebe, com quem se casou no céu, sem contar as cinqüenta filhas de Téspio, rei da Etólia. Quantos filhos deixou? A mitologia não os enumerou. Supõe-se um grande número. E, na seqüência, muitas grandes famílias vangloriaram-se de descender desse herói.

A morte de Hércules foi um efeito da vingança do centauro Nesso e do ciúme de Dejanira.

Essa princesa, filha de Eneu, rei de Cálidon, na Etólia, foi primeiro noiva de Aquelóo, o que provocou uma querela entre esse rio e o herói. Tendo Aquelóo sido derrotado num combate singular, embora tenha assumido a forma de uma serpente, Dejanira foi o prêmio do vencedor, que a levava para a sua pátria quando foi detido pelo rio Eveno, cujas águas haviam engrossado extremamente. Enquanto deliberava se voltaria atrás, o centauro Nesso veio se oferecer para atravessar Dejanira em seu dorso. Tendo consentido, Hércules atravessou o rio primeiro; chegando à outra margem, percebeu o Centauro que, longe de atravessar Dejanira, dispunha-se a raptá-la à força. Então o herói, indignado com a audácia de Nesso, atirou-lhe uma flecha molhada no sangue da Hidra de Lerna e feriu-o. Sentindo-se morrer, Nesso deu a Dejanira sua túnica ensangüentada, dizendo-lhe que, se conseguisse persuadir seu marido a usá-la, teria um meio seguro de fazê-lo seu para sempre. A jovem esposa, demasiado crédula, aceitou esse presente com o propósito de servir-se dele no momento oportuno. Pouco tempo depois, tendo sabido que Hércules estava retido na Eubéia pelos encantos de Iole, filha de Eurito, mandou-lhe a túnica de Nesso por um jovem escravo chamado Licas, a quem recomendou que dissesse a seu marido as coisas mais ternas e mais comoventes.

Hércules, que nada suspeitava da intenção de sua mulher, recebeu com alegria o presente fatal. Porém, mal a vestiu, o veneno que infectava a túnica fez sentir seu funesto efeito. Num instante, introduziu-se nas veias e logo penetrou até a medula dos ossos. Em vão o herói tentou livrar-se daquela túnica: ela estava colada à sua pele e como que incorporada a seus membros. À medida que a rasgava, rasgava também sua pele e sua carne. Nesse estado, dá gritos pavorosos e lança as mais terríveis imprecações contra sua pérfida esposa. Em sua fúria, agarra Licas e joga-o no mar, onde se transformou em rochedo.

Vendo todos os seus membros ressecados e seu fim próximo, arma uma pira no monte Eta, nela estende sua pele de leão, deita-se sobre esta, põe sua maça sob a cabeça e ordena em seguida a Filoctetes, seu amigo, que ponha fogo e cuide de suas cinzas.

Conta-se que, tão logo a pira foi acesa, um raio atingiu-o e a tudo consumiu num instante, para purificar o que havia de mortal em Hércules. Júpiter levou-o então para o céu e colocou-o entre os semideuses.

Nesso e Dejanira.

Quando Dejanira soube da morte de Hércules, sentiu tamanho pesar que se matou. Os poetas dizem que de seu sangue nasceu uma planta chamada *ninféia* ou *heracléon*.

Tendo construído um túmulo sobre as cinzas do amigo, Filoctetes logo viu serem oferecidos nele sacrifícios para o novo deus. Os tebanos e os outros povos da Grécia, testemunhas de suas belas ações, ergueram-lhe templos e altares. Seu culto foi levado mais tarde a Roma, à Gália, à Espanha e até à ilha de Taprobana, hoje Ceilão.

Em Roma, Hércules tinha vários templos; em Cádiz, possuía um, celebérrimo, em que se viam as famosas colunas.

Este herói foi pintado com uma poderosa musculatura, ombros quadrados, tez negra ou bronzeada, nariz aquilino, olhos grandes, barba espessa, cabelos crespos e horrivelmente descuidados. Nos monumentos, costuma aparecer com os traços de um homem robusto, com a maça na mão e trazendo a pele do leão de Neméia às vezes no braço, às vezes na cabeça. É igualmente representado segurando o arco e a aljava; não raro barbado, também é freqüente estar sem barba.

A mais bela de todas as estátuas desse semideus que a Antiguidade nos transmitiu é o *Hércules Farnese*, obra-prima da arte devida ao ateniense Glícon, descoberta no século XVI em Roma, nas termas de Caracala. Nela, Hércules é representado repousando sobre a sua maça recoberta em parte pela pele do leão e tendo na mão os pomos do jardim das Hespérides.

O álamo branco lhe era consagrado.

Não contente com ver seu inimigo morto, Euristeu quis exterminar os restos de um nome tão odioso para ele. Perseguiu os Heráclidas, ou descendentes de Hércules, de país em país, até dentro da Grécia. Havendo estes se refugiado em Atenas perto de um altar de Júpiter, para contrabalançar Juno que animava Euristeu contra eles, Teseu tomou sua defesa e recusou-se a entregá-los a seu perseguidor, que viera

Hércules Farnese.

reclamá-los de armas na mão e que pereceu com toda a família num combate.

Alcmene teve a dor de sobreviver a seu filho Hércules, mas também teve a cruel satisfação de ter entre as mãos a cabeça de Euristeu e de lhe arrancar os olhos. Depois da morte de seu primeiro esposo, ela se casara com Radamanto, com quem foi ter mais tarde no Inferno. Conta-se que, enquanto os Heráclidas estavam cuidando de seus funerais, Júpiter ordenou que Mercúrio pegasse seu corpo e o transportasse para os Campos Elísios. Em Tebas, ela era associada à glória de seu filho e foram-lhe rendidas honras divinas.

A cada cinco anos os atenienses celebravam as *Heracléias*, grandes festas em homenagem a Hércules. As mesmas festas também eram celebradas em Sícion, onde duravam dois dias.

Por vezes Hércules é designado pelo nome de *herói de Tirinto*, cidade da Argólida onde, conta-se, foi criado.

Diversos personagens ou heróis secundários cujas fábulas estão estreitamente ligadas à de Hércules

Íficles

Íficles ou Íficlo, irmão de Hércules, filho de Alcmene e de Anfitrião, foi durante algum tempo companheiro do herói. Foi ferido já na primeira expedição do irmão contra Argeu, rei dos eleatas, e morreu em Feneia, na Arcádia. Os feneatas lhe rendiam todos os anos sobre seu túmulo as honras heróicas.

Hilo

Hilo, filho de Hércules e de Dejanira, foi criado na corte de Ceix, rei de Traquine, na Tessália, a quem o herói confiara sua mulher e seus filhos enquanto estava ocupado em seus famosos trabalhos. Enviado por Dejanira em busca do pai, tem a tristeza de encontrá-lo no momento em que acaba de vestir a túnica de Nesso. Sentindo que vai sucumbir, Hércules recomenda-lhe que o leve ao monte Eta, coloque-o numa pira, ponha fogo nela com suas próprias mãos e, enfim, despose Iole.

Foi Hilo que matou Euristeu no combate deste contra os Heráclidas. No entanto, mais tarde, tendo desafiado Atreu, chefe dos pelópidas, com a condição de que, se fosse vencido, os Heráclidas só poderiam entrar no Peloponeso cem anos depois da sua morte, pereceu no combate e seus descendentes foram obrigados a observar o tratado.

Ceix e Alcíone

Ceix, rei de Traquine, filho de Lúcifer e amigo de Hércules, pereceu num naufrágio quando ia a Claro consultar o oráculo de Apolo. Sua esposa Alcíone, filha de Éolo, da raça de Deucalião, presa do desespero, precipitou-se no mar. Os deuses recompensaram a fidelidade conjugal dos dois metamorfoseando-os em alcíones e quiseram que o mar ficasse calmo durante todo o tempo em que essas aves fizessem seus ninhos. O alcíone era consagrado a Tétis porque, conta-se, esse pássaro choca na água e entre os caniços. Era considerado símbolo da paz e da tranqüilidade. Em Roma, os dias em que não se advogava, chamavam-se comumente *dias de alcíone.*

Iolau

Filho de Íficles e sobrinho de Hércules, Iolau foi companheiro de seus trabalhos, participou com ele da expedição contra os Argonautas, casou-se com Mégara, repudiada pelo herói, pôs-se à frente dos Heráclidas com Hilo e ajudou-o a vencer Euristeu. Conduziu uma colônia de tespíadas à Sardenha, passou à Sicília e voltou à Grécia, onde, depois da sua morte, foram-lhe dedicados monumentos heróicos. Hércules dera o exemplo, porque dedicara, na Sicília, um bosque a Iolau e instituíra sacrifícios em sua honra. Os habitantes de Agira, na Sicília, lhe dedicavam seus cabelos.

Folo

Indo caçar o javali de Erimanto, Hércules pousou em casa do centauro Folo, que o recebeu e o tratou muito bem. No meio do banquete, Hércules quis beber de um odre de vinho que pertencia aos outros centauros, mas que Baco só lhes dera com a condição de oferecer a Hércules quando este passasse em casa deles; os centauros recusaram-lhe o vinho e iniciou-se uma luta encarniçada. O herói afastou-os a flechadas e matou vários com sua maça. Folo não tomou parte desse combate, limitando-se a proporcionar aos mortos os deveres da sepultura; mas, por infelicidade, uma flecha que ele tirou do corpo de um desses centauros feriu-o na mão e alguns dias depois morreu do ferimento. Hércules lhe fez funerais magníficos e enterrou-o na montanha chamada desde então Fóloe, do nome de Folo.

Busíris

Busíris, rei, ou melhor, tirano da Espanha, era famoso por suas crueldades. Imolava a Júpiter todos os estrangeiros que tinham a má sorte de abordar em seus Estados. Conta-se que, tendo ouvido serem elogiadas a sabedoria e a beleza das filhas de Atlas, fez uns piratas raptá-las; mas Hércules perseguiu os raptores, matou a todos, libertou as Atlântides e foi à Espanha matar Busíris. Outros pretendem que esse tirano era rei do Egito.

Anteu

Filho de Netuno e da Terra, Anteu, gigante a quem a fábula atribui sessenta e quatro côvados de altura, detinha todos os que passavam pelas areias da Líbia, forçava-os a lutar contra ele e esmagava-os com seu peso, porque fizera a Netuno a promessa de erigir um templo com crânios humanos.

Hércules, a quem provocara, abateu-o três vezes, mas em vão, porque a Terra, sua mãe, lhe dava novas forças cada vez que ele a tocava. Percebendo-o, o herói ergueu-o então no ar e estrangulou-o em seus braços. Esse Anteu havia construído a cidade de Tingis (hoje Tânger) no estreito de Gibraltar, onde foi enterrado.

Hipocoonte

Filho de Ébalo, rei de Esparta, e de Gorgofone, filha de Perseu, disputou a coroa com o irmão Tíndaro e expulsou-o de seu reino. Hércules interveio, matou Hipocoonte e restabeleceu Tíndaro no trono.

Êurito

Rei de Ecália, cidade da Etólia setentrional, era célebre por sua mestria no tiro com arco. Prometera sua filha Iole a quem o superasse. Hércules venceu-o. Mas Eurito recusou-se a cumprir sua promessa e foi morto pelo herói.

Érix

Érix, filho de Vênus e de Butes, foi rei de um cantão da Sicília chamado Erícia. Orgulhoso de sua força prodigiosa e de sua reputação no pugilato, desafiava para o combate os que se apresentavam em suas paragens e matava o vencido. Ousou até atacar Hércules, que acabava de chegar à Sicília. O prêmio do combate foi, de um lado, os bois de Gérion e, de outro, o reino de Érix, que a princípio ficou chocado com a comparação, mas aceitou a oferta quando soube que Hércules perderia, com seus bois, a esperança da imortalidade. Foi vencido e enterrado no templo dedicado a Vênus.

Aquenon e Pássalo

Aquenon e Pássalo, seu irmão, eram dois Cercopes, isto é, originários de Pitecusa, ilha vizinha da Sicília, cujos habitantes, devido à sua insolência e à sua maldade, tinham sido transformados em macacos por Júpiter. A palavra *cercops*, em grego, designa uma espécie de macaco.

Esses dois irmãos, por sua malícia, não desmentiam a sua origem. Brigões incorrigíveis, provocavam quem quer que se encontrasse em seu caminho. Senon, sua mãe, advertiu-os de que tomassem cuidado para não caírem nas mãos de Melâmpigo, isto é, do homem de coxas negras.

Um dia encontraram Hércules adormecido debaixo de uma árvore e insultaram-no. Hércules amarrou-os pelos pés, prendeu-os à sua maça de cabeça para baixo e carregou-os no ombro, como os caçadores carregam a caça. Foi nessa divertida posição que eles disseram: "Eis Melâmpigo, que deveríamos temer." Hércules pôs-se a rir e restituiu-lhes a liberdade.

Foi isso que deu lugar ao provérbio grego: "Cuidado com o Melâmpigo."

Caco

Caco, ou, em grego, Cacos, *Malvado*, filho de Vulcano, metade homem, metade sátiro, era de uma estatura colossal e cuspia turbilhões de chamas e fumaça. Cabeças sangrentas eram sempre penduradas na porta da sua caverna, situada na Itália, no Lácio, ao pé do monte Aventino.

Depois da derrota de Gérion, Hércules conduziu seu rebanho de bois à beira do Tibre e adormeceu, enquanto eles pastavam. Caco roubou quatro pares e, para não ser traído pelas pegadas, arrastou-os até seu antro puxando-os pelo rabo. O herói dispunha-se a ir-se daquelas pastagens, quando os bois que lhe sobravam puseram-se a mugir, e as vacas encerradas no antro responderam por mugidos. Furioso, Hércules corre para a caverna, mas sua abertura estava tapada por uma pedra enorme, suspensa por correntes forjadas por Vulcano. Ele abala as pedras, abre uma passagem, penetra na caverna através dos turbilhões de chama e fumaça que o monstro expele; agarra-o, aperta-o com suas mãos robustas e estrangula-o. Ovídio o faz matá-lo a golpes de maça.

Em memória dessa vitória, os habitantes da vizinhança celebraram todos os anos uma festa em homenagem a Hércules. Pedras gravadas antigas representam Caco no instante do roubo; e no reverso da medalha de Antonino, o Piedoso, vemos esse monstro caído, sem vida, aos pés do herói, em torno do qual se comprime um povo reconhecido. Nos tetos do palácio Zampieri, pintados pelos Carracci em Bolonha, Caco tem uma cabeça de animal num corpo humano.

Laomedonte e Hesíone

Laomedonte, filho de Ilo e pai de Príamo, reinou em Tróia vinte e nove anos. Cercou sua capital de muralhas tão fortes que se atribuiu essa obra a Apolo. Os fortes diques que também construiu contra as ondas do mar passaram por obra de Netuno. Mais tarde, inundações derrubaram parcialmente esses diques e contou-se que Netuno, frustrado da recompensa prometida, vingara-se com isso da perfídia do rei. Apolo, de seu lado, vingou-se com a peste. Recorreu-se ao oráculo para fazer os flagelos cessarem, e a resposta foi que o deus do mar só se aplacaria quando os troianos expusessem a um monstro marinho aquele de seus filhos que a sorte designasse. Foi Hesíone, filha de Laomedonte, que a sorte designou.

O rei foi obrigado a entregar sua filha, que acabava de ser acorrentada à beira-mar quando Hércules desceu à terra com os outros Argonautas. Assim que essa jovem princesa lhe fez parte de seu infortúnio, ele quebrou os grilhões que a mantinham presa e, entrando na cidade, prometeu ao rei matar o monstro. Encantado com essa oferta generosa, Laomedonte prometeu-lhe, por sua vez, como recompensa, cavalos invencíveis e tão leves que corriam sobre as águas.

Tendo Hércules consumado essa façanha, foi concedida a Hesíone a opção de seguir seu libertador, ou permanecer em sua pátria e em sua família. Hesíone preferiu seu benfeitor a seus pais e seus concidadãos, e aceitou seguir os estrangeiros. Mas Hércules deixou, sob a guarda de Laomedonte, Hesíone e os cavalos que ele lhe havia prometido, com a condição de devolvê-los quando retornasse da Cólquida.

Depois da expedição dos Argonautas, Hércules mandou seu amigo Télamon a Tróia para intimar o rei a manter sua palavra; mas Laomedonte mandou prender o emissário e armar ciladas para os outros Argonautas. Hércules veio sitiar a cidade, saqueou-a, matou Laomedonte, raptou Hesíone e deu-a como esposa a Télamon.

O rapto de Hesíone pelos gregos foi, posteriormente, causa ou pretexto do rapto de Helena por um príncipe troiano.

Alceste

Como Alceste, filha de Pélias e Anaxábia, era pedida em casamento por um grande número de pretendentes, seu pai disse que só a daria a quem pudesse atrelar a seu carro feras de diferentes espécies.

Admeto, rei da Tessália, recorreu a Apolo. O deus, em reconhecimento pela acolhida que recebera desse rei, deu-lhe um leão e um javali domados que puxaram o carro da princesa. Alceste, acusada de haver participado do assassinato de Pélias, foi perseguida por Acasto, seu irmão, que declarou guerra a Admeto, o fez prisioneiro e ia vingar na pessoa deste os crimes cometidos pelas filhas de Pélias, quando a generosa Alceste foi se oferecer voluntariamente ao vencedor para salvar seu esposo.

Acasto já levava para Iolco a rainha da Tessália, com o propósito de imolá-la aos manes de seu pai, quando Hércules, a pedido de Admeto, perseguiu-o, alcançou-o além do rio Aqueronte e raptou-lhe Alceste, para devolvê-la a seu marido.

Daí a fábula que representa Alceste morrendo efetivamente por seu marido, e Hércules combatendo a Morte e agrilhoando-a com correntes de diamante até ter esta consentido restituir Alceste à luz. Essa tradição foi adotada por Eurípides na sua tragédia *Alceste.*

Mégara

Mégara, filha de Creonte, rei de Tebas, e mulher de Hércules, fora concedida a esse herói em recompensa pela ajuda que dera a Creonte contra Ergino, rei de Orcômeno. Durante a descida de Hércules ao Inferno, Lico quis apoderar-se de Tebas e forçar Mégara a casar-se com ele. Hércules voltou em boa hora, matou Lico e restabeleceu Creonte. Indignada com a morte de Lico, Juno insuflou em Hércules um violento acesso de furor em que matou Mégara e os filhos que tivera com ela.

Segundo uma antiga tradição, só matou seus filhos, repudiou em seguida Mégara, cuja vista lhe recordava sem cessar seu furor e a fez casar-se com seu sobrinho Iolau. A demência do herói proporcionou a Eurípides o tema da sua tragédia *Hércules furioso.*

Ônfale

Ônfale era rainha da Lídia, na Ásia Menor. Numa viagem, Hércules deteve-se na corte dessa princesa e ficou tão cativado com sua beleza que esqueceu seu valor e suas façanhas para se entregar aos prazeres do amor. "Enquanto Ônfale, coberta com a pele do leão de Neméia, segurava a maça", conta agradavelmente Luciano, "Hércules, vestido de mulher, trajando uma túnica púrpura, fazia trabalhos de lã e permitia que Ônfale lhe batesse às vezes com sua chinela." Encontramo-lo assim representado em monumentos antigos. Hércules teve de Ônfale um filho chamado Agesilau, de quem faz-se Creso descender. Malis também foi amada por Hércules durante a escravidão desse herói na corte de Ônfale. Era uma das criadas dessa princesa.

Iole

Iole, filha de Eurito, rei da Ecália, perseguida por Hércules que devastava os Estados de seu pai, precipitou-se do alto das muralhas; mas o vento, inflando sua túnica, sustentou-a no ar e desceu-a sem que ela se machucasse. Segundo outros, Eurito recusou sua filha ao herói, o que foi a causa da sua perda e da de seu filho Ífito. Foi o amor de Hércules por Iole que causou o ciúme de Dejanira e o envio da túnica fatal de Nesso.

Outras mulheres de Hércules

Epicaste, filha de Egeu, teve de Hércules uma filha, chamada Téssala.

Partênope, filha de Estínfalo, teve dele um filho, Everres.

Augé, mulher de Hércules e filha de Aleu, rei da Arcádia, foi mãe de Telefo, cujas desgraças foram tema de várias tragédias no teatro antigo.

Astíaque, filha de Filanto, foi capturada por Hércules na cidade de Éfino, na Élida, e dele teve um filho, chamado Tlepólemo.

Astidâmia, filha de Amintor, rei dos dólopos e mãe de Lépreas, foi amada por Hércules e reconciliou seu filho com ele. Teve desse herói outro filho chamado, segundo alguns, Tlepólemo, segundo outros Etésipo. Lépreas, filho de Astidâmia e de Gláucon, havia maquinado com Áugias, rei dos eleatas, agrilhoar Hércules quando este pedisse a recompensa por seu trabalho, segundo a promessa feita por esse rei. Desde então, Hércules procurava a ocasião de se vingar.

Graças a Astidâmia, os dois inimigos se reconciliaram; mas, em seguida, Lépreas desafiou Hércules para ver quem lançaria melhor o disco, pegaria mais água em determinado tempo, comeria antes um touro de peso igual e beberia mais. Hércules venceu sempre. Enfim, Lépreas, num acesso de cólera e embriaguez, tendo desafiado Hércules a combater, foi morto pelo herói.

Os Labdácidas

Édipo

Lábdaco, rei de Tebas, era filho de Polidoro e neto de Cadmo e Harmonia. Casou-se com Nicteís e foi pai de Laio, que lhe sucedeu. Deste e de Jocasta, filha de Meneceu, príncipe da família real de Tebas, nasceu Édipo.

Laio, ao se casar, teve a curiosidade de perguntar a Delfos se seu casamento seria feliz. O oráculo respondeu-lhe que o filho que deveria nascer matá-lo-ia. Havendo Jocasta dado um filho à luz, Laio, inquieto, mandou o menino ser exposto no monte Citéron. O serviçal que se encarregou dessa ordem furou-lhe os pés e pendurou-o numa árvore; daí seu nome, Édipo (*oidein*, inchado, *pous*, pé). Por acaso, Forbas, pastor de Políbo, rei de Corinto, conduziu seu rebanho para esse lugar, acorreu aos gritos do menino, soltou-o e levou-o. A rainha de Corinto quis vê-lo e, como não tinha filhos, adotou-o e cuidou de sua educação.

Édipo, adulto, consultou o oráculo sobre seu destino e recebeu esta resposta: "Édipo será o assassino de seu pai e esposo de sua mãe; ele porá no mundo uma raça detestável." Impressionado com essa horrível predição e para evitar consumá-la, exilou-se de Corinto e, orientando sua viagem pelos astros, tomou o rumo da Fócida.

Chegando a um caminho estreito que levava a Delfos, encontrou Laio em seu carro, escoltado por apenas cinco pessoas; este ordenou com um tom altaneiro que Édipo lhe deixasse livre a passagem; foram às vias de fato sem se conhecerem e Laio foi morto.

Chegando a Tebas, Édipo encontrou a cidade assolada pela Esfinge. Esse monstro, filho de Équidna e Tífon, fora enviado por Juno, irritada com os tebanos. Tinha cabeça e peito de mulher, garras de leão, corpo de cachorro, rabo de dragão e asas de pássaro. Exercia suas devastações às portas de Tebas, no monte Ficeu, de onde, lançando-se sobre os passantes, propunha-lhes enigmas difíceis e liquidava os que não conseguiam explicá-los.

Eis o enigma que a Esfinge propunha a todos: "Qual é o animal que tem quatro patas de manhã, duas ao meio-dia e três à noite?" Em seu destino estava marcado que ela perderia a vida quando alguém adivinhasse seu enigma. Muitas pessoas já haviam sido vítimas do monstro e a cidade era presa de grande pânico.

Creonte, irmão de Jocasta, que assumira o governo depois da morte de Laio, mandou dizer por toda a Grécia que daria a mão da sua irmã e sua coroa a quem libertasse Tebas do vergonhoso tributo que ela pagava ao monstro. Édipo apresentou-se para explicar o enigma e foi feliz o bastante para adivinhá-lo. Disse que esse animal era o homem, que, em sua infância, a ser considerada como a manhã da vida, caminha freqüentemente com as mãos e os pés; ao meio-dia, isto é, na força da idade, precisa apenas de suas duas pernas; mas à noite, isto é, na velhice, precisa de um cajado, como uma terceira perna, para se sustentar. Cheia de despeito por ver-se adivinhada, a Esfinge jogou-se num precipício e rebentou a cabeça contra os rochedos.

Jocasta, prêmio da vitória, tornou-se então mulher de Édipo e lhe deu dois filhos, Etéocles e Polinices, e duas filhas, Antígona e Ismene.

Vários anos depois, o reino foi devastado por uma peste cruel. O oráculo, refúgio ordinário dos desditosos, é de novo consultado e declara que os tebanos são punidos por não terem vingado a morte de seu rei e por não haverem procurado seus autores. Édipo manda fazer investigações para descobrir o assassino. Pouco a pouco, consegue desvendar o mistério de seu nascimento e reconhecer-se parricida e incestuoso. Desesperada, Jocasta sobe no ponto mais alto de seu palácio, amarra aí seu diadema real, com que faz um laço fatal, e se mata. Édipo arranca os olhos com o gancho de seu manto e, expulso por seus filhos, afasta-se de Tebas, conduzido por Antígona, sua filha, que não o abandona em sua desgraça.

Detém-se perto de uma aldeola da Ática, chamada Colona, num bosque consagrado às Eumênides. Alguns atenienses, tomados de pavor à vista de um homem parado naquele lugar em que não é permitido a nenhum profano pisar, querem empregar a violência para fazê-lo sair de lá. Antígona intercede por seu pai e por ela e consegue que a conduzam a Atenas, onde Teseu lhes dá uma acolhida hospitaleira e lhes oferece seu poder como apoio e seus Estados como retiro. Édipo se lembra de um oráculo de Apolo que lhe predisse que morreria em Colona e que seu túmulo seria uma garantia de vitória para os atenienses sobre todos os seus inimigos.

Creonte, irmão de Jocasta, vem à frente dos tebanos suplicar a Édipo que volte a Tebas. O infortunado príncipe, que suspeita querer Creonte tirar-lhe o apoio dos atenienses e relegá-lo a uma terra desconhecida, rejeita a oferta. Livrado por Teseu da importunidade dos tebanos, ele ouve uma trovoada, toma-a como presságio de sua morte iminente e caminha sem guia para o lugar em que deve expirar.

Chegando perto de um precipício, numa encruzilhada, senta-se num banco de pedra, tira suas roupas de luto e, depois de ter-se purificado, veste uma túnica como a que se punha nos mortos, manda chamar Teseu e recomenda-lhe suas duas filhas, Antígona e Ismene, a quem faz serem

Édipo em Colona.

afastadas. Em seguida a terra treme e se entreabre suavemente para receber Édipo sem violência e sem dor, em presença de Teseu, o único a saber o segredo do gênero da sua morte e do lugar do seu túmulo. Embora a vontade, que faz o crime, não tenha tido nenhuma participação nos horrores de sua vida, os poetas não deixam de colocá-lo no Tártaro, com todos os criminosos célebres.

Esta a história desse príncipe, segundo os poetas trágicos e segundo Sófocles, que, para melhor inspirar o terror e a piedade, acrescentou várias circunstâncias à lenda tradicional. Porque, segundo Homero, Édipo desposou de fato sua mãe, mas não teve filhos com ela; porque Jocasta se matou logo depois de se ter reconhecido incestuosa. Depois da morte de Jocasta, Édipo casou-se com Eurigaméia, teve quatro filhos com ela, reinou em Tebas a seu lado e lá acabou seus dias. É verdade que se mostrava seu túmulo em Atenas, mas seus ossos deveriam ter sido trazidos de Tebas.

Etéocles e Polinices

Etéocles, filho mais velho de Édipo e de Jocasta, depois da deposição, do retiro e da morte do pai, combinou com seu irmão Polinices que reinariam alternadamente a cada ano e que, para evitar toda e qualquer contestação, aquele que não estivesse no trono se ausentaria de Tebas. Etéocles reinou primeiro, mas, passado o ano, recusou-se a ceder o trono a seu irmão. Frustrado em suas esperanças, Polinices recorreu a Adrasto, seu sogro, rei de Argos.

Este, para vingar o genro e restabelecê-lo em seus direitos, organiza um formidável exército que marcha contra Tebas. Essa guerra foi chamada *expedição dos sete chefes contra Tebas*, porque o exército era comandado por sete príncipes: Polinices, Tideu, Anfiarau, Capaneu, Partenopeu, Hipomedonte e Adrasto. A luta foi encarniçada. Todos os chefes, com exceção de Adrasto, pereceram ante os muros de Tebas. Os dois irmãos inimigos, Etéocles e Polinices, para poupar o sangue dos povos, pediram para terminar a querela num combate singular e, em presença dos dois exércitos, mataram-se um ao outro.

Acrescenta-se que sua divisão fora tão grande durante a vida e seu ódio tão irreconciliável, que persistiu até mesmo depois da morte. Acreditou-se ter-se observado que as chamas da pira em que seus corpos foram queimados se separaram e que o mesmo fenômeno se produzia nos sacrifícios que lhes eram oferecidos em comum, pois, apesar de suas dissensões e de sua maldade, não se deixou de lhes prestar as honras heróicas na Grécia.

Virgílio, com mais justiça, coloca-os no Tártaro, com Tântalo, Sísifo, Atreu, Tiestes e todos os famosos celerados da Antiguidade.

Creonte, que veio a ocupar o trono, mandou prestar as honras da sepultura às cinzas de Etéocles, como tendo combatido contra os inimigos da pátria, e ordenou que as de Polinices seriam lançadas ao vento, por ter atraído sobre a sua pátria um exército estrangeiro.

Segundo uma outra tradição, seguida por vários poetas trágicos, o corpo de Polinices permaneceu estendido na planície ao pé dos muros de Tebas, e Creonte proibiu que lhe fossem prestadas quaisquer honrarias, sob pena de morte.

Dez anos depois, os filhos dos chefes gregos mortos diante de Tebas empreenderam uma nova guerra para vingá-los. Foi a chamada guerra dos *Epígonos* ou dos *Descendentes.*

A cidade foi devastada e os Epígonos fizeram grande número de prisioneiros, que levaram consigo.

Entre esses cativos estava o adivinho tebano Tirésias, que, conta-se, viveu sete gerações de homens. Esse adivinho, velho e cego, predissera a Jocasta e a Édipo todas as desgraças que atingiram a eles e a seus filhos.

Antígona

Filha de Édipo e Jocasta, Antígona foi ao mesmo tempo um modelo de piedade filial e de devoção fraterna. Depois de ter servido de guia a seu pai cego e assistido a seus últimos momentos, voltou a Tebas e foi testemunha da luta tão triste e tão encarniçada entre Etéocles e Polinices. Depois da morte desses dois príncipes, Creonte, seu tio, que se tornara rei, proibiu expressamente fosse enterrado o corpo de Polinices, morto com as armas na mão contra seu país. Antígona resolveu infringir essa ordem para consumar um dever que considerava sagrado. Esforçou-se por obter o assentimento e o concurso de sua irmã, Ismene. Mas esta, de caráter fraco, temerosa ante o poder do rei, não teve a coragem de se associar a seu nobre e pio desígnio. Procurou inclusive dissuadir Antígona de uma empresa tão arriscada e temerária.

Mas Antígona, tendo sentimentos elevadíssimos bem acima das apreensões pusilânimes de Ismene, saiu de Tebas durante a noite e, afrontando a vigilância de Creonte, dispensa a seu irmão Polinices os últimos deveres. Nesse momento, é surpreendida e detida por um guarda, que a conduz ao rei. Este a condena implacavelmente à morte. Antígona escuta com firmeza sua condenação e responde orgulhosamente ao tirano que "é melhor obedecer aos deuses do que aos homens".

Conduzem a corajosa princesa a uma caverna que deve ser tapada e onde ela deve morrer de fome. Enquanto caminha para o suplício, não pode impedir-se de ter dó da sua sorte. Hêmon, filho de Creonte, que a ama e sonha tornar-se seu esposo, impotente para libertá-la, mata-se de desespero. Acrescenta-se que Antígona, para escapar da morte pavorosa a que Creonte a condenara, se estrangulou em sua sombria masmorra.

Tirésias

Um dos mais célebres adivinhos da mitologia, Tirésias era filho de Évero e da ninfa Cariclo. Reportava sua origem a Udeu, um dos heróis que nasceram dos dentes da serpente semeados na terra por Cadmo. Era sobretudo em Tebas que proferia oráculos. Não só sabia o passado, o presente e o futuro, mas também interpretava o vôo e até a linguagem dos pássaros.

Diz-se que Júpiter concedeu-lhe uma vida sete vezes mais longa que a dos outros homens. Ele predisse aos tebanos e aos reis de Tebas seu destino; enfim, mesmo no Inferno, depois da sua morte, Plutão, por um favor particular, deixou-lhe o poder de proferir oráculos. Assim, em Homero, Circe aconselha Ulisses a descer ao Inferno para consultar Tirésias; e o herói, depois de ter sabido do adivinho o que desejava, promete venerá-lo como um deus, assim que voltasse a Ítaca.

Contudo, Tirésias era cego, e os mitólogos atribuem várias causas a essa triste enfermidade. De acordo com uns, os deuses haviam-no tornado cego porque ficaram zangados com ele por ter revelado aos mortais segredos que gostariam de ter guardado para si; para outros, essa cegueira tinha uma origem muito mais extraordinária.

Um dia, havendo Tirésias encontrado, no monte Cilene, duas serpentes entrelaçadas, separou-as com seu bastão, e logo transformou-se em mulher; ao cabo de certo tempo, tornou a encontrar as duas mesmas serpentes ainda entrelaçadas e recuperou sua forma primeira. Ora, como conhecera os dois sexos, foi escolhido para juiz de uma desavença que surgiu mais tarde entre Júpiter e Juno. Tirésias pronunciou-se contra a deusa, que ficou tão irritada que privou-o da vista; mas foi compensado por isso com o dom da profecia, que recebeu de Júpiter. De resto, Minerva deu-lhe um bastão com o qual ele se conduzia com tanta facilidade como se tivesse uma vista excelente.

Tirésias encontrou a morte ao pé do monte Tilfuso, na Beócia, onde havia uma fonte cuja água foi mortal para ele. Enterraram-no perto dessa fonte e, em Tebas, renderam-lhe honras divinas.

Anfiarau

Outro adivinho famoso, cuja lenda está intimamente ligada à Guerra dos Sete contra Tebas, é Anfiarau, filho de Apolo e Hipermnestra, bisneto de Melampo. Por um importante serviço prestado às mulheres do país, ele recebera uma porção do reino de Argos. Essa partilha deu lugar a longas querelas entre esse adivinho e Adrasto, herdeiro presumido do reino.

Não estando em condições de fazer face aos partidários de Anfiarau, que usurpara a coroa matando Talau, seu pai, Adrasto foi obrigado a deixar sua pátria. Enfim, o casamento do usurpador com Erifila, irmã de Adrasto, aplacou as dissensões e restabeleceu Adrasto no trono.

Tendo previsto, por sua arte divinatória, que devia perecer na guerra de Tebas, Anfiarau se escondeu; mas sua mulher Erifila, seduzida pelo presente de um colar, revelou seu esconderijo a Polinices. Obrigado a partir, Anfiarau encarregou seu filho Alcmêon da sua vingança.

Diante de Tebas, às vésperas da sua morte, estando à mesa com os chefes do exército, uma águia precipitou-se sobre a sua lança, tomou-a, depois deixou-a cair num lugar onde se converteu em loureiro. No dia seguinte, a terra se abriu sob seu carro e tragou-o com seus cavalos. Segundo outros, foi o próprio Júpiter que, com um raio, precipitou a ele e a seu carro nas entranhas da terra, ou que o tornou imortal. Apolodoro é o único que o inscreve entre os Argonautas. Teve com sua mulher Erifila, além de Alcmêon, um filho, o adivinho Anfíloco, e três filhas, Eurídice, Demonassa e Alcmene.

Os gregos pretendiam que ele voltara do Inferno e mostravam inclusive o lugar da sua ressurreição. Recebeu as honras da divindade: possuía um templo em Argos e outro na Ática, onde proferia oráculos. Os que iam consultá-lo, depois de haver imolado um carneiro, estendiam a pele deste no chão e dormiam sobre ela, esperando que o deus os instruísse em sonhos quanto ao que gostariam de saber.

Alcmêon, seu filho, vingou-o implacavelmente matando a mãe, Erifila. Por muito tempo vagabundo e perseguido pelas Fúrias, por causa de seu parricídio, foi enfim admitido à expiação, na corte de Fegeu, rei da Arcádia. Tendo se casado com Arsínoe, filha desse príncipe, deu-lhe o colar fatal que causara a morte de sua mãe; depois, infiel a seus compromissos, contraiu novo casamento com Calírroe, filha de Aquelóo. Chegou a retomar de Arsínoe o colar para dá-lo de presente à sua nova esposa, a pretexto de consagrá-lo a Apolo para se ver livre das Fúrias. Os irmãos da princesa abandonada vingaram seu ultraje com a morte de Alcmêon. Ele deixou dois filhos que mataram não só seus assassinos, mas também Fegeu e Arsínoe. O colar de Erifila, trazendo a desgraça, parecia perpetuar os parricídios na família de Alcmêon. O túmulo desse triste príncipe, em Psófis, na Arcádia, estava cercado de ciprestes altos o bastante para sombrear a colina que dominava a cidade. Essas árvores, chamadas Virgens, eram tidas como invioláveis: era proibido cortá-las.

Lendas Atenienses

Cécrope – Fundação de Atenas

Natural de Sais, no Egito, e primeiro rei ateniense, Cécrope construiu, ou, segundo outros, embelezou a cidade de Atenas. Casou-se com Aglaura, filha de Acteu, e deu o nome de Cecrópia à cidadela que ergueu. Submeteu os povos mais pela doçura do que pela força, distribuiu a Ática em doze cantões, constituiu o tribunal do Areópago, estabeleceu o culto de Júpiter como deus soberano, aboliu o uso de sacrificar vítimas humanas e regulamentou por leis a instituição dos casamentos. Foi alcunhado *Difues*, isto é, *Biforme*, talvez porque, sendo de origem egípcia, também era grego por seu estabelecimento na Ática.

É representado metade homem, metade serpente.

Deixou três filhas: Aglaura, Herse e Pândroso.

Voltando um dia do templo de Minerva acompanhada de jovens atenienses, Herse atraiu os olhares de Mercúrio, que veio pedi-la em casamento. Aglaura, sua irmã, com ciúme dessa preferência, perturbou os amores do deus; este bateu-lhe com seu caduceu e transformou-a em pedra. Herse teve um templo em Atenas e recebeu as honras heróicas. Aglaura, apesar da sua maldade ciumenta, também teve um templo em Salamina depois da sua morte, tendo-se estabelecido em sua honra o bárbaro costume de imolar uma vítima humana.

Conta-se de outra maneira a fábula das filhas de Cécrope. Foi a essas três irmãs que Minerva confiou o cesto misterioso onde estava encerrado Erisícton, filho de Vulcano, com a proibição de abri-lo. A curiosidade foi mais forte; elas abriram o cesto, encontraram um monstro e, agitadas pelas Fúrias, precipitaram-se do ponto mais alto da cidadela de Atenas.

Numa outra versão, Pândroso, a filha mais moça de Cécrope, foi a única a se conformar com as recomendações de Minerva e, para recompensar sua obediência, os atenienses erigiram-lhe, depois da sua morte, um templo perto do da deusa e instituíram uma festa em sua homenagem. Conta-se que ela teve de Mercúrio um filho chamado Cérix, que se tornou o ancestral de uma poderosa família ateniense.

Pandíon

Filho de Erictônio e quinto rei de Atenas, Pandíon foi um pai infeliz, porque suas duas filhas, ambas lindíssimas, Filomela e Procne, foram vítimas da brutalidade de seu genro, Tereu, rei da Trácia. Este, marido de Procne, tendo ultrajado sua cunhada Filomela, cortou-lhe a língua; para vingar a irmã, Procne serviu a Tereu, num banquete, os membros do filho de ambos, Ítis, cuja cabeça foi jogada na mesa no fim da refeição. Ao ver isso, Tereu, furioso, quis perseguir as duas irmãs. Mas elas fugiram metamorfoseadas, Procne em andorinha, Filomela em rouxinol. O próprio Tereu, transformado em gavião, não consegue alcançá-las. Quanto a Ítis, os deuses, apiedados com seu destino, metamorfosearam-no em pintassilgo.

Erecteu

Erecteu, sexto rei de Atenas, filho de Pandíon, era tido como aquele que estabeleceu o culto de Ceres e os mistérios de Elêusis. A fábula atribui-lhe quatro filhas, Prócris,

Creusa, Clitônia e Orítia, que se amavam tão ternamente que se empenharam por juramento a não sobreviver umas às outras.

Estando em guerra com os eleusinos, Erecteu soube do oráculo que seria vencedor se aceitasse imolar uma das suas filhas. Clitônia foi escolhida como vítima e suas irmãs foram fiéis ao juramento. O pai delas rechaçou Eumolpo, filho de Netuno, mas foi precipitado vivo no seio da terra, que Netuno entreabriu com um golpe de seu tridente. Os atenienses puseram Erecteu entre os deuses e construíram-lhe um templo na cidadela.

Segundo outra tradição, Prócris tornou-se esposa de Céfalo, que a matou numa caçada; Creusa casou-se com Xuto, pai adotivo de Íon; Clitônia, com o sacerdote Butes; e Orítia foi raptada por Bóreas.

Já conhecemos a fábula de Bóreas.

Céfalo, marido de Prócris, era filho de Éolo. Aurora, impressionada com a sua beleza, raptou-o, mas em vão; ou, segundo outros, dele teve Faetonte e deixou-o voltar para junto de Prócris, a quem amava apaixonadamente. Para pôr à prova a fidelidade de sua esposa, ele disfarçou-se de negociante e tentou seduzi-la. Ofereceu-lhe tão ricos presentes, que ela estava a ponto de sucumbir às suas solicitações, quando, fazendo-se reconhecer, ele repreendeu-lhe sua fraqueza. Confusa, Prócris abandonou seu marido e retirou-se para os bosques.

Sua ausência apenas reavivou o amor de Céfalo. Ele foi buscá-la, reconciliou-se com ela e recebeu de suas mãos dois presentes que haveriam de ser funestos a ambos: um cão que Minos lhe dera e uma lança que nunca errava o alvo. Esses presentes aumentaram a paixão de Céfalo pela caça.

Inquieta com suas ausências e enciumada, Prócris resolveu segui-lo em segredo e emboscou-se numa ramagem espessa. Seu esposo, exausto, veio por acaso repousar sob uma árvore vizinha e, conforme o costume, invocou o doce hálito do Zéfiro. Sua mulher, que o ouvia, supondo que ele falava a uma rival, fez um movimento que agitou a folhagem; Céfalo acreditou que se tratava de um animal, atirou a lança que ganhara dela e matou-a.

Percebendo seu erro, matou-se de desespero com a mesma lança. Júpiter, comovido com o infortúnio dos dois esposos, transformou-os em astros.

Butes, filho de Pandíon e de Zeuxipe, marido de Clitônia, sacerdote de Minerva e de Netuno, obteve depois da morte as honras divinas. Ele tinha um altar no templo de Erecteu, em Atenas.

Egeu

Egeu, nono rei de Atenas, filho de Pandíon II, pai de Teseu e irmão de Niso, Palas e Lico, descendia de Erecteu. É tido como o introdutor em Atenas do culto de Vênus-Urânia. Quando mandou Teseu combater o Minotauro, recomendou-lhe que içasse velas brancas em sua nau ao retornar, se voltasse vencedor, recomendação esquecida por Teseu. Tendo percebido do alto de um rochedo, aonde sua impaciência o levava todos os dias, a nau que voltava com velas negras, acreditou que seu filho estava morto e, ouvindo apenas seu desespero, precipitou-se no mar que desde então tem seu nome.

Os atenienses, para consolar seu filho, que os libertara, elevaram Egeu à ordem dos deuses do mar e declararam-no filho de Netuno.

Niso

Niso, irmão de Egeu, reinava em Nisa, cidade vizinha de Atenas. Quando Minos, rei de Creta, veio guerrear na Ática, sitiou inicialmente a primeira dessas cidades. A sorte de Niso dependia de um cabelo de púrpura que trazia consigo. Cila, sua filha, enamorada de Minos, a quem vira do alto das muralhas, cortou esse cabelo fatal de seu pai enquanto ele dormia e ofereceu-o ao príncipe, objeto de seu amor. Minos ficou horrorizado com uma ação tão indigna e, aproveitando a traição, expulsou da sua presença a pérfida princesa.

Desesperada, ela quis se jogar no mar, mas os deuses transformaram-na em cotovia. Niso, seu pai, metamorfoseado em gavião, não cessa de persegui-la nos ares e fere-a a bicadas.

Teseu

Teseu foi o décimo rei de Atenas. Nasceu em Trezena, onde foi educado por sua mãe, Etra, na corte do sábio Piteu, seu avô materno. Os poetas costumam designar Teseu pelo nome de *Erectida*, porque era tido como um dos mais ilustres descendentes de Erecteu, ou, em todo caso, de seus sucessores. Também é chamado, às vezes, de filho de Netuno. De fato, querendo ocultar a aliança que firmara com Egeu, Piteu declarou, quando o menino nasceu, que era filho de Netuno, a grande divindade dos trezenienses. Na seqüência, Teseu prevaleceu-se ao menos uma vez desse nascimento.

Havendo Teseu ido a Creta, conta Pausânias, Minos ultrajou-o dizendo-lhe que não era filho de Netuno, como pretendia; que, para desafiá-lo a dar-lhe uma prova disso, jogaria seu anel no mar. Teseu, conta-se, mergulhou logo depois, encontrou o anel e trouxe-o de volta com uma coroa que Anfitrite lhe pusera na cabeça.

Mas esse herói, no decorrer da sua existência e de suas façanhas, apresentava-se geralmente como filho de Egeu, sendo o título de filho de Netuno atribuído a ele apenas por alguns poetas, sem levar em conta a continuação de sua história.

Relatam-se vários feitos da coragem e da força de que Teseu deu provas desde seus primeiros anos. Os trezenienses contavam que tendo vindo encontrar-se com Piteu, Hércules despiu sua pele de leão para pôr-se à mesa. Vários filhos da cidade, Teseu entre outros, que tinha apenas sete anos, atraídos pela curiosidade, acorreram à casa de Piteu; mas todos tiveram grande medo da pele do leão, com exceção de Teseu, que, arrancando um machado das mãos de um escravo e acreditando ver um leão, foi atacá-lo.

Antes de partir de Trezena, Egeu pôs seu calçado e sua espada debaixo de uma enorme pedra e ordenou a Etra que não lhe mandasse o filho a Atenas antes que ele estivesse em condições de levantar aquela pedra. Mal fez dezesseis anos, Teseu conseguiu movê-la e tomou a espécie de tesouro que ela cobria, mediante o qual se fez reconhecer como filho de Egeu.

Ele foi para Atenas, mas antes de fazer-se reconhecer como herdeiro do trono, decidiu tornar-se digno de suas façanhas e imitar Hércules, objeto da sua admiração. Havia, de resto, entre eles, laços de parentesco: Piteu, pai de Etra, era irmão de Lisídice, mãe de Alcmene.

Começou limpando a Ática dos bandoleiros que a infestavam e, em particular, Sínis ou Cercíon. Esse bandoleiro, dotado de uma força extraordinária, obrigava os passantes a lutarem contra ele e exterminava os que vencia. Vergava as árvores mais grossas, aproximava sua copa do chão, amarrava as vítimas aí e, quando as árvores tornavam a se erguer, as vítimas eram esquartejadas.

Depois de ter-se purificado no altar de Júpiter, à margem do Cefiso, por ter manchado as mãos com o sangue de tantos criminosos, Teseu voltou a Atenas para fazer-se reconhecer. Encontrou a cidade numa estranha confusão. A feiticeira Medéia governava sob o reinado de Egeu e, tendo sabido da chegada do estrangeiro que fazia falar muito de si, tratou de torná-lo suspeito ao rei e chegou a maquinar seu envenenamento durante um banquete, à mesa deste. Mas no momento em que Teseu ia levar aos lábios a taça de veneno, Egeu reconheceu seu filho pela guarda da espada e expulsou Medéia, cujos maus desígnios descobriu.

No entanto, os Palântidas, ou filhos de Palas, irmão de Egeu, vendo Teseu reconhecido, não puderam esconder seu ressentimento e conspiraram contra Egeu, de quem se achavam os únicos herdeiros. A conspiração foi descoberta e dissipada pela morte de Palas e de seus filhos, que caíram sob os golpes de Teseu. Esses assassinatos, embora necessários, obrigaram o herói a banir-se de Atenas por um ano e, depois desse tempo, foi absolvido pelo tribunal dos juízes, que se reuniam no templo de Apolo Délfico.

Algum tempo depois, Teseu propôs-se libertar sua pátria do vergonhoso tributo que pagava a Minos, rei de Creta.

Androgeu, filho de Minos, vindo assistir às Panatenéias, combateu com tanta habilidade e felicidade que conquistou todos os prêmios. A mocidade de Mégara e de Atenas, melindrada com seus sucessos, ou os próprios atenienses, inquietos com suas ligações com os Palântidas, tiraram-lhe a vida. Para se vingar desse assassinato, Minos sitiou, tomou Atenas e Mégara, e impôs aos vencidos as mais duras condições. Os atenienses foram obrigados a mandar a cada sete anos, a Creta, sete rapazolas e igual número de mocinhas, designados pela sorte, para servir de pasto ao Minotauro no célebre labirinto. O tributo fora pago três vezes quando Teseu se ofereceu para libertar seus concidadãos.

Antes de partir, procurou ganhar as graças dos deuses realizando grande número de sacrifícios. Consultou também o oráculo de Delfos, que lhe prometeu bom êxito em sua expedição se o Amor lhe servisse de guia. De fato, Ariadne, filha de Minos, enamorada pelo herói, facilitou-lhe a empresa. Deu-lhe um novelo, graças ao qual ele pôde sair do labirinto, onde matou o Minotauro.

Partindo de Creta, Teseu levou sua libertadora, mas abandonou-a na ilha de Naxos, onde Baco a consolou e desposou.

Voltando a Atenas, Teseu soube da morte de seu pai, Egeu, rendeu-lhe as honras fúnebres e executou a promessa que fizera a Apolo ao partir: enviar todos os anos a Delos sacrifícios em ações de graças. Em conseqüência, nunca se deixou de mandar a essa ilha emissários coroados de ramos de oliveira. Para essa missão, ou *teoria*, era utilizada a mesma nau que Teseu armara e que era mantida com cuidado, para que sempre estivesse pronta para uso – o que fez os poetas dizerem que a nau era imortal.

Pacífico detentor do trono dos atenienses, reuniu numa cidade os habitantes da Ática até então dispersos em diferentes aldeias, instituiu um governo, promulgou leis e, deixando o povo sob a conduta da sua legislação, retomou o curso de suas aventuras e de suas façanhas. Esteve na guerra dos Centauros, na conquista do Tosão de Ouro, na caçada de Cálidon e, segundo alguns, nas duas guerras de Tebas.

Teseu foi à Trácia em busca das Amazonas e, como Hércules, teve a glória de combatê-las e vencê-las. Casou-se com sua rainha Hipólita ou Antíope, feita prisioneira, de quem teve um filho, o desditado Hipólito.

Conta-se que, com mais de cinqüenta anos, resolveu raptar a bela Helena, que, então, mal saíra da infância. Mas os Tindáridas, irmãos desta, libertaram-na e raptaram por sua vez a mãe de Teseu, Etra, que tornaram escrava de Helena.

Enfim, tendo-se empenhado com Pirítoo, seu amigo, a raptar a mulher de Edoneu, rei do Epiro, ou, segundo a fábula, Prosérpina, mulher de Plutão, foi feito prisioneiro até que Hércules veio libertá-lo: é a descida de Teseu ao Inferno.

Diz a fábula que, havendo descido ao Inferno e estando cansados da longa estrada que tiveram de percorrer para chegar, Teseu e Pirítoo sentaram-se numa pedra, onde permaneceram por assim dizer colados, sem poder se levantar. Só Hércules pôde obter de Plutão a libertação de Teseu.

Ariadne.

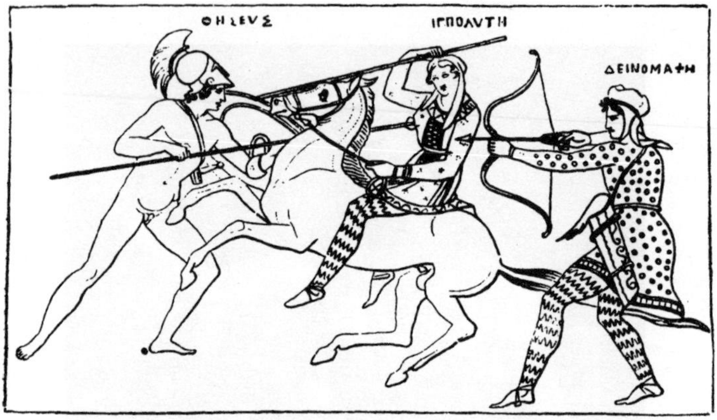

Teseu e as Amazonas.

É a essa fábula que Virgílio faz alusão, quando representa Teseu no Tártaro, eternamente sentado numa pedra de que não pode soltar-se e gritando sem cessar aos habitantes desses lugares sombrios: "Aprendam, pelo meu exemplo, a não serem injustos e a não desprezarem os deuses."

O resto da vida de Teseu não foi mais que um encadeamento de infortúnios. O trágico fim de seu filho Hipólito e de Fedra, sua mulher, inspirou os poetas trágicos, sobretudo Eurípides e Racine, tendo também proporcionado ao pintor francês P. Guérin o tema de um quadro admirável.

Voltando a Atenas, encontrou seus súditos revoltados contra ele. Indignado, mandou sua família para a ilha de Eubéia, cumulou Atenas de maldições e retirou-se na ilha de Ciro para aí acabar seus dias em paz numa vida privada. Mas Licomedes, rei de Ciro, com inveja da sua reputação ou incitado por seus inimigos, precipitou-o do alto de um penhasco, para onde o atraíra a pretexto de lhe mostrar o campo.

Teseu teve três mulheres: Antíope, mãe de Hipólito; Ariadne, filha de Minos, com quem teve Enópion e Estáfilo; e Fedra, que deixou um filho chamado Demofonte.

Vários séculos mais tarde, os atenienses procuraram reparar sua ingratidão para com Teseu. Seguindo um conselho do oráculo de Apolo, foram buscar suas cinzas em Ciro, trouxeram-nas solenemente a Atenas e colocaram-nas num magnífico túmulo no meio da cidade. Em seguida, ergueram-lhe um templo, onde recebeu sacrifícios.

Pirítoo

Pirítoo, filho de Ixíon, era rei dos lapitas, povos da Tessália famosos não só por sua habilidade em manejar os cavalos, mas também por suas guerras contra os Centauros, habitantes da mesma região. Esse rei, que havia pedido e obtido a mão de Hipodâmia, filha de Adrasto, rei de Argos, convidou os Centauros para a solenidade do casamento. Estes, excitados pelo vinho, insultaram as mulheres; um deles, Eurito, quis até raptar a jovem esposa, mas Hércules, Teseu e os lapitas se opuseram. Mataram grande número de Centauros e escorraçaram os outros. Estes, segundo se diz, retiraram-se para as ilhas das Sereias, onde morreram todos.

No entanto, Pirítoo, impressionado com o relato das grandes ações de Teseu, quis medir forças com ele e procurou uma oportunidade de provocá-lo. Mas, quando os dois heróis se acharam um diante do outro, uma admiração secreta e mútua apoderou-se de seu espírito; o coração de ambos se abriu sem dissimulações, eles se abraçaram em vez de combater e juraram amizade eterna.

Pirítoo tornou-se um fiel companheiro de viagem de Teseu. Tendo elaborado juntos o projeto de raptar a jovem e bela Helena e levado tal projeto a cabo, sortearam-na entre si, com a condição de que aquele a quem ela viesse a caber teria a obrigação de arranjar outra mulher para o amigo. Helena coube a Teseu, que se comprometeu a descer ao Inferno com seu amigo para raptar Prosérpina. Mas lá Cérbero lançou-se sobre Pirítoo e estrangulou-o. Sabemos o que aconteceu com Teseu e a quem deveu sua libertação.

Hipólito

Filho de Teseu e da rainha das Amazonas, Hipólito estava sendo educado em Trezena sob os cuidados do sábio Piteu, seu avô. O jovem príncipe, preocupado unicamente com os estudos, a sabedoria e as diversões da caça, atraiu a indignação de Vênus, que, para se vingar de seus desdéns, inspirou em Fedra uma violenta paixão. A rainha fez uma viagem a Trezena a pretexto de erguer aí um templo para Vênus mas, na realidade, foi para ver o jovem príncipe e declarar seu amor.

Desprezada e furiosa, ela acusa Hipólito numa carta e se mata. Enganado por esse escrito impostor, Teseu, ao regressar, entrega seu filho à vingança de Netuno, que lhe prometeu realizar três de seus desejos. O pai infeliz é ouvido: um monstro horrendo, suscitado pelos deuses dos mares, assusta os cavalos; Hipólito é derrubado de seu carro e perece, vítima da fúria de uma madrasta e da credulidade de um pai.

Segundo Ovídio, Esculápio restituiu-lhe a vida e Diana cobriu-se de uma nuvem para fazê-lo sair do Inferno. Os trezenienses lhe renderam as honras divinas num templo que Diomedes construiu.

Fedra

Filha de Pasífae e de Minos, rei de Creta, irmã de Ariadne e de Deucalião II, Fedra casou-se com Teseu, rei de Atenas, ou, segundo outros, foi raptada por ele. Seu amor culpado por Hipólito causou, ao mesmo tempo, sua perda e a do jovem herói. Desprezada por ele e por si mesma, enforcou-se de desespero. Teve sua sepultura em Trezena, perto de uma murta, cujas folhas estavam todas furadas. Essa murta, dizia-se, não crescera assim; mas, na época em que estava possuída por sua paixão e não encontrando nenhum alívio,

Fedra enganava seu tédio furando as folhas dessa árvore com um grampo de cabelos.

Essa fábula e a precedente inspiraram a Eurípides e Racine duas tragédias célebres. Na peça grega (*Hipólito coroado*), Hipólito é o personagem principal; no poeta francês, todo o interesse se concentra na esposa de Teseu, em "Fedra, contra sua vontade, pérfida, incestuosa".

Minos

Minos, segundo do nome, filho de Licaste e neto do primeiro Minos, o juiz do Inferno, tornou-se temível a seus vizinhos, submeteu várias ilhas vizinhas e fez-se senhor do mar. Havendo seus dois irmãos pretendido disputar-lhe a coroa, Minos rogou aos deuses que lhe dessem um sinal da sua aprovação; e Netuno, atendendo a esse rogo, fez sair do mar um touro de uma brancura ofuscante. É a esse último Minos que se devem reportar as fábulas de Pasífae, do Minotauro, da guerra contra os atenienses e de Dédalo. Ele pereceu perseguindo esse artista até a Sicília, onde o rei Cócalo sufocou-o no banho. O corpo, devolvido a seus soldados, foi enterrado na Sicília por estes, que, para esconder ou fazer respeitar seus restos, ergueram um templo a Vênus no próprio lugar da sepultura. Mais tarde, quando foram construídos os muros de Agrigento, descobriu-se seu túmulo, e suas cinzas recolhidas foram solenemente levadas para Creta.

Pasífae

Filha do Sol e de Creta, ou, segundo outros, de Persea, Pasífae casou-se com o segundo Minos, de quem teve vários filhos, entre eles um chamado Deucalião, outro chamado Androgeu, e três filhas: Astréia, Ariadne e Fedra.

Para vingar-se do Sol, que iluminara em demasia sua intriga com Marte, Vênus inspirou na filha deste um amor desmedido por um touro branco que Netuno fizera sair do mar. Segundo outros mitólogos, essa paixão foi o efeito da vingança de Netuno contra Minos, que tendo o costume de lhe sacrificar todos os anos o mais belo de seus touros, encontrou um tão bonito que quis conservá-lo e imolou um de menor valor. Irritado, Netuno fez Pasífae enamorar-se pelo touro conservado. Dédalo, então a serviço de Minos, fabricou, para favorecer Pasífae, uma vaca de bronze.

Essa fábula tem sua explicação no ódio dos gregos, em particular dos atenienses, por Minos. Tem por origem verossímil um equívoco sobre a palavra *Taurus*, nome de um almirante cretense por quem a rainha, desdenhada por Minos, enamorado de Prócris, ou durante uma longa enfermidade desse príncipe, ficou loucamente apaixonada. Dédalo foi provavelmente o confidente dessa intriga. Pasífae teve um par de gêmeos, um dos quais parecia-se com Minos, o outro com Tauro, o que deu lugar à fábula do Minotauro, monstro metade touro, metade homem.

Dédalo e Ícaro

Dédalo, filho de Himétion, neto de Eumolpo e bisneto de Erecteu, rei de Atenas, discípulo de Mercúrio, artista incomparável, arquiteto, estatuário, inventor do machado, do nível, da pua etc., substituiu o uso dos remos pelo das velas e fez estátuas que se moviam ou pareciam animadas. Tendo assassinado seu sobrinho, de quem tinha inveja, foi condenado à morte pelo Areópago. Fugiu então de Atenas e refugiou-se em Creta, na corte de Minos.

Construiu aí o famoso labirinto, recinto cheio de madeiras e construções dispostas de maneira que, após entrar, não se podia encontrar a saída. Dédalo foi a primeira vítima de sua invenção. Irritado com ele porque favorecera os amores de Pasífae, Minos mandou encerrá-lo com seu filho Ícaro e o Minotauro.

Dédalo e Ícaro.

Então Dédalo fabricou asas artificiais que adaptou com cera a seus ombros e aos ombros de seu filho, a quem recomendou não se aproximar em demasia do sol. Depois, alçaram vôo juntos e partiram pelos ares. Esquecendo as instruções, Ícaro elevou-se demasiadamente, o sol derreteu a cera de suas asas, ele caiu e se afogou no mar Egeu, que, por causa dessa queda, tomou o nome de Icariano.

O infortunado pai continuou seu caminho e chegou à Sicília, à corte do rei Cócalo, que a princípio lhe deu asilo e acabou mandando sufocá-lo numa estufa, como o próprio Minos, para prevenir a efetivação das ameaças do rei de Creta. Segundo outros, ele teria chegado ao Egito, onde teria enriquecido Mênfis com algumas obras-primas de suas mãos. Depois da sua morte, os habitantes dessa cidade veneraram-no como um deus.

Segundo Virgílio, Dédalo fez sua primeira descida na Itália, em Cumos, colônia de Cálcis, cidade da Eubéia. Lá consagrou suas duas asas a Apolo e ergueu-lhe um templo magnífico em cuja porta gravou ou esculpiu toda a história de Minos e de sua família. Por duas vezes tentou representar também a queda de Ícaro, e por duas vezes suas mãos fracassaram, ao rememorar sua dor.

Demofonte e Fílis

Demofonte, filho de Teseu e de Fedra, acompanhou Elpenor à guerra de Tróia como um simples particular. Depois da tomada da cidade, encontrou junto de Helena sua avó Etra, mãe de Teseu, e levou-a de volta consigo.

Ao voltar, deteve-se em Dáulis, cidade da Fócida, onde foi bem recebido pela jovem rainha, Fílis, que acabava de suceder a Licurgo, seu pai. Demofonte fez-se enamorar por essa princesa. Após alguns meses da mais terna união, o príncipe, obrigado a voltar a Atenas pelos negócios de seu reino, prometeu a Fílis que logo voltaria, mas deixou passar o dia fixado para a sua volta. Acreditando-se abandonada, ela entregou-se ao desespero e, num acesso de delírio, jogou-se no mar.

Acrescenta-se que os deuses, apiedando-se dessa rainha tão jovem e tão terna, transformaram-na em amendoeira. Alguns dias depois, tendo Demofonte voltado, a amendoeira floriu, como se Fílis tivesse sido sensível ao regresso daquele que ela amara tão ternamente.

Em certa estação do ano, as folhas dessa árvore pareciam úmidas, e dizia-se então que estavam molhadas pelas lágrimas de Fílis.

Demofonte, pacífico herdeiro do trono de Atenas, depois da morte do usurpador Mnesteu, concedeu generosamente hospitalidade aos Heráclidas perseguidos por Euristeu e, inclusive, fez o inimigo destes perecer. Acolheu com idêntica generosidade Orestes, depois do assassinato de Egisto e de Clitemnestra.

Teve no entanto um escrúpulo, e não quis admitir a princípio aquele parricida à sua mesa. Achou por bem servi-lo separadamente e, para atenuar essa espécie de afronta, ordenou que fosse servida a cada conviva uma taça particular, contra o uso de então. Em memória desse acontecimento, os atenienses instituíram uma festa em que, nas refeições, havia tantas taças quantos convivas. Chamava-se Festa das Taças.

Lendas Etólias

Meléagro

Meléagro era filho de Eneu, rei de Cálidon, na Etólia, e de Altéia, filha de Téspio (ou Téstio). Tendo sua mãe mandado consultar o oráculo sobre o destino de seu filho que acabava de nascer, foi-lhe respondido que só viveria o tempo necessário para consumir o tição que ardia em sua lareira. Altéia apressou-se a retirar esse tição, apagou-o e conservou-o com grande cuidado.

Havendo Eneu esquecido Diana num sacrifício que fez aos deuses, esta deusa ficou tão irritada que mandou um javali monstruoso devastar os campos de Cálidon. O rei reuniu todos os jovens príncipes do país para livrá-lo do animal e pôs à frente destes seu filho, Meléagro. Este já havia participado da expedição dos Argonautas, sob a conduta de seu tio Leodaco, irmão de Eneu, e com seus caçadores e cães logo deu cabo do temível javali. Mas Atalante, filha de Iásio, rei da Arcádia, e de Climene, que participara dessa caçada, ferira o animal primeiro. Por essa ação ousada, ela mereceu a admiração e o amor de Meléagro, que quis lhe oferecer a cabeça do monstro. Os dois tios maternos do jovem príncipe se opuseram, pretendendo que essa honra lhes era devida.

Rebenta então uma guerra entre os etólios e os curetes comandados pelos descontentes. Os etólios, embora infe-

Meléagro.

riores em número, vencem enquanto Meléagro está à sua frente; mas Meléagro os abandona, indignado porque Altéia, sua mãe, desesperada com a morte de seus dois irmãos, que ele matara no combate, o votou às Fúrias. A sorte muda, os curetes ficam em vantagem. Meléagro, cedendo às súplicas de sua esposa Cleópatra, retoma as armas, rechaça definitivamente o inimigo, mas as Fúrias, chamadas pelas imprecações da mãe, abreviam seus dias. Este é o relato de Homero.

Segundo outros poetas, Altéia, mãe de Meléagro, sabendo da morte de seus dois irmãos, mortos por ele, só deu ouvidos a seu furor: jogou imediatamente no fogo o tição a que as Parcas haviam unido o destino de Meléagro. O príncipe logo se sente devorado por um fogo secreto, definha, se consome com o tição e exala o último suspiro.

Cleópatra não pôde sobreviver à perda do marido, e Altéia, que causara sua morte, enforca-se de desespero.

A morte de Meléagro é representada em vários baixos-relevos antigos. Charles Lebrun tratou do tema; seu quadro faz parte da coleção do Museu do Louvre.

Tideu

Filho de Eneu, rei de Cálidon, e de Euribéia, ou de Altéia, Tideu foi banido da sua pátria por haver morto por acidente seu irmão Melanipo. Retirou-se em Argos, junto de Adrasto, que lhe deu em casamento sua filha Deípile, do qual nasceu Diomedes. Essa aliança comprometeu-o na querela de Polinices, que, como ele, era genro de Adrasto. Tideu foi um dos chefes do exército dos argivos contra Tebas. Antes de pôr-se em campanha, Adrasto mandou Tideu encontrar-se com Etéocles, a fim de tentar conciliar os dois irmãos. Durante sua permanência em Tebas, Tideu participou de vários jogos e combates que aí eram realizados para exercitar a juventude. Venceu sem dificuldade os tebanos e ganhou todos os prêmios, pois Minerva lhe prestava socorro, conta Homero. Indignados, os tebanos armaram emboscadas para Tideu e mandaram para o caminho de Argos cinqüenta homens bem armados que se precipitaram covardemente sobre ele. Assistido por um pequeno número de amigos, Tideu defendeu-se com tanta coragem que matou todos os tebanos, salvo um, a quem encarregou de levar a Tebas a notícia da derrota do bando.

Eurípides conta que Tideu sabia manejar a palavra com menos habilidade do que as armas; hábil nas artimanhas da guerra, era inferior a seu irmão Meléagro nos outros conhecimentos, mas igualava-o na arte militar e sua ciência consistia em suas armas. Ávido de glória, cheio de ardor e de coragem, suas façanhas constituíam sua eloqüência.

Após muitas ações de valor, foi morto diante de Tebas, como a maioria dos generais. Homero diz que ele pereceu por sua imprudência.

Mas Apolodoro conta que Tideu, tendo sido ferido pelo tebano Melanipo, filho de Astaco, ficou tão furioso que dilacerou a dentadas a cabeça de seu inimigo. Minerva, que quisera ajudá-lo, ficou tão ofendida com essa ação bárbara que o abandonou e o deixou perecer.

Lendas Tessálicas

O centauro Quíron

O centauro Quíron morava no monte Pélion, na Tessália. Chamam-no às vezes de *Sábio*, por causa da sua ciência e da sua habilidade. Nasceu dos amores de Saturno, metamorfoseado em cavalo, com a oceânide Filira. Esta lamentou tanto ter posto esse monstro no mundo, que pediu aos deuses que a metamorfoseassem: foi transformada em tília. Assim que cresceu, o centauro retirou-se para as montanhas e as florestas, onde, caçando com Diana, adquiriu o conhecimento da botânica e da astronomia. Aprendeu sobretudo as virtudes das plantas medicinais e ensinou medicina e cirurgia a um grande número de heróis. Seu próprio nome, derivado do grego *queir* (mão), denotava sua habilidade. Sua gruta, situada ao pé do monte Pélion, na Tessália, tornou-se, por assim dizer, a escola de toda a Grécia heróica. Teve como discípulos Esculápio, Nestor, Anfiarau, Peleu, Télamon, Meléagro, Teseu, Hipólito, Ulisses, Diomedes, Cástor e Pólux, Jasão, Fênix etc. e sobretudo Aquiles, de quem cuidou, como avô materno, com especial atenção.

Foi ele que elaborou o calendário que os Argonautas utilizaram em sua expedição. Foi na sua escola que Hércules aprendeu medicina, música e justiça. Elevou o talento da música ao ponto de curar as doenças apenas com os

Centauro.

acordes da sua lira, e o conhecimento dos corpos celestes ao de saber desviar ou prevenir as influências funestas destes sobre a humanidade.

Teve uma longa existência e uma velhice robusta. Fazem-no viver antes e depois da expedição dos Argonautas, de que tomaram parte dois netos seus. Na guerra que Hércules moveu aos Centauros, estes, esperando desarmar o furor do herói com a presença de seu antigo mestre, retiraram-se para Maléia, onde Quíron vivia em seu refúgio; mas Hércules não deixou de atacá-los, e uma de suas flechas, envenenadas com o sangue da Hidra de Lerna, errando o alvo, acertou no joelho de Quíron. Desesperado, Hércules acorreu prontamente e aplicou um remédio que seu antigo mestre lhe havia ensinado; mas o mal era incurável, e o infeliz centauro, sofrendo dores horríveis, pediu a Júpiter que pusesse fim a seus dias. Comovido com a sua súplica, o pai dos deuses transferiu a Prometeu a imortalidade que Quíron devia à sua qualidade de filho de Saturno e colocou o Centauro no Zodíaco, onde formou a constelação de Sagitário.

Um dos restos mais preciosos da pintura antiga é o quadro encontrado em Herculano, onde Quíron é representado dando uma lição de música a Aquiles.

Peleu

Peleu, pai de Aquiles, era filho de Éaco e da ninfa Endeis, filha de Quíron. Tendo sido condenado a um exílio perpétuo com seu irmão Télamon, por ter assassinado, embora acidentalmente, seu irmão Foco, foi buscar refúgio em Ftia, na Tessália, onde se casou com Antígona, filha do rei Eurítion, que lhe deu em dote a terça parte de seu reino.

Peleu, convidado para a famosa caçada de Cálidon, foi com seu cunhado, que ele teve a infelicidade de matar ao arremessar sua lança contra um javali, outro assassinato involuntário que o obrigou a exilar-se novamente. Foi para Iolco, capital da Tessália, junto do rei Acasto, que lhe fez a cerimônia da expiação.

Todavia, uma nova aventura veio perturbar mais uma vez seu repouso nessa corte.

Peleu inspirou amor à rainha que, achando-o insensível, acusou-o a Acasto de ter querido seduzi-la. Acasto mandou levá-lo amarrado ao monte Pélion e ordenou que lá fosse deixado assim, à mercê das feras. Peleu encontrou o meio de quebrar seus grilhões e, com a ajuda de alguns amigos, Jasão, Cástor e Pólux, entrou à força em Iolco e matou a rainha.

Ante a falsa notícia de que ele ia se casar com Estérope, filha de Acasto, sua mulher Antígona matou-se de desespero.

Peleu casou-se em segundas núpcias com Tétis, filha de Nereu e Dóris, irmã de Nicomedes, rei de Ciro, a mais bela das Nereidas. Essa ninfa, descontente com ter um mortal como esposo, depois de ter visto Júpiter, Netuno e Apolo buscarem seu amor, assumiu, como outro Proteu, diferentes formas para fugir de Peleu. Mas esse príncipe, pelos conselhos de Quíron, acorrentou-a e manteve-a agrilhoada. As bodas se realizaram no monte Pélion com grande magnificência e todos os deuses foram convidados, com exceção da deusa Discórdia. De Peleu e Tétis nasceram vários filhos, que morreram em tenra idade, e enfim Aquiles.

Peleu mandou seu filho e seu neto, Pirro ou Neoptólemo, à frente dos mirmidões, ao cerco de Tróia. Dedicou ao rio Esperqueu a cabeleira de Aquiles, se voltasse são e salvo à pátria. Teve a dor de saber da morte desse valoroso herói e sobreviveu vários anos à guerra de Tróia.

Na *Andrômaca* de Eurípides, o velho Peleu aparece no tempo em que Menelau e Hermíone, sua filha, preparam-se para matar Andrômaca; ele a liberta de suas mãos após uma viva contestação, na qual os dois príncipes chegam às invectivas. Logo depois, é informado da morte trágica de seu neto, Pirro; fica desesperado e deseja ser enterrado sob as ruínas de Tróia. Tétis vem consolá-lo e promete-lhe a divindade. Para tanto, manda-o retirar-se numa gruta das ilhas Afortunadas, onde receberá Aquiles deificado. Ela lhe promete que virá lá pegá-lo com cinqüenta Nereides para levá-lo, como esposo, ao palácio de Nereu, dando-lhe a qualidade de semideus.

Os habitantes de Pela, na Macedônia, ofereciam sacrifícios a Peleu. Pretende-se inclusive que, numa época remota, era-lhe imolada todo ano uma vítima humana.

Atamas

Filho de Éolo, neto de Deucalião, Atamas era rei de Tebas ou de Orcômeno, na Beócia. De Néfele, sua primeira mulher, nasceram um filho e uma filha, Frixo e Hele. Tendo Baco inspirado seus furores a Néfele, ela fugiu para a floresta. Depois de havê-la procurado em vão, Atamas casou-se com Ino, ou Leucotéia, filha de Cadmo, cujos maus-tratos forçaram Frixo e Hele a fugir. Enfurecido por Tisífone, que Juno instigara contra ele, Atamas saiu a correr feito louco por seu palácio, gritando que queria uma leoa e dois leõezinhos, e arrancou dos braços de Ino seu filho Learco, que esmagou contra a muralha.

Frixo e Hele

Frixo e Hele, sua irmã, filhos de Atamas e Néfele, viviam em Tebas ou em Orcômeno, no palácio do pai, às voltas com o ódio e as perseguições de Ino, segunda mulher de Atamas. Esse ódio tinha por causa o amor culpado de Ino desprezada por Frixo.

Como a fome assolava o reino, consultou-se o oráculo sobre os meios de fazê-la cessar. O oráculo respondeu que os deuses exigiam o sacrifício de dois príncipes. Frixo e Hele foram destinados para servir de vítimas; porém, tendo sido informados desse propósito, resolveram fugir para longe da Grécia, assim que a ocasião se apresentasse.

Já estavam sendo levados para o sacrifício quando Néfele, sua mãe, metamorfoseada em nevoeiro, veio acudi-los. Ela os envolveu, furtando-os a todos os olhos, e deu-lhes um carneiro com tosão de ouro no qual montaram e que devia transportá-los da Europa à Ásia.

Atravessavam assim o estreito que separa a Trácia da Tróade quando Hele, assustada com o barulho das ondas, caiu no mar, que, por essa mesma razão, passou a se chamar Helesponto, isto é, *mar de Hele.*

Após haver tentado em vão salvar a irmã, Frixo continuou sua viagem. Exausto de cansaço, fez seu carneiro chegar a um cabo habitado por bárbaros vizinhos da Cólquida. Os habitantes se dispunham a massacrá-lo quando o carneiro despertou-o sacudindo-o e informou-o, com voz humana, do perigo a que se expusera. Frixo montou de novo no carneiro e se foi para a Cólquida, atual Mingrélia, província da Ásia, que confina com o mar Negro. Foi recebido pelo rei Eetes, filho do Sol e de Persa, irmão de Circe e Pasífae, pai de Absirto e de Medéia; ele sacrificou o carneiro, segundo uns a Júpiter, segundo outros ao deus Marte, e pendurou o tosão numa faia, num campo consagrado a Marte. Para guardá-lo, foi encarregado um dragão, que vigiava dia e noite; e, para maior segurança, o campo foi cercado de touros furiosos, que tinham pés de bronze e lançavam chamas pelas ventas.

Tendo Eetes mandado assassinar Frixo, todos os príncipes da Grécia, informados dessa barbárie e das precauções tomadas para guardar o precioso tosão, decidiram punir o assassino e idearam o projeto de reconquistar o Tosão de Ouro, que foi executado por Jasão acompanhado dos Argonautas.

Os Argonautas

Os Argonautas são assim chamados por causa da nau *Argo*, na qual embarcaram para a Cólquida a fim de conquistar o Tosão de Ouro. Essa célebre nau, que transportou a elite da juventude grega, chamou-se *Argo* seja por causa da sua ligeireza – a palavra grega *argos* significa *ágil* –, seja por causa de Argos, que a projetara, ou dos argivos que nela embarcaram em maior número. Minerva presidira à sua construção. A madeira foi cortada no monte Pélion, o que valeu à nau a alcunha de *Pélias* ou *Pelíaca*. O mastro foi feito de um carvalho da floresta de Dodona, o que fez dizer que a nau *Argo* proferia oráculos e a fez ganhar os epítetos de *diserta* e de *sagrada*.

Acredita-se que os Argonautas eram cinqüenta e dois, exclusive as pessoas de seu séquito; Jasão, promotor da expedição, foi reconhecido também como seu chefe.

Relacionam-se, após Jasão, Hércules; Acasto, filho de Pélias; Eurito, famoso centauro; Menécio, pai de Pátroclo; Admeto, rei da Tessália; Etálidas, filho de Mercúrio; Anfiarau; Anfidamas e Cefeu, arcadianos, filhos de Aleu; Anfíon, filho de Hiperásio, rei de Palene, na Arcádia; Tífis, da Beócia, piloto da nau; Anceu, filho de Netuno; Anceu, filho de Licurgo, rei dos tegéates, na Arcádia; Argos, filho de Frixo; Cástor e Pólux; Astérion, da raça dos eólidas; Astério, irmão de Nestor; Áugias, filho de Forbas, rei da Élida; Iolau, companheiro dos trabalhos de Hércules; Cálais e Zetes, filhos de Bóreas; Ceneu, filho de Elato; Clito e Ífito, filhos de Eurito,

Construção da nau Argo.

rei da Ecália; Eumedonte, filho de Baco e Ariadne; Deucalião, filho do primeiro Minos; Equíon, filho de Mercúrio, que serviu de espião durante a viagem; Ergino e Eufemo, filhos de Netuno, que também exerceram a função de pilotos; Glauco, filho de Sísifo; Idas e Linceu, filhos de Afareu; Ídmon, famoso adivinho, filho de Apolo; Iolau, primo de Hércules; Íficlo, filho de Téstio; Íficlo, pai de Protesilau; Laerte, pai de Ulisses; Linco, filho de Épito, que tinha a visão tão aguda; Meléagro, filho de Eneu, rei de Cálidon; Tideu, pai de Diomedes; Mopso, célebre adivinho; Butes, ateniense; Náuplio, filho de Netuno e Amimone; Neleu e Periclímeno, seu filho; Oileu, pai de Ajax; Peleu, pai de Aquiles; Filâmon, filho de Apolo e Quione; Teseu e seu amigo Pirítoo; enfim, o poeta Orfeu.

Os Argonautas embarcaram no cabo de Magnésia, na Tessália, aportaram primeiro na ilha de Lemnos, então habitada por uma colônia de mulheres, se não o era pelas Amazonas; daí para a Samotrácia, onde consultaram o rei Fineu, filho de Agenor, que lhes prometeu fazê-los chegar sãos e salvos à Cólquida, se quisessem libertá-lo das Harpias; entraram no Helesponto; costearam a Ásia Menor; atingiram o Ponto Euxino pelo estreito das Simplégades ou ilhas Cianéias.

Essas ilhas, ou, antes, esses recifes situados na entrada do Ponto Euxino, só deixam entre si um espaço de vinte estádios. As vagas do mar vêm quebrar-se neles com grande estrépito e seu borrifo forma como que uma névoa que escurece o céu. Assustados ante a vista desse estreito, os Argonautas só tentaram a passagem depois de haver feito sacrifícios a Juno e Netuno. Os terríveis recifes, acreditava-se, eram móveis, aproximavam-se uns dos outros e afundavam as naus que tentavam passar. Netuno, então, impediu-os de chocar-se contra a *Argo* e fixou-os para sempre.

Prosseguindo a viagem, os Argonautas seguiram a costa da Ásia, chegaram a Ea, capital da Cólquida, e executaram sua empresa. Conseguido o Tosão de Ouro com a ajuda de

Medéia, partiram para a Grécia. Foram perseguidos por Eetes, atravessaram o Ponto Euxino, entraram no Adriático por um braço do Danúbio e chegaram ao mar da Sardenha pelo Erídano e pelo Ródano. Tétis e suas ninfas dirigiram a nau grega através do estreito de Caríbdis e Cila; quando os Argonautas passaram à vista da ilha habitada pelas Sereias, os acordes da lira de Orfeu preservaram-nos do feitiço delas.

Em Corfu, outrora *Phaeacia*, encontraram a frota da Cólquida, que, tendo-os perseguido através das Simplégades, veio intimar Alcínoo, rei da ilha, a entregar Medéia. Esse príncipe aceitou, contanto que ela ainda não se houvesse unido a Jasão, o que determinou tal casamento. Eles tornaram a içar velas e foram lançados contra os recifes do Egito; tirados desse transe pela proteção dos deuses tutelares do país, portaram a nau nos ombros até o lago Tritônis, na Líbia.

De novo fizeram-se ao mar e sua viagem foi interrompida pelo monstro Talo, gigante de pés de bronze que devastava Creta. Esse gigante invulnerável, salvo acima do tornozelo, opôs-se ao desembarque dos Argonautas lançando na baía penedos coroados de florestas, a fim de impedir sua entrada. Medéia, com seus feitiços, fez com que lhe rebentasse uma veia acima do tornozelo enquanto ele vagava pela praia, ocasionando-lhe a morte.

Os Argonautas finalmente desembarcaram em Egina e chegaram à Tessália. Jasão, chefe deles, consagrou a nau *Argo* a Netuno, ou, segundo outros, a Minerva, no istmo de Corinto, de onde logo foi transportada para o céu, tornando-se uma de suas constelações.

Jasão e Medéia

Jasão era filho de Éson, neto de Éolo, e de Alcimede. Seu pai, rei de Iolco, na Tessália, fora destronado por Pélias, irmão de Jasão por parte de mãe, e o oráculo predisse que o usurpador seria escorraçado por um filho de Éson.

Por isso, assim que o príncipe nasceu, seu pai fez correr o boato de que a criança era doente. Poucos dias depois, noticiou sua morte e fez todos os preparativos para os funerais, enquanto sua mãe levou-o secretamente ao monte Pélion, onde o centauro Quíron lhe ensinou todas as ciências que professava. Ensinou-lhe sobretudo a medicina, o que fez o jovem príncipe receber o nome de Jasão (de uma palavra grega que significa *curar*), em vez de Palamedes, que tivera ao nascer.

Aos vinte anos, querendo sair de seu refúgio, Jasão foi consultar o oráculo, que lhe ordenou que se vestisse à maneira dos magnésios, que acrescentasse a essa vestimenta uma pele de leopardo semelhante à que Quíron usava, que se munisse de duas lanças e que fosse assim vestido à corte de Iolco. O que Jasão fez.

Em seu caminho, viu-se detido pelo rio ou torrente Anauro, que transbordara. Uma velha que encontrou à margem ofereceu-lhe carregá-lo em seus ombros. Era Juno, que alguns autores apresentam como enamorada por sua beleza; outros pretendem que Juno só tinha afeto por Jasão, porque via nele o herói que iria vingá-la um dia de Pélias, a quem odiava. Acrescenta-se uma circunstância à travessia do rio: no trajeto, Jasão perdeu um de seus sapatos. Essa particularidade minuciosa adquire um pouco mais de interesse porque o oráculo, que predissera a Pélias que um príncipe do sangue dos eólidas o destronaria, acrescentara que tomasse cuidado com um homem que apareceria diante dele com um pé descalço e o outro calçado.

Chegando a Iolco, Jasão chama a atenção de todo o povo por seu bom aspecto e pela singularidade da sua indumentária, dá-se a conhecer como filho de Éson e pede ousadamente a seu tio a coroa que este usurpara. Pélias, odiado por seus súditos e tendo notado o interesse que o jovem príncipe inspirava, nada ousa empreender contra ele; sem recusar-se abertamente, procura eludir o reclamo do sobrinho e seu próprio afastamento, propondo-lhe uma expedição gloriosa, mas cheia de perigos. Cansado por sonhos aterrorizantes, mandara consultar o oráculo de Apolo e ficara sabendo ser necessário aplacar os manes de Frixo, descendente de Éolo, cruelmente massacrado na Cólquida, e trazê-los de volta para a Grécia; no entanto, sua idade avançada era um obstáculo para tão longa viagem. Jasão está na flor da juventude. Seu dever e a glória o chamam. E Pélias jura por Júpiter, fundador da raça de ambos, que ao regresso de Jasão, restituir-lhe-á o trono que lhe pertence. A esse relato e a essas exortações acrescenta que Frixo, obrigado a se afastar de Tebas, levou consigo um tosão precioso, cuja conquista deverá cumulá-lo ao mesmo tempo de riqueza e honrarias.

Jasão estava na idade em que se ama a glória; aproveita avidamente a ocasião de adquiri-la. Sua expedição é anunciada em toda a Grécia; a elite dos heróis e dos príncipes acorre de todas as partes a Iolco para dela participar. Jasão escolhe cinqüenta e dois, outros dizem cinqüenta e quatro dos mais famosos; o próprio Hércules se une a eles e defere a Jasão a honra de ser seu chefe, como aquele a quem essa expedição concernia mais particularmente, sendo ele parente próximo de Frixo.

Quando tudo estava pronto para a viagem, Jasão, antes de fazer-se ao mar, oferece um sacrifício solene ao deus Éolo, fundador da sua raça, e a todas as divindades que pensa poder ser favoráveis à sua empresa. Júpiter promete, pela voz de seu trovão, seu auxílio a esse punhado de heróis. A navegação foi demorada e perigosa. Em Lemnos, onde se detiveram, dois anos foram perdidos, enquanto Jasão permanecia sob os encantos da rainha Hipsípile, pela qual se apaixonara. Enfim, os Argonautas chegam a Ea, capital da Cólquida, e Jasão dispõe-se a superar todos os obstáculos para obter o Tosão de Ouro. Juno e Minerva, que queriam muito bem ao herói, fazem a filha do rei Eetes, Medéia, apaixonar-se pelo jovem príncipe. Ela possui a arte dos feitiços e promete sua ajuda a Jasão se ele aceitar comprometer-se com ela. Após juramentos mútuos diante do templo de Hécate, eles se separam e Medéia vai preparar tudo o que lhe é necessário para salvar seu amante.

Eis quais eram as condições em que Eetes aceitava entregar o Tosão de Ouro ao poder de Jasão. Primeiro, ele devia subjugar dois touros, presente de Vulcano, que tinham pés e chifres de bronze e que cuspiam turbilhões de chama; prendê-los a um arado de diamante e fazê-los arar quatro jeiras de um campo consagrado a Marte, para nele semear os dentes de um dragão, dos quais deviam nascer homens armados, que era preciso exterminar até o último; matar enfim o monstro que vigiava sem cessar o precioso objeto e executar todos esses trabalhos num só dia.

Seguro do auxílio de Medéia, Jasão aceita tudo, amansa os touros, coloca-os no jugo, lavra o campo, semeia os dentes do dragão, joga uma pedra no meio dos combatentes que a terra engendrou, deixando-os tão furiosos que se matam uns aos outros, entorpece o monstro com as ervas encantadas e uma poção mágica, tira-lhe a vida e pega o precioso Tosão.

Os Argonautas se afastam com sua conquista e Jasão, que foge com eles, leva Medéia. Perseguidos em sua fuga, os dois amantes degolam Absirto, irmão de Medéia, e espalham seus membros para retardar os passos do rei Eetes. Circe espreita-os sem conhecê-los, depois os reconhece e os expulsa. Chegam à corte de Alcínoo, rei dos feácios, onde é celebrado o casamento dos dois. Aí os Argonautas terminam sua expedição, se dispersam e os esposos vão para Iolco, com a glória de terem tido êxito numa empresa em que Jasão devia naturalmente perecer. Éson, pai do herói, estava velho; Medéia rejuvenesceu-o.

Entretanto Pélias não se apressava a cumprir sua promessa e retinha o trono que usurpara. Medéia também encontrou o meio de desembaraçar seu esposo, fazendo Pélias ser degolado por suas próprias filhas, a pretexto de rejuvenescê-lo. Primeiro pegou, em presença delas, um carneiro velho, cortou-o em pedaços, jogou-o num caldeirão, ferveu-o com certas ervas, retirou-o e fez vê-lo transformado em cordeirinho. Propôs fazer a mesma experiência com a pessoa do rei. Mas a pérfida deixou-o no caldeirão de água fervendo até que o fogo o consumisse inteiramente, de sorte que suas filhas nem mesmo puderam dar-lhe sepultura. Essas infelizes, chamadas Asteropéia e Antínoe, fugiram para a Arcádia, onde terminaram seus dias entre lágrimas e lamentos. Esse crime não restituiu a Jasão sua coroa. Acasto, filho de Pélias, apoderou-se dela e obrigou o rival a abandonar a Tessália e retirar-se para Corinto, com Medéia.

Nessa cidade, encontraram amigos e uma fortuna tranqüila, lá vivendo dez anos na mais perfeita união, de que dois filhos foram o vínculo, até esta ser perturbada pela infidelidade de Jasão. Esse príncipe, esquecendo as obrigações que tinha com sua esposa e os juramentos que lhe fizera, enamora-se de Glauce ou Creusa, filha de Creonte, rei de Corinto, casa-se com ela e repudia Medéia.

A vingança não tardou a seguir a ofensa. A rival, o rei, seu pai, e os dois filhos de Jasão e Medéia foram as vítimas. (Segundo velhas poesias, não foi para Corinto, mas para Corcira que Jasão se retirara.)

Depois da partida de Medéia e da morte do rei de Corinto, seu protetor, Jasão levou uma vida errante, sem ter residência fixa. Medéia lhe predissera que, depois de ter vivido para sentir todo o peso de seu infortúnio, ele pereceria sob os despojos da nau dos Argonautas, o que de fato aconteceu. Um dia em que descansava na praia, ao abrigo dessa nau posta em seco, uma viga se soltou e rebentou-lhe a cabeça.

Após a infidelidade de Jasão, Medéia partiu de Corinto num carro puxado por dragões e foi se refugiar em casa de

Hércules, que lhe prometera outrora auxiliá-la se Jasão lhe faltasse com a palavra. Chegando a Tebas, descobriu que Hércules tornara-se furioso e curou-o com seus remédios. Mas, vendo que não podia esperar nenhuma ajuda dele no estado em que estava, retirou-se para Atenas, para junto do rei Egeu, que não só lhe deu asilo em seus Estados como até desposou-a, na esperança de criar uma próspera família. Nesse ínterim, havendo Teseu voltado a Atenas para fazer-se reconhecer por seu pai, Medéia procurou envenenar esse herdeiro do trono. Percebendo que viam-na por toda parte com desconfiança, como envenenadora, fugiu de Atenas e escolheu a Fenícia para retiro. Em seguida, passou à Ásia superior, onde se casou com um rei poderoso, de quem teve um filho chamado Medo. Esse filho, que se tornou rei por sua vez, deu a seus súditos o nome de medos.

Vários autores representam Medéia sob diferentes aspectos. Essa filha de Eetes e Hécate, dizem, era uma princesa virtuosa; seu grande erro foi seu amor por Jasão, que a abandonou covardemente, apesar das provas que tinha de sua ternura, para casar-se com a filha de Creonte; mas ela só empregava os segredos que sua mãe lhe ensinara para o bem dos que vinham consultá-la. Em Cólquida, ela só se preocupara com salvar a vida dos estrangeiros que o rei queria matar; e só fugira porque tinha horror às crueldades de seu pai. Rainha abandonada, obrigada a errar de corte em corte, a atravessar os mares para buscar asilo em regiões distantes, foi culpada apenas de uma espécie de fatalidade, pelo concurso dos deuses, sobretudo de Vênus, que perseguiu sem tréguas toda a raça do Sol por ter revelado sua intriga com Marte.

As aventuras dos Argonautas proporcionaram matéria para dois poemas, um grego, de Apolônio de Rodes, outro latino, de Valério Flaco; as de Jasão e Medéia inspiraram os poetas trágicos, entre outros Eurípides e Corneille.

Hipsípile

Hipsípile era filha de Toas, rei da ilha de Lemnos, e de Mirina. Havendo as mulheres de Lemnos faltado com o respeito a Vênus e negligenciado seus altares, esta deusa, para puni-las, tornou-as odiosas e insuportáveis a seus maridos, que as abandonaram. Ofendidas com tal afronta, urdiram um complô contra todos os homens de sua ilha e degolaram-nos durante uma noite. Apenas Hipsípile conservou a vida de seu pai. Ela o fez passar secretamente à ilha de Quio. Depois do massacre dos homens, foi eleita rainha de Lemnos.

Entretanto, os Argonautas, rumando para a Cólquida, demoraram-se nessa ilha e Jasão, seu chefe, apaixonou-se vivamente pela rainha, só a deixando depois de lhe ter prometido voltar para ela assim que houvesse conquistado o Tosão de Ouro. Mas, seduzido por Medéia, Jasão não se lembrou mais de Hipsípile e essa princesa ficou inconsolável por tamanha ingratidão.

Logo teve outra tristeza. As lêmnias, tendo sabido que o rei Toas, poupado por sua filha, reinava na ilha de Quio, obrigaram Hipsípile a depor a coroa e a fugir. Ela se escondera à beira-mar; mas lá foi capturada por uns piratas e, em seguida, vendida a Licurgo, rei da Neméia, na Argólida, que a fez ama de seu filho, Arquêmoro.

Um dia, havendo deixado o bebê ao pé de uma árvore, sobre um tufo de aipo silvestre, para ir mostrar uma fonte a estrangeiros, ela o encontrou, ao voltar, morto por uma serpente. Licurgo quis matá-la, mas os estrangeiros, que não eram senão Adrasto, rei de Argos, e os príncipes argivos, tomaram sua defesa e salvaram-lhe a vida.

Fizeram à criança pomposos funerais.

Em memória desse acidente, a fonte foi chamada de *Arquêmora* e, segundo certos autores, foram instituídos os jogos nemeus, celebrados de três em três anos, nos quais os vencedores se coroavam com aipo e cobriam-se de luto.

Segundo outros, esses jogos eram celebrados em homenagem a Hércules, vencedor do leão de Neméia. Sobre a sua origem e, em geral, a de todos os jogos da Grécia, a tradição é incerta.

Orfeu

Orfeu era filho de Eagro, rei da Trácia, e da musa Calíope, ou, segundo outros, filho de Apolo e Clio, pai de Museu e discípulo de Lino. Músico hábil, cultivara sobretudo a cítara, que recebera de presente de Apolo ou de Mercúrio; acrescentara inclusive duas cordas às sete que tinha esse instrumento. Seus acordes eram tão melodiosos, que encantavam até mesmo os seres insensíveis. As feras vinham depor sua ferocidade a seus pés; os passarinhos vinham pousar nas árvores à sua volta; os rios suspendiam seu fluxo e as árvores formavam coros de dança – alegorias ou exageros poéticos que exprimem ou a perfeição de seus talentos, ou a arte maravilhosa que soube empregar para atenuar os costumes ferozes dos trácios e fazê-los passar da vida selvagem às doçuras da vida civilizada.

Orfeu encanta os animais.

Sua reputação de sábio e de poeta inspirado pelos deuses era difundida em todo o mundo antigo desde o tempo dos Argonautas, que se sentiram honrados em associá-lo à sua expedição. Seu pai, Eagro, iniciara-o nos mistérios de Baco, e Orfeu tratou de estudar a origem, a história e os atributos de todas as divindades; tornou-se inclusive uma espécie de pontífice qualificado para render aos deuses as honras que eles preferiam. Não contente de penetrar os mistérios da religião grega, empreendeu longas viagens e passou algum tempo no Egito para fazer-se instruir nas crenças e nas práticas religiosas dos diferentes povos.

Foi ele, diz-se, que ao voltar do Egito, trouxe para a Grécia a expiação dos crimes, o culto de Baco, de Hécate Ctônica ou Terrestre, e de Ceres, assim como os mistérios chamados órficos. Quanto a ele, abstinha-se de comer carne e tinha horror ao uso dos ovos, persuadido de que o ovo era o princípio de todos os seres, axioma de cosmogonia que aprendera com os egípcios.

Sua descida ao Inferno é célebre. Sua noiva, Eurídice, a quem amava apaixonadamente, morrera no dia do seu himeneu e ele considerou um dever ir buscá-la entre os mortos. Tomou da sua lira, desceu pelo Tênaro até as margens do Estige, encantou pela doçura do seu canto as divindades infernais, tornou-as sensíveis às suas dores e obteve delas a volta à vida da sua noiva. Plutão e Prosérpina impuseram todavia uma condição: que ele não olharia para a amada antes de passar os limites do Inferno. Orfeu encaminhava-se para a saída das moradas infernais por uma vereda escarpada, Eurídice vinha atrás dele; quase chegavam às portas do dia quando, impaciente por rever aquela que o seguia e esquecendo a proibição que lhe fora feita, o infortunado amante se voltou. Viu Eurídice, mas pela última vez: ela escapou de seu abraço e caiu para sempre nas profundezas.

Os deuses não lhe permitiram tentar uma nova descida ao Inferno e ele se retirou para a Trácia, onde não cessava de chorar e cantar sua desgraça acompanhando-se à lira. Em vão as mulheres da Trácia procuraram consolá-lo; fiel ao amor de Eurídice, repeliu ou desdenhou todo consolo. Enfim conta-se que, na celebração de suas orgias, as trácias esquartejaram-no e jogaram sua cabeça no Hebro, rio de seu país. Mesmo então, diz a fábula, quando as águas do rio arrastavam essa cabeça em sua rápida correnteza, os lábios de Orfeu chamavam Eurídice, e esse nome era repetido pelo eco nas duas margens.

Ovídio acrescenta que a cabeça de Orfeu, levada pelo rio até o mar, deteve-se perto da ilha de Lesbos e que sua boca emitia sons tristes e lúgubres. Uma cobra quis mordê-la, mas no momento em que abria a boca Apolo transformou-a em rochedo e deixou-a na atitude de uma cobra pronta para morder.

Havendo o crime das mulheres da Trácia permanecido impune, o céu afligiu de peste seu país; e o oráculo consultado respondeu que, para fazer cessar o flagelo, era preciso encontrar a cabeça de Orfeu e prestar-lhe as honras fúnebres. Enfim um pescador encontrou-a perto da foz do rio Meles, na Jônia, sem nenhuma alteração, tendo ao contrário conservado seu frescor e sua beleza. Posteriormente, construíram aí um templo em que Orfeu foi venerado como deus; mas a entrada deste sempre foi proibida para as mulheres.

Os habitantes de Dio, cidade da Macedônia, pretendiam que a cena do assassinato de Orfeu se dera em suas paragens e mostravam seu túmulo perto da cidade.

Atribui-se a Orfeu certo número de hinos e de poesias, de que com certeza não é o autor. Os Licômidas, família ateniense, sabiam-nos de cor e cantavam-nos ao celebrar os mistérios. Foi, ao que se conta, o inventor do verso hexâmetro.

É representado de ordinário com uma lira e cercado de feras, atraídas por seus acordes melodiosos.

Lendas Argivas

Belerofonte

Belerofonte era filho de Glauco, rei de Éfiro ou de Corinto, e de Eprímedes, filha de Sísifo. Seu verdadeiro nome, Hiponous (*hippos*, cavalo, *nous*, inteligência), lhe fora dado porque foi o primeiro a ensinar a arte de domar o cavalo e conduzi-lo sem rédea. De acordo com alguns mitólogos, o nome sob o qual é conhecido vinha-lhe de Bêlero, a quem havia matado (*phoneus* ou *phoneutes*, matador).

Havendo, pois, tido a infelicidade de matar na caça seu irmão Bêlero ou Pirén, foi se refugiar na corte de Preto ou Proclo, rei de Argos. Antéia ou Estenebéia, mulher desse príncipe, apaixonou-se pelo jovem herói e, sendo-lhe este insensível, acusou-o diante do marido de ter tentado seduzi-la. Para não violar os direitos da hospitalidade, o rei mandou-o à Lícia, com cartas endereçadas a Iobates, rei desse lugar e pai de Estenebéia, pelas quais informava-o da injúria que recebera e pedia-lhe que o vingasse.

O rei Iobates deu-lhe uma acolhida hospitaleira; os nove primeiros dias da sua chegada passaram-se em festas e banquetes; enfim, no décimo, tendo aberto as cartas de que seu hóspede era portador, o rei de Lícia ordenou-lhe que fosse combater a Quimera, monstro nascido de Tífon e Équidna e criado por Amisodar. A Quimera tinha cabeça de leão, rabo de dragão e corpo de cabra; sua boca escancarada cuspia turbilhões de fogo. Belerofonte venceu-a e exterminou-a.

Suscitaram-lhe uma infinidade de inimigos, sobre os quais triunfou, assim como sobre todos os perigos. Venceu o povo dos sôlimos, as Amazonas e os lícios. Foi então que Iobates, reconhecendo a inocência de Belerofonte e a proteção especial com que o céu o honrava, deu-lhe sua filha em casamento e declarou-o seu sucessor.

No fim da sua vida, tendo atraído o ódio dos deuses, entregou-se à melancolia mais sombria, errando sozinho pelos desertos e evitando o encontro dos homens. Pelo menos, tal é o relato de Homero.

Conta-se de maneira diferente a história desse herói. Minerva, diz-se, deu-lhe o cavalo Pégaso para combater a Quimera. Montado nesse corcel alado e com o coração cheio de si por seus sucessos, tendo o príncipe querido elevar-se até o céu, um moscardo enviado por Júpiter mordeu o cavalo, derrubando o cavaleiro que morreu na queda.

Acrescenta-se que Belerofonte, descontente com Iobates que o expusera a tantos perigos, pediu a Netuno, seu avô, que o vingasse. A seu pedido, as águas do mar seguiram-no e inundaram o país. Os lícios, alarmados, suplicaram-lhe que aplacasse Netuno, mas em vão. Só as mulheres lícias conseguiram dobrá-lo. Então, ele se voltou para o mar e fez as águas se retirarem.

Belerofonte é visto com Pégaso nas moedas antigas. No subúrbio de Corinto, há um bosque de ciprestes chamado Craneu, uma parte do qual é consagrada a esse herói. Era lá que os coríntios iam prestar-lhe solenemente suas homenagens. Mas eles também o veneravam junto à fonte de Pirene, em memória do cavalo alado, Pégaso, que bebia naquela fonte fresca quando Belerofonte capturou-o de surpresa e nele montou para combater a terrível Quimera.

Io

Segundo Ovídio, Io era filha do rio Ínaco; segundo outros, de Ínaco, primeiro rei de Argos, ou mesmo de Triopas, sexto sucessor de Ínaco. Júpiter apaixonou-se por essa princesa e, para evitar a fúria de Juno, com ciúmes dessa intriga, cobriu-a com uma nuvem e transformou-a em vaca. Suspeitando de um mistério, Juno impressionou-se com a beleza do animal e pediu-o a Júpiter. Este não ousou recusar-lhe, com medo de aumentar suas suspeitas, e a deusa confiou a guarda da vaca a Argos, o de cem olhos. Depois de Mercúrio ter matado esse guardião vigilante e libertado Io, Juno irritada mandou uma Fúria, outros dizem um moscardo, perseguir a infeliz princesa. Io ficou tão agitada, que atravessou o mar a nado, foi para a Ilíria, atravessou o monte Hêmus, chegou à Cítia e ao país dos cimérios; depois de ter vagado em outras regiões, deteve-se à beira do Nilo, onde, tendo Júpiter aplacado Juno, sua primeira forma lhe foi restituída. Foi lá que pôs no mundo Épafo e morreu pouco tempo depois.

Quanto a Épafo, assim que nasceu foi raptado pela ciumenta Juno, que o confiou aos curetes, fato que, chegando ao conhecimento de Júpiter, levou-o a matar todos eles.

Preto e as Prétides

Preto, irmão de Acrísio, destronado por este, refugiou-se na corte de Iobates, rei da Lícia, seu sogro, que lhe proporcionou um exército com o qual recuperou o trono de Argos. Esse príncipe desposara Estenobéia. Foi morto por Perseu por ter usurpado de Acrísio o trono de Argos; mas Megapento, seu filho, vingou-se, matando Perseu.

As Prétides, ou filhas de Preto, ousaram comparar sua beleza à de Juno, tendo sido punidas com uma loucura que as fez crer que estavam transformadas em vacas, o que as fazia percorrer os campos mugindo. Melampo, filho de Amitáon e sobrinho de Jasão, médico habilíssimo, curou-as com heléboro-negro, chamado mais tarde, por causa de seu nome, *melampodion*, e casou-se com uma delas. As três Prétides chamavam-se Ifianassa, Ifínoe e Lisipe. Essa cura aconteceu numa praça pública em que Preto, pai delas, mandou elevar um templo dedicado à Persuasão, prova de que os discursos de Melampo haviam tido pelo menos um papel tão importante em sua cura quanto os socorros da medicina. O heléboro, planta que abunda no Hélicon, era preparado sobretudo em Antícira, cidade da Fócida. Sobre Melampo conta-se uma história singular. Um dia, havendo ele adormecido, serpentes domesticadas vieram limpar-lhe as orelhas com suas línguas durante o sono e, ao despertar, ficou bastante surpreendido por compreender a linguagem de todos os animais.

Perseu, filho de Dânae

Dânae, filha de Acrísio, rei de Argos, foi encerrada bem jovem numa torre de bronze por seu pai, que acreditou num oráculo que anunciava que seu neto devia um dia tirar-lhe a coroa e a vida; mas Júpiter transformou-se em chuva de ouro e, tendo-se introduzido na torre, tornou Dânae mãe de Perseu. Ao saber do nascimento do menino, Acrísio jogou a mãe e o filho no mar num barco ruim ou numa arca, que as águas jogaram nas praias da ilha de Serifo. Um pescador, percebendo-a, abriu a arca, encontrou os dois infortunados ainda vivos e levou-os incontinenti ao rei Polidectes, que os recebeu hospitaleiramente e cuidou da educação do jovem príncipe.

Mas, na seqüência, Polidectes, apaixonando-se por Dânae e querendo casar-se com ela, procurou afastar seu filho. Foi por isso que mandou-o combater as Górgonas e trazer-lhe a cabeça de Medusa. Perseu, amado pelos deuses, recebeu de Minerva, para o êxito dessa expedição, seu escudo e seu espelho, de Plutão seu capacete e de Mercúrio suas asas e as asinhas dos pés. Graças a seu armamento divino e também à sua valentia, venceu as Górgonas e cortou a cabeça de Medusa.

Temendo ser petrificado pelos olhos de Medusa, dispôs diante de si o espelho da deusa e sua mão, conduzida por Minerva, fez cair a cabeça da Górgona, que levou depois consigo em todas as suas expedições. Utilizou-a para petrificar seus inimigos.

Do sangue que saiu do ferimento de Medusa quando sua cabeça foi cortada nasceram Pégaso e Crisaor; e, quando Perseu voou acima da Líbia, todas as gotas de sangue que escorreram dessa cabeça fatal transformaram-se em serpentes.

Assim que veio à luz, Pégaso, cavalo alado, voou para a morada dos imortais, para o próprio palácio de Júpiter, de quem portou o raio e os relâmpagos. Foi domado por Minerva. Desde então, obedece a essa deusa que, às vezes, coloca-o a serviço de seus favoritos.

Crisaor, no momento do seu nascimento, levava uma espada na mão, o que lhe valeu seu nome (*Chrysos*, ouro, e *aor*, espada). Casou-se com Calírroe, filha de Oceano e Tétis, e de sua união nasceram Équidna, metade serpente, metade ninfa, a Quimera, outro monstro, e o gigante Gérion. É a essa monstruosa família que pertenciam Tífon, outro gigante, o cão Cérbero, a Esfinge, a Hidra de Lerna etc.

Perseu, montado em Pégaso, que Minerva lhe havia emprestado, transportou-se pelos ares à Mauritânia, onde reinava o célebre Atlas. Esse príncipe, que fora advertido por um oráculo para se precaver contra um filho de Júpiter, recusou a esse herói os direitos da hospitalidade. Mas foi punido na hora por isso: a cabeça de Medusa, que Perseu lhe mostrou, petrificou-o e transformou-o na cadeia de montanhas que hoje tem seu nome.

É-lhe atribuída, como a Hércules, a honra de ter roubado as maçãs de ouro do jardim das Hespérides.

Da Mauritânia, passou à Etiópia. Lá, Andrômeda, filha do rei Cefeu e de Cassiopéia, tivera a temeridade de disputar com Juno e as Nereidas o prêmio de beleza. Para vingar a deusa, Netuno suscitou um monstro marinho que assolava o país. O oráculo de Ámon, consultado sobre os meios de aplacar os deuses, respondeu que era preciso expor Andrômeda à fúria do monstro. A jovem princesa foi acorrentada num rochedo pelas Nereidas e o monstro, saindo do mar, estava prestes a devorá-la quando Perseu, montado em Pégaso, matou ou petrificou o monstro, quebrou os grilhões de Andrômeda, devolveu-a a seu pai e tornou-se seu esposo. Mas a cerimônia de suas núpcias foi perturbada pelo ciúme de Fineu, irmão de Cefeu. Esse príncipe, a quem Andrômeda fora prometida em casamento, reuniu todos os seus amigos e entrou com eles na sala do banquete, levando aí a carnificina e o horror. Perseu teria sucumbido ante o número, se não tivesse recorrido à cabeça de Medusa, cuja visão petrificou Fineu e seus companheiros.

Voltou em seguida à Grécia com a jovem princesa. Embora tivesse motivos de queixa contra seu avô Acrísio, que havia querido fazê-lo perecer desde que nascera, Perseu não deixou de restabelecê-lo no trono de Argos, de que Preto o expulsara, e matou o usurpador. No entanto, logo depois, teve a infelicidade de matar Acrísio ao arremessar o disco nos jogos em que se celebravam os funerais de Polidectes. Sua dor por causa desse acidente foi tamanha, que ele partiu de Argos e foi construir uma nova cidade, de que fez a capital de seus Estados e que foi chamada Micenas, cinqüenta estádios ao norte de Argos.

Conta-se que ele também foi o causador da morte de Polidectes. Um dia em que este quis ultrajar Dânae num banquete, Perseu não encontrou meio mais eficaz de defender sua mãe do que mostrar a cabeça de Medusa ao rei, que ficou petrificado.

Retirando-se para Micenas, ele cedera generosamente o trono de Argos a Megapento, filho de Preto, esperando fazer, assim, as pazes com ele. Mas esse príncipe foi insensível a suas boas ações; armou-lhe ciladas e o fez perecer, ressentido por haver Perseu matado Preto, seu pai.

Venerado em Argos, Micenas, Serifo, no próprio Egito, onde teve um templo, esse herói foi posto no céu entre as constelações setentrionais, com Andrômeda, sua esposa, Cassiopéia e Cefeu.

Dânao e as Danaides

Dânao, príncipe egípcio, tentou tomar a coroa de seu irmão Egito, tendo sido obrigado, por isso, a fugir do país. Refugiou-se no Peloponeso, expulsou de Argos o rei Estênelo, filho de Perseu e de Andrômeda, e apoderou-se de seu reino. Dânao tinha cinqüenta filhas e seu irmão Egito cinqüenta filhos. Este, com inveja da força do irmão e temendo vê-la crescer ainda mais se, pelo casamento de suas filhas, contraísse numerosas alianças com os príncipes da Grécia, quis dar como esposas a seus filhos suas primas irmãs. Mandou-os pois a Argos, à frente de um exército, para reforçar o pedido.

Fraco demais para resistir a eles, Dânao consentiu no casamento de suas cinqüenta filhas com seus cinqüenta sobrinhos, mas com a condição secreta de que as Danaides, armadas com um punhal escondido sob suas roupas, massacrassem seus maridos na noite de núpcias. O projeto foi executado, e apenas Hipermnestra poupou seu marido, Linceu.

Júpiter, para punir essas filhas cruéis, condenou-as a encher eternamente no Tártaro um tonel furado.

Hipermnestra, que abominara executar a ordem de seu pai embora houvesse feito o juramento, foi encarcerada por Dânao, que queria fazê-la morrer como culpada de traição. Citou-a em justiça, mas ela foi absolvida pelos argivos. Em memória desse julgamento, Hipermnestra consagrou a Vênus uma estátua com o nome de *Nicéfora* (que proporciona a vitória). Mais tarde, Linceu tornou-se sucessor de Dânao.

Este é o fundo da lenda das Danaides, mas nem de longe os poetas são unânimes em aceitá-la. Segundo uma crença antiga, Argos era de certa forma a pátria-mãe dos reis do Egito, pois a casa de Dânao era oriunda de Io, que era argiva. Tendo fugido do Egito com o pai para escapar do casamento desejado por Egito, elas foram bem recebidas por Pelasgo, rei de Argos. Essa chegada das Danaides em Argos é o tema da tragédia de Ésquilo intitulada *As suplicantes*.

De acordo com Estrabão, o castigo fabuloso infligido às Danaides no Inferno nada mais é que uma alegoria puramente histórica. Essas princesas, vindas do Egito para Argos, trouxeram consigo o uso de canalizar a água dos rios e das fontes, como em seu país. Perfurou-se grande número de cisternas ou poços e, graças à invenção das bombas, que lhes é atribuída, os argivos tiveram fontes inexauríveis, vertidas, por assim dizer, pelas Danaides.

Os Pelópidas

Pélope

Filho de Tântalo, rei da Lídia, Pélope foi obrigado a sair de seu país por causa da guerra que Tros lhe declarara para vingar a morte de Ganimedes, seu filho, ou, segundo outros, por causa dos terremotos que afligiam seu país, e retirou-se para a Grécia, junto de Enomau, rei de Pisa, que o recebeu com bondade.

Esse rei, pai de Hipodâmia, prometera só dar sua filha em casamento ao pretendente que o vencesse na corrida de carros. O vencido devia pagar com a morte a sua derrota. Possuindo um carro e cavalos rápidos, conduzidos por Mírtilo, o mais hábil dos escudeiros, Enomau não duvidava de ser sempre o vencedor. Se ele impunha tão dura condição ao casamento da filha, era porque um oráculo lhe anunciara que seu genro seria a causa da sua morte, e ele queria desfazer-se de todos os pretendentes. Armado dos pés à cabeça, montava em seu carro, deixava o concorrente partir e, como sempre era mais veloz, perseguia-o e trespassava-o com sua lança ou sua espada, sem permitir que chegasse ao fim.

Treze pretendentes já haviam sido vencidos e mortos por Enomau, quando Pélope se apresentou para concorrer. Graças à cumplicidade do escudeiro Mírtilo, que serrou em parte o eixo do carro de Enomau antes da corrida, ele não

Morte de Enomau.

teve dificuldade de vencer. O carro logo quebrou, Enomau morreu quando este tombou e Pélope saiu vitorioso, possuidor de Hipodâmia e rei de Pisa.

Juntou a essa cidade a de Olímpia e vários outros territórios, com que ampliou seus Estados, a que deu o nome de *Peloponeso* (ilha – na realidade, península – de Pélope).

Ovídio conta acerca de Pélope a seguinte fábula: "Havendo os deuses se hospedado na corte de Tântalo, esse príncipe, para pôr à prova a sua divindade, mandou-lhes servir o corpo de seu filho, misturado com outras carnes. Ceres, um pouco mais gulosa que os demais, já comera um ombro, quando Júpiter descobriu o crime, restituiu a vida a Pélope, pôs-lhe um ombro de marfim no lugar do que ele perdera e precipitou seu pai no fundo do Tártaro."

Atreu e Tiestes

Atreu, filho mais velho de Pélope e de Hipodâmia, sucedeu a Euristeu, rei de Argos, com cuja filha mais velha, Érope, se casara. Tiestes, seu irmão, devorado por uma ambição reforçada por uma natureza feroz e inclinada para o crime, não pôde aceitar que os Estados de Pélope se tornassem quinhão de Atreu.

A felicidade da família e a prosperidade do império estavam vinculadas à posse de um carneiro que tinha um tosão de ouro e que Mercúrio dera a Pélope. Por seus artifícios, Tiestes conseguiu roubá-lo. A essa injúria, acrescentou o mais sangrento ultraje, corrompendo Érope, mulher de Atreu.

Esquivou, pela fuga, a fúria do irmão, mas não pôde levar seus filhos e tinha tudo a temer por eles. A seu pedido, amigos seus fizeram propostas para obter seu retorno, e, tendo Atreu fingido aceitá-las para tornar sua vingança mais cruel e marcante, Tiestes voltou para junto dele e foi enganado pelas aparências de uma verdadeira reconciliação.

Atreu organizara um banquete solene em que os dois irmãos deviam jurar-se uma amizade recíproca; entretanto, mandara degolar os filhos de Tiestes e cortá-los em pedacinhos, sendo assim servidos a seu próprio pai. Quando, no fim da refeição, fizeram-se aos deuses as libações ordinárias, os dois irmãos prometeram-se, invocando o céu como testemunha, esquecer todo o passado. Tiestes, então, pediu para ver os filhos, a fim de beijá-los, e Atreu mandou trazer numa bacia suas cabeças, seus pés e suas mãos. Dizem que o sol se escondeu para não iluminar uma ação tão bárbara.

Tomado de ódio, não respirando mais que vingança, Tiestes encontrou no filho que lhe restava um instrumento apropriado para bem servi-lo. Esse filho, fruto de um amor culpado, fora a princípio abandonado, depois reconhecido por Tiestes, e chamava-se Egisto. Sua ferocidade não desmentia sua origem. Tendo-se encarregado de tirar a vida de Atreu, escolheu o momento de um sacrifício para assassiná-lo. Depois desse assassínio, Tiestes ascendeu ao trono de Argos.

Seus sobrinhos, Agamêmnon e Menelau, filhos de Plístenes, outro filho de Pélope, haviam sido criados na corte de Atreu e sob os cuidados deste. Retiraram-se eles para a corte de Eneu, rei da Ecália, que os casou com as duas filhas de Tíndaro, rei de Esparta, Clitemnestra e Helena, irmãs de Cástor e Pólux. Com o auxílio do sogro, marcharam contra Tiestes, mas este não os esperou: para escapar de um justo castigo, fugiu para a ilha de Citera.

Os Tindáridas

Tíndaro e Leda

Filho de Ébalo, rei de Esparta, e de Gorgofone, filha de Perseu e Andrômeda, Tíndaro devia suceder naturalmente a seu pai; mas Hipocoonte, seu irmão, disputou-lhe a coroa e obrigou-o a se retirar para Messênia, até ser restabelecido no trono por Hércules. Casou-se com Leda, filha de Téstio, rei da Etólia. Essa princesa, amada por Júpiter, que, para ter êxito em seus amores, assumiu a forma de um cisne, teve quatro filhos – encerrados, segundo a fábula, em dois ovos divinos. Um desses ovos continha Pólux e Helena, considerados oriundos de Júpiter e, por conseguinte, imortais; no outro, encontravam-se Cástor e Clitemnestra, ambos mortais, por serem oriundos de Tíndaro.

De acordo com outra tradição, Leda era apenas um apelido de Nêmesis, a implacável deusa da vingança e do castigo. Dando a Helena essa deusa por mãe, os poetas quiseram sem dúvida exprimir tanto as tristezas que sua beleza lhe causou, como a vingança cruel que ela atraiu sobre os troianos e a família de Príamo.

Cástor e Pólux

Cástor e Pólux costumam ser designados pela denominação comum de Dióscuros, isto é, filhos de Júpiter (*kou-*

roi, rapazes, *dios*, de Zeus). Assim que nasceram, Mercúrio transportou-os para Palene, a fim de lá serem nutridos e criados. Os dois irmãos ligaram-se por uma sólida amizade, e sua primeira façanha foi limpar o arquipélago dos piratas que o infestavam, o que os levou a serem postos entre os deuses marinhos e, depois, serem invocados nas tempestades.

Acompanharam Jasão à Cólquida e tiveram um papel importante na conquista do Tosão de Ouro. De volta à pátria, libertaram a irmã Helena, raptada por Teseu, apoderando-se da cidade de Afidna, cujos habitantes pouparam, com exceção de Etra, mãe desse herói, que levaram cativa.

No entanto, o amor os fez cair no mesmo erro que haviam querido punir na pessoa de Teseu. Leucipo, irmão de Tíndaro, e Arsínoe tinham duas filhas de rara beleza, chamadas Febe e Ilaire, noivas de Linceu e Idas. Os dois irmãos se reuniram para raptá-las. Os pretendentes perseguiram e alcançaram os raptores perto do monte Taígeto. Seguiu-se um combate encarniçado, em que Cástor foi morto por Linceu, o qual, por sua vez, caiu sob os golpes de Pólux, ferido, por sua vez, por Idas.

Aflito com a morte do irmão, Pólux pediu a Júpiter para torná-lo imortal. O pedido não podia ser inteiramente satisfeito; a imortalidade foi partilhada entre eles, de sorte que viviam e morriam alternadamente. Cada um deles passava, sucessivamente, seis meses no Inferno, seis meses no Olimpo e, assim, nunca ficavam juntos em companhia dos deuses.

Essa ficção é baseada no fato de que, tendo os dois príncipes formado no céu o signo de Gêmeos, uma das duas estrelas principais que o compõem se esconde no horizonte, quando a outra aparece.

Os Dióscuros eram atletas robustos, mas Pólux levava a melhor sobre o irmão no pugilato e Cástor excelia na arte de domar cavalos. Pólux venceu no combate de manoplas a Âmico, rei de Bebrícia e filho de Netuno, o atleta mais temido no tempo dos Argonautas.

Os Dióscuros
a cavalo.

Os dois foram incluídos entre os grandes deuses da Grécia. Elevaram-lhes um templo em Esparta, lugar de seu nascimento e de sua sepultura, e em Atenas, que haviam salvo da pilhagem.

Aqueles fogos que às vezes brilham na ponta dos mastros em tempo de tempestade e que os marinheiros chamam de fogos de Santelmo, chamavam-se fogos de Cástor e Pólux, porque, durante a expedição dos Argonautas, num dia de tempestade, viram-se fogos pairando em torno da cabeça dos Tindáridas.

Os romanos tinham grande veneração por essas duas divindades; os homens juravam pelo nome de Pólux (*Edepol*), as mulheres pelo de Cástor (*Ecastor*). As histórias grega e romana são cheias de aparições milagrosas desses dois irmãos. Os atenienses acreditaram vê-los combater com eles contra os persas, em Maratona; os romanos não duvidaram de tê-los por auxiliares no lago Regilo contra os latinos. Em Roma, chegou-se a elevar um templo em reconhecimento a essa feliz intervenção. Nos sacrifícios, eram-lhes imolados cordeiros brancos.

Nos monumentos e nas medalhas, os Dióscuros costumam estar juntos, figurando como robustos adolescentes de uma beleza irretocável. É bastante freqüente trazerem à cabeça um barrete ou um capacete em forma de meia casca de ovo, lembrando a sua origem. São representados ora a pé, com uma lança na mão e segurando um cavalo pela rédea, ora montados em cavalos brancos.

Helena

Filha de Júpiter e Leda, que era mulher de Tíndaro, irmã de Pólux, Cástor e Clitemnestra, Helena foi causa de tantas desgraças devidas à sua beleza fatal, que muitos poetas, como dissemos anteriormente, quiseram ver nela apenas a filha da terrível e implacável Nêmesis, de modo que Leda só teria sido sua ama-de-leite, sua mãe adotiva. Como quer que seja, desde os seus primeiros anos, sua beleza deu tanto que falar que Teseu raptou-a do templo de Diana, onde dançava. Libertada por seus irmãos, foi trazida de volta a Esparta e pedida em casamento por um grande número de príncipes. Temendo irritar aqueles a quem a recusasse, Tíndaro seguiu o conselho de Ulisses e fez todos os pretendentes jurarem que, quando sua escolha houvesse recaído sobre um deles, todos se reuniriam para defendê-lo contra quem quisesse disputá-la ao eleito. Decidiu-se, então, em favor de Menelau.

Os primeiros anos dessa união foram felizes; mas, durante uma ausência de Menelau, o troiano Páris, filho de

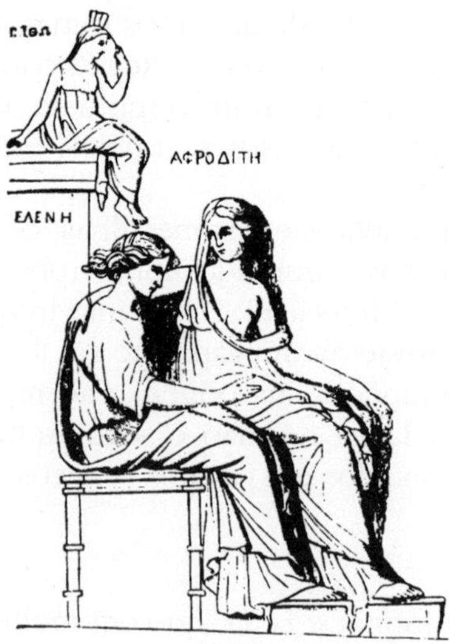

Afrodite e Helena.

Príamo, veio à Grécia a pretexto de fazer um sacrifício a Apolo Dafneano, fez-se amar por Helena, raptou-a e atraiu para a sua pátria aquela guerra longa e sangrenta que é o tema da *Ilíada*.

Esse acontecimento não aplacou a paixão de Menelau, já que, após a ruína de Tróia, tendo-lhe a pérfida Helena entregue Deífobo, filho de Príamo, com quem se casara depois da morte de Páris, ele massacrou indignamente esse herói, reconciliou-se com ela e levou-a de volta a Esparta. Teve com ela uma filha, Hermíone.

Depois da morte de Menelau, Megapento e Nicóstrato, seus filhos naturais, expulsaram-na e obrigaram-na a retirar-se para Rodes. Aí, Polixo, mulher de Tlepólemo, para vingar a morte de seu marido no cerco de Tróia, mandou-lhe, no momento em que ela tomava um banho, duas mulheres, que a enforcaram numa árvore. Mais tarde, Helena foi adorada na ilha de Rodes sob o nome de Dendrítis (*dendron*, árvore). Junto da árvore em que foi enforcada crescia uma planta chamada *helenion*, nascida, dizia-se, das lágrimas de Helena. Essa planta tinha a virtude de restituir a beleza às mulheres.

Heródoto e Eurípides, ao contar a vida de Helena, seguiram uma tradição um pouco diferente da lenda ordinária. O primeiro faz Páris abordar na costa do Egito. Proteu expulsa-o de seus Estados e retém Helena com todas as suas riquezas, para restituí-la a seu legítimo possuidor. Entretanto, os gregos, antes de abrir as hostilidades, mandam embaixadores pedir Helena. Os troianos respondem que ela está no Egito, resposta que parece uma zombaria aos primeiros; mas, depois do cerco, convencem-se da verdade, e Menelau vai a Mênfis, onde Helena lhe é devolvida.

Eurípides representa-a como virtuosa. Segundo ele, foi um fantasma que Juno pôs em lugar dela, por ressentimento contra Vênus, que venceu o prêmio de beleza. A verdadeira Helena, raptada por Juno quando colhia rosas, é levada para a ilha de Faros. Quando, depois da ruína de Tróia, a tempestade joga Menelau no Egito, o fantasma desaparece, testemunhando a inocência de Helena, e Menelau volta a Esparta com sua virtuosa esposa.

Clitemnestra

Clitemnestra, irmã de Helena, filha de Júpiter ou de Tíndaro e Leda, casou-se em primeiras núpcias com um filho de Tiestes, Tântalo, com quem teve um filho. Agamêmnon matou o pai e o filho e raptou Clitemnestra, contra a sua vontade. Para vingar essa afronta, Cástor e Pólux declararam-lhe guerra, mas Tíndaro, que aconselhara o rapto, reconciliou os Dióscuros com Agamêmnon, que se tornara seu genro.

Este, antes de partir para o cerco de Tróia, confiou sua esposa e seus Estados a Egisto, mas encarregou ao mesmo tempo um poeta e músico fiel de vigiar a conduta de seu lugar-tenente e de sua mulher. Ambos foram infiéis: Egisto apaixonou-se por Clitemnestra e maquinou com ela a morte do marido. Quando Agamêmnon voltou, a esposa adúltera o fez assassinar. Depois desse assassinato, bem como do de Cassandra e seus filhos, Clitemnestra casou-se publicamente com Egisto, seu cúmplice, e coroou-o.

Após alguns anos de tranqüilidade, Egisto e Clitemnestra foram mortos, por sua vez, por Orestes, filho de Clitemnestra e de Agamêmnon.

Em *Electra*, de Sófocles, Clitemnestra toma como pretexto do assassinato do marido a morte de Ifigênia, consentida por Agamêmnon.

O assassinato de Agamêmnon inspirou, além de Sófocles e Eurípides, Alfieri, Lemercier, Soumet e, também, o célebre pintor Guérin, cujo quadro se encontra no Museu do Louvre. Essa composição tão dramática é considerada uma das mais belas obras da Escola francesa.

Os Átridas

Agamêmnon

Rei de Argos e de Micenas, neto de Pélope, Agamêmnon era, como seu irmão Menelau, filho de Plístenes. Mas, como ambos foram criados pelo tio Atreu, Homero e outros poetas os designam pelo nome de Átridas. Teve de Clitemnestra, sua mulher, quatro filhas, Ifigênia, Electra, Ifianassa, Crisótemis, e um filho, Orestes.

Tendo a guerra de Tróia sido decidida, foi eleito generalíssimo do exército dos gregos. A frota que devia transportar o exército para a Ásia estava reunida no porto de Áulis, mas retida pelos ventos contrários. Para obter ventos favoráveis, Agamêmnon, incitado pelo oráculo de Calce, sacrificou a Diana sua filha Ifigênia. Talvez ela não tenha sido realmente sacrificada. De fato, conta-se que, acalmada pela submissão do rei, Diana raptou essa princesa e substituiu-a por uma corça, que foi imolada em seu lugar.

Diante dos muros de Tróia, Agamêmnon teve uma violenta altercação com Aquiles, a quem foi obrigado a devolver a jovem cativa Briseís, que roubara àquele.

Depois do cerco de Tróia, amou apaixonadamente a profetisa Cassandra, filha de Príamo, sua prisioneira, e levou-a para Argos. Cassandra lhe predissera que ele pereceria se voltasse à pátria; mas a sorte das profecias de Cassandra era encontrar apenas incredulidade. Ele não quis lhe dar fé, e logo caiu vítima das intrigas de Clitemnestra e Egisto. Esse filho de Tiestes acreditava, além do mais, vingar seu pai matando Agamêmnon.

Na época de Pausânias, ainda se mostravam em Micenas os túmulos de Agamêmnon, de Eurimedonte, condutor do seu carro, e de todos os que o príncipe trouxera de Tróia e que pereceram com ele.

Menelau

Irmão de Agamêmnon e marido de Helena, Menelau reinava em Esparta, onde sucedera a Tíndaro, seu sogro. Desonrado pelo troiano Páris e indignado com a fuga de Helena, informou do fato todos os príncipes da Grécia, que se haviam comprometido pelos mais solenes juramentos a prestar socorro ao esposo de Helena, se esta viesse a ser raptada. Portanto, foi por instigação sua que os gregos pegaram em armas e sitiaram Tróia.

O cerco já durava bastante tempo. Um dia, estando gregos e troianos face a face, Páris e Menelau propõem baterem-se num combate singular e resolver entre si a querela. Os dois adversários entram em liça. Menelau está com a vantagem, mas Vênus, vendo seu favorito prestes a sucumbir, furta-o aos golpes do inimigo e leva-o para a cidade, o que significa que Páris foge. Em vão Menelau reclama da perfídia. De longe, um troiano atira-lhe uma flecha, que o fere levemente, e as hostilidades recomeçam.

Depois da tomada de Tróia, Menelau, reconciliado com Helena, só volta para Esparta oito anos depois. Diz-se que foi retido na costa do Egito pelos deuses, a quem não oferecera as hecatombes que lhes devia.

Censuram-no por ter extorquido de Agamêmnon o sacrifício de Ifigênia, por ter cedido ao ciúme de Hermíone, sua filha, ao querer matar Andrômaca e Pirro, e por não ter socorrido energicamente seu sobrinho Orestes.

Orestes e Pílades

Orestes, filho de Agamêmnon e Clitemnestra, ainda era bastante moço quando seu pai, voltando de Tróia, foi assassinado por Clitemnestra e Egisto, cúmplice desta. Electra, sua irmã, conseguiu subtraí-lo da fúria desses assassinos, fazendo-o fugir para junto do tio Estrófio, rei da Fócida, marido de Anaxíbia, irmã de Agamêmnon. Foi lá que Orestes contraiu com seu primo Pílades, filho desse príncipe, a amizade que os tornou inseparáveis.

Adulto, Orestes amadureceu o projeto de vingar a morte de seu pai, deixou a corte de Estrófio com Pílades, entrou secretamente em Micenas e escondeu-se junto de Electra.

Combinaram começar espalhando pela cidade o boato da morte de Orestes. Egisto e Clitemnestra ficaram tão alegres, que foram de imediato ao templo de Apolo dar graças aos deuses. Orestes aí adentrou com alguns soldados, dispersou os guardas e matou, com a própria mão, sua mãe e o usurpador.

A partir desse momento, as Fúrias ou Erínias começaram a atormentá-lo. Primeiro foi a Atenas, onde o Areópago absolveu-o, ou, para empregar a expressão consagrada, expiou-o por seu crime. Como os votos dos juízes empataram, a própria Minerva deu o seu em seu favor. Em reconhecimento pelo benefício, o príncipe elevou um altar a essa deusa, sob o nome de Minerva Guerreira.

Não contente com esse julgamento, Orestes foi para Trezena submeter-se à expiação e, como ninguém ousava recebê-lo, teve de hospedar-se num lugar à parte. Enfim, comovidos com esses infortúnios, os habitantes de Trezena expiaram-no. Durante muito tempo mostrou-se nessa cidade a pedra em que se haviam sentado os nove juízes que procederam à expiação; chamavam-na Pedra Sagrada.

Orestes foi restabelecido em seus Estados por Demofonte, rei de Atenas. Entretanto, as Fúrias vingadoras não cessavam de atormentá-lo. Para desfrutar de algum repouso, consultou o oráculo de Delfos, onde ficou sabendo que, para ver-se livre das Fúrias, devia ir a Táuride buscar a estátua de Diana e Ifigênia, sua irmã, que a própria Diana havia levado sub-repticiamente para esse lugar no dia do seu sacrifício e de quem fizera sua sacerdotisa.

Orestes para lá viajou com Pílades. Mas foi capturado e esteve a ponto de ser imolado à deusa, segundo o costume do país: uma lei bárbara, editada pelo rei Toas, prescrevia que se imolassem a Diana todos os estrangeiros que abordassem naquelas costas. A sacerdotisa propôs que se deixasse partir são e salvo um dos dois companheiros, um só bastando para satisfazer a lei. Foi Pílades que ela quis reter. Assistiu-se então àquele generoso embate de amizade que foi tão celebrado pelos antigos, e no qual Orestes e Pílades ofereciam sua vida um pelo outro.

Nesse ínterim, Orestes é reconhecido por sua irmã, que faz habilmente ser suspenso o sacrifício, pretendendo que os estrangeiros tornaram-se culpados de um assassinato e que só podiam ser imolados após expiação. Como a cerimônia devia ser feita no mar, embarcam a estátua de Diana. Ifigênia, na qualidade de sacerdotisa, sobe a bordo da nau e afasta-se de Táuride com seu irmão e Pílades. Certos autores contam que, antes de se afastar, Orestes matara Toas, rei do país.

De volta a Micenas, Orestes faz Electra casar-se com Pílades. Pensou também libertar Hermíone, filha de seu tio Menelau e de Helena, que lhe fora prometida e que Pirro, filho de Aquiles e rei do Epiro, lhe raptara. Tendo sido informado de que seu rival fora para Delfos, tratou de seguir para lá com Pílades e, por suas insinuações, causou a morte daquele príncipe, que os délficos massacraram. Orestes casou-se em seguida com Hermíone e viveu desde então com bastante tranqüilidade em seus Estados. Mas, tendo ido um dia à Arcádia, foi picado por uma serpente e lá morreu.

Estava então numa idade avançadíssima e, após a morte de Menelau, havia acrescentado ao reino de Micenas o de Esparta.

Segundo outra lenda, Orestes também se casou com Erígone, filha de Egisto e Clitemnestra, com quem teve um filho chamado Pentilo, que sucedeu a seu pai no trono de Micenas. Quanto a Erígone, depois da morte do marido tornou-se sacerdotisa e consagrou-se ao culto de Diana.

Outros Heróis Gregos da Guerra de Tróia

Aquiles

Aquiles, o eácida, isto é, neto de Éaco, filho de Tétis e Peleu, rei da Ftiótida, nasceu em Larissa, cidade da Tessália às margens do Peneu. Ao nascer, Tétis, sua mãe, mergulhou-o na água do Estige, tornando-o invulnerável, exceto no calcanhar, por onde o segurava. Ela própria se encarregou da sua primeira educação e deu-lhe como governante Fênix, filho de Amintor, príncipe dos dólopos, refugiado na corte de Peleu. Em seguida, teve como mestre o centauro Quíron, que, ornando sua bela inteligência com os conhecimentos mais úteis, não descuidou de desenvolver e fortalecer seu corpo. Ele o alimentava, conta-se, com miolos de leão e de tigre, a fim de lhe proporcionar uma coragem e uma forças irresistíveis.

Em sua infância, tendo sua mãe lhe proposto optar entre uma carreira longa e obscura e uma vida curta, mas gloriosa, elegeu a última. Entretanto, Tétis, instruída pelos oráculos de que Tróia nunca seria tomada sem seu filho, mas que este pereceria ante seus muros, mandou-o vestido de moça e com o nome de Pirra para a corte de Licomedes, rei de Ciro. Valendo-se desse disfarce, ele se deu a conhecer a Deidâmia, filha de Licomedes, casou-se secretamente com ela e tiveram um filho, chamado Pirro.

Aquiles reconhecido pelos gregos.

Quando os príncipes gregos se reuniram para ir cercar Tróia, Calcas lhes predisse que essa cidade não poderia ser tomada sem o auxílio de Aquiles e indicou-lhes onde este se escondia. Ulisses para lá se dirigiu, disfarçado de comerciante, e apresentou às mulheres da corte jóias e armas. Aquiles se traiu ao preferir as armas às jóias. Ulisses levou-o para o cerco de Tróia e foi então que Tétis deu ao filho aquela armadura impenetrável, obra de Vulcano.

Aquiles logo se tornou o primeiro herói da Grécia e o terror dos inimigos. Enquanto Agamêmnon reunia suas tropas, o filho de Tétis tomou várias cidades da Tróade e da Cilícia, entre outras, Tebas, pátria de Andrômaca. Mas, no decorrer do cerco, Aquiles defendeu que se devolvesse a jovem Criseís a seu pai, sacerdote de Apolo, fazendo com isso cessar a peste que devastava o campo dos gregos; ofendido, Agamêmnon tomou-lhe outra cativa, Hipodâmia, cognominada Briseís, filha de Briseu. Esse insulto irritou-o a tal ponto, que ele se retirou para sua tenda e parou de combater.

Sua retirada assegurou a vitória aos troianos; mas, como Pátroclo, seu amigo, que havia tomado suas armas emprestadas, foi vencido e despojado por Heitor, Aquiles pediu uma nova armadura para a mãe, retornou ao combate e vingou a morte de seu amigo com a de Heitor, a quem amarrou a seu carro e arrastou assim várias vezes em torno das muralhas de Tróia e do túmulo de Pátroclo, entregando-o depois às lágrimas de Príamo, seu pai.

Depois da morte de Heitor, os príncipes gregos foram convidados por Agamêmnon para um lauto banquete, em que examinaram os meios de se apoderarem de Tróia. Aquiles declarou-se pela força aberta, Ulisses pela astúcia, e a opinião deste prevaleceu.

Segundo Ovídio, o amor causou a morte de Aquiles. Apaixonado por Polixena, filha de Príamo, pediu-a em casamento; mas, quando estava a ponto de desposá-la, no momento em que Deífobo o abraçava, Páris feriu-o no calcanhar com uma flechada. Conta-se que foi o próprio Apolo que dirigiu a flecha. O ferimento foi mortal.

Observou-se, com razão, que a fábula que supõe Aquiles invulnerável não vinha do tempo de Homero. Esse poeta não teria adotado uma ficção que desonrasse seu herói. Segundo ele, Aquiles foi ferido combatendo e os gregos travaram em torno do seu corpo um combate sangrento que durou um dia inteiro. Ao saber da morte do filho, Tétis saiu de entre as águas acompanhada por um bando de ninfas, a fim de vir chorar sobre seu corpo. As Nereidas rodearam o leito fúnebre dando gritos lamentáveis e vestiram o corpo com trajes imortais; as nove Musas fizeram ouvir sucessivamente suas lúgubres lamentações. Durante dezessete dias os gregos choraram com as deusas; no décimo oitavo, o corpo foi posto numa pira. Suas cinzas foram encerradas numa urna de ouro e misturadas com as de Pátroclo. Depois de ter-lhe sido elevado um magnífico túmulo à beira do Helesponto, no promontório de Sigeu, Tétis organizou, com os mais bravos do exército, jogos e combates em torno do seu túmulo.

Aquiles foi reverenciado como um semideus. O oráculo de Dodona concedeu-lhe honras divinas e ordenou que fossem oferecidos sacrifícios anuais em seu túmulo.

Nos combates heróicos, o carro tinha um papel importante na luta e, por conseguinte, a habilidade do cocheiro contribuía muito para a vitória. Por isso, quando se conta a história de Aquiles, deve-se ao menos mencionar seu cocheiro, por sinal célebre, Automedonte.

A lança de Aquiles tinha a virtude de curar os ferimentos que ela fizera, mas era preciso, para tanto, o consentimento do herói.

Pátroclo

Filho de Menécio, rei dos lócrios, e de Estênela, Pátroclo matou o filho de Anfidamas, num arroubo de juventude causado pelo jogo, tendo sido por isso obrigado a deixar a sua pátria. Encontrou asilo na corte de Peleu, que o fez ser educado por Quíron com seu filho Aquiles; daí essa amizade tão terna e tão constante entre os dois heróis.

Ante as muralhas de Tróia, Pátroclo, não conseguindo que seu amigo esquecesse o ressentimento contra os gregos e entrasse na luta contra os troianos, dele obtém, contudo, a permissão de vestir sua armadura e combater em seu lugar. Pega, pois, as armas de Aquiles, menos sua lança, tão pesada que nenhum grego podia utilizá-la. Repele os troianos, mas cai fatalmente sob os golpes de Heitor, favorecido por Apolo.

Ajax e Menelau obrigam Heitor, vencedor, a recuar e levam o corpo de seu companheiro de armas. Aquiles jura vingá-lo. A sombra de Pátroclo lhe aparece e lhe pede que apresse seus funerais, para que as portas dos Campos Elísios lhe sejam abertas. Aquiles apressa-se a realizar suas intenções e logo depois sacrifica valorosamente Heitor aos manes de seu amigo.

Ajax, filho de Oileu

Ajax, filho de Oileu, rei dos lócrios de Opunte, armou quarenta naus para o cerco de Tróia. Era um príncipe corajoso, intrépido, que prestou grandes serviços aos gregos, mas brutal e cruel. Depois da tomada de Tróia, ultrajou Cassandra, que se refugiara no templo de Minerva. Essa deusa puniu-o, afundando sua frota perto dos rochedos de Cafareu, promontório da ilha de Eubéia. O intrépido guerreiro escapou do naufrágio, trepou num recife e disse com arrogância: "Escaparei apesar dos deuses." Indignada com a sua insolência, Palas-Minerva pegou o raio de Júpiter e fulminou-o em seu rochedo.

Ajax, filho de Télamon, e seu irmão Teucro

Télamon, irmão de Peleu, expulso de Egina por seu pai Éaco, após um homicídio involuntário, tornou-se rei de Salamina. Era amigo de Hércules e um dos mais valentes Argonautas. Não podendo participar da guerra de Tróia, por causa da sua idade avançada, mandou seus dois filhos, Ajax, nascido de Peribéia, princesa de Mégara, e Teucro, filho de Hesíone, irmã de Príamo.

Depois de Aquiles, Ajax foi o mais corajoso dos gregos e, como ele, orgulhoso, arrebatado, invulnerável até, salvo num ponto do peito que só ele conhecia. Mostrava-se ousado, provocador até ante os deuses. Distinguiu-se no cerco de Tróia, em que comandava os guerreiros de Mégara e Salamina. Bateu-se um dia inteiro contra Heitor sem se deixar vencer.

Morto Aquiles, Ajax e Ulisses disputaram suas armas. Ulisses levou a melhor e Ajax ficou tão furioso que, durante a noite, massacrou todos os rebanhos do campo grego, acreditando matar seu rival e os capitães do exército. Voltando de seu delírio e confuso com seu desvario, virou a espada contra o peito e matou-se.

Calcas, consultado sobre se o corpo de Ajax devia ser incinerado, decidiu que, tendo este morrido ímpio, não merecia as honras da pira. No entanto, os gregos ergueram-lhe um monumento no promontório de Reteu, na Tróade. Conta-se que a alma de Ajax, tendo a liberdade de escolher um corpo para voltar a habitar na terra, preferiu o do leão ao do homem.

Segundo Ovídio, depois da sua morte Ajax foi transformado em flor, e as duas primeiras letras de seu nome se achavam traçadas nessa flor que o poeta denomina jacinto.

Tendo Ulisses perdido numa tempestade as armas de Aquiles, as águas levaram-nas para a praia, perto do túmulo de Ajax. Os deuses prestavam, assim, uma homenagem póstuma ao herói.

Teucro não vingou a afronta feita a seu irmão Ajax e não o impediu de matar-se. Essa indiferença tornou-o odioso a Télamon, que deu-lhe a ordem de nunca mais pôr os pés na ilha de Salamina. Portanto, Teucro foi tentar a sorte em outra parte e, abordando em Chipre, aí fundou uma cidade a que deu o nome do reino de seu pai. Homero diz que Teucro era o mais hábil arqueiro do exército dos gregos.

Ulisses (em grego, Odisseus)

Filho de Laerte, ou talvez de Sísifo, e de Anticléia, marido de Penélope, pai de Telêmaco, Ulisses era rei de duas pequenas ilhas do mar Jônio: Ítaca e Dulíquio. Era um príncipe eloqüente, fino, astucioso, hábil; contribuiu para a tomada de Tróia por seus artifícios tanto quanto os demais generais gregos por seu valor. Fazia pouco tempo que estava casado com a bela e recatada Penélope, quando surgiu a questão da Guerra de Tróia. O amor que ele tinha por sua jovem esposa o fez buscar vários meios de não abandoná-la e evitar partir para essa guerra.

As Sereias perto da nau de Ulisses.

Imaginou simular a insensatez e, para fazer crer que estava com o espírito alienado, pôs-se a lavrar a areia da praia com dois animais de diferentes espécies e semear sal. Mas Palamedes, discípulo de Quíron e filho de Náuplio, rei da ilha de Eubéia, descobriu o estratagema pondo o pequeno Telêmaco no sulco. Não querendo ferir o filho, Ulisses levantou a relha do arado, revelando com isso que sua loucura era apenas simulada.

Por seu turno, Ulisses descobriu Aquiles, que estava disfarçado de moça na ilha de Ciro, e levou-o a combater diante de Tróia. No decurso dessa guerra, tomou o Paládio, estátua de Minerva, protetora da cidade, que estava encerrada na cidadela de Ílion; matou Reso, rei da Trácia que viera socorrer os troianos, e levou seus cavalos para o campo dos gregos; obrigou Filoctetes, embora seu inimigo, a segui-lo ao cerco de Tróia com as flechas de Hércules.

Segundo a ordem dos destinos, era somente com essas três condições que a cidade podia ser tomada.

Depois da morte de Aquiles, as armas desse herói lhe foram atribuídas, em detrimento de Ajax; mas os debates foram vivos diante dos chefes gregos, tomados como juízes, e ele só teve ganho de causa graças à sua eloqüência.

Voltando de Tróia, Ulisses teve grandes aventuras, que são o tema da *Odisséia*, de Homero. Primeiro, uma tempestade jogou-o nas terras dos cícones, povos da Trácia, onde perdeu vários de seus companheiros; daí foi levado para a costa dos lotófagos, na África, onde alguns homens da sua frota abandonaram-no. Os ventos conduziram-no em seguida para as terras dos Ciclopes, na Sicília, onde correu os maiores riscos. Da Sicília, foi para a terra de Éolo, rei dos Ventos; daí para a dos lestrigões, onde viu soçobrar onze de suas naus. Com a única que lhe restava, foi para a ilha de Ea, terra de Circe, onde ficou um ano; daí desceu ao Inferno, para consultar a alma de Tirésias sobre seu destino. Escapou dos encantos de Circe e das Sereias, evitou os sorvedouros de Caríbdis e Cila; mas uma nova tempestade fez sua nau naufragar com todos os seus companheiros e ele se salvou sozinho, chegando à ilha de Calipso, onde permaneceu sete anos. Embarcando numa jangada, naufragou novamente e teve grande dificuldade para alcançar a ilha dos Feácios. Na praia, foi recebido pela jovem e bela Nausícaa, filha de Alcínoo, rei dessa ilha. A princesa conduziu-o ao palácio de seu pai, onde recebeu uma generosa e brilhante hospitalidade. Com o auxílio do rei Alcínoo, abordou enfim na ilha de Ítaca, após uma ausência de vinte anos.

Vai à casa de Eumeu, seu discreto e fiel servidor. Vários príncipes vizinhos seus, que o acreditavam morto, haviam se assenhoreado de suas terras e dissipavam seus bens; todos eram pretendentes à mão de Penélope. Apresentou-se em seu palácio sob as feições e o disfarce de um velho mendigo. Telêmaco foi o primeiro a quem se revelou, e os dois juntos tomaram medidas para se desembaraçar dos inimigos.

À porta do palácio, é reconhecido por seu cão, Argos, que ele havia deixado ao partir para Tróia e que morre de alegria ao rever seu dono. Também é reconhecido por Euricléia, sua velha ama. Esta, lavando-lhe os pés, percebeu uma ferida que ele tinha na perna, feita outrora por um javali.

Penélope lhe faz saber que não pode mais eludir as investidas dos pretendentes e que prometeu desposar o que conseguisse retesar o arco de Ulisses. De fato, todos haviam aceitado a proposta da rainha; mas tentavam em vão retesar o arco. Depois deles, Ulisses pede que deixem-no experimentar suas forças; com facilidade retesa o arco e, ao mesmo tempo, atira nos perseguidores, a quem mata um depois do outro, ajudado pelo filho e dois fiéis domésticos.

Reconhecido definitivamente por Penélope, reinou tranqüilamente em sua ilha até que Telégono, filho que tivera com Circe, o mata sem conhecê-lo. Seu velho pai, Laerte, antes de morrer, tivera o consolo de vê-lo de volta.

A memória de Ulisses foi consagrada por um grande número de monumentos, baixos-relevos, medalhas e camafeus. É reconhecido pelo gorro pontudo que lhe atribuem de ordinário; pretende-se que foi o pintor grego Nicômaco o primeiro a pintá-lo com esse gorro. É freqüentemente representado em companhia de Minerva.

Penélope, mulher de Ulisses

Filha de Icário, irmão de Tíndaro, rei de Esparta, Penélope, devido à sua beleza, foi pedida em casamento por vários príncipes da Grécia. Seu pai, para evitar as querelas que teriam podido irromper entre os pretendentes, obrigou-os a disputar sua posse nos jogos que, para isso, fez celebrar. Ulisses foi o vencedor e a princesa lhe foi concedida.

Nos vinte anos de ausência de Ulisses, durante e depois da Guerra de Tróia, Penélope guardou-lhe uma fidelidade à prova de todas as solicitações. Sua beleza atraiu a Ítaca uma centena de pretendentes. Ela sempre soube eludir suas investidas e desconcertá-los com novas astúcias. A primeira foi dedicar-se a tecer uma grande mortalha, declarando aos pretendentes que não podia contrair novo casamento antes de terminar aquela mortalha destinada a envolver o corpo de seu sogro Laerte, quando este morresse. Assim, por três anos, alegou esse engenhoso pretexto, sem que sua obra jamais acabasse, porque ela desfazia de noite o que fizera de dia. Daí veio a expressão "pano de Penélope", utilizada para designar as obras em que se trabalha sem cessar e que nunca terminam.

Quando vieram dizer a Penélope que seu marido estava de volta, ela recusou-se a acreditar, temendo que quisessem surpreendê-la com aparências enganosas. Mas, depois de ter-se certificado por provas inequívocas de que era de fato Ulisses, entregou-se aos maiores transportes de alegria e amor.

Após a morte de Ulisses, casou-se com Telégono, segundo uns; mas, segundo outros, retirou-se para Esparta e terminou seus dias em Mantinéia. Citam-na como modelo de fidelidade conjugal.

Alguns mitólogos confundiram, por erro, a rainha de Ítaca com a ninfa Penélope, mãe do deus Pã.

Telêmaco, filho de Ulisses e Penélope

Filho de Ulisses e de Penélope, Telêmaco ainda estava no berço quando seu pai partiu para a guerra de Tróia. Chegando à adolescência, considerou um dever ir procurar Ulisses por toda a Grécia.

A conselho e sob a conduta de Minerva, que assumiu a figura do venerável Mentor, embarcou de noite para ir a Pilos ter com Nestor e a Esparta, com Menelau. Durante quatro anos, procurou o pai seguindo as informações destes. Ao cabo desse lapso de tempo, que o autor do *Telêmaco* francês encheu de aventuras tão instrutivas, voltou a Ítaca, onde encontrou Ulisses em casa do velho criado Eumeu. Diz-se que sucedeu ao pai, casou-se com Circe e teve com ela um filho chamado Latino.

Alguns autores lhe dão como esposa Nausícaa, filha de Alcínoo, rei dos feácios.

Telégono, filho de Ulisses e Circe

Telégono, filho de Ulisses e Circe, nasceu na ilha de Ea, onde Circe morava e onde Ulisses deteve-se por algum tempo no decorrer de suas aventuras, após o cerco de Tróia. Bem depois, quando já era adulto, embarcou em busca do pai. Tendo ido dar nas costas de Ítaca sem conhecê-la, foi arrumar víveres com seus companheiros, que se entregaram ao saque. Ulisses veio à frente dos itacianos rechaçar esses estrangeiros; houve um combate na praia e Telégono atingiu Ulisses com uma lança cuja ponta era feita de uma tartaruga marinha, chamada *pastinague*, que se presume ser venenosa.

O rei de Ítaca, mortalmente ferido, lembrou-se então de um oráculo que o advertira para tomar cuidado com a mão de seu filho; perguntou quem era o estrangeiro e de onde vinha, reconheceu Telégono e morreu em seus braços. Minerva consolou a ambos dizendo que tal era a ordem do destino; ordenou inclusive a Telégono que se casasse com Penélope e levasse a Circe o corpo de Ulisses, para que ela lhe rendesse as honras da sepultura. Do casamento de Penélope com Telégono nasceu Ítalo, que, segundo alguns, deu seu nome à Itália.

Filoctetes

Filoctetes era filho de Péan e fiel companheiro de Hércules, que, ao morrer, deixou-lhe suas temíveis flechas. Ele se comprometera, por juramento, a nunca revelar o lugar em que depositara as cinzas desse herói. Mas os gregos, a ponto de partir para o cerco de Tróia, souberam pelo oráculo de Delfos que, para se assenhorear dessa cidade, tinham de estar de posse das flechas de Hércules; enviaram, então, emissários a Filoctetes para saber em que lugar elas estavam escondidas.

Filoctetes, que não queria nem violar seu juramento, nem privar os gregos da vantagem que essas flechas podiam proporcionar-lhes, depois de alguma resistência mostrou com o pé o lugar em que Hércules fora inumado e confessou que tinha as armas deste em seu poder.

Essa indiscrição custou-lhe caro em seguida, pois, quando ia a Tróia, uma dessas flechas caiu no mesmo pé com o qual havia indicado o lugar da sepultura de Hércules, formando uma úlcera de cheiro tão infecto que, a pedido de Ulisses, ele foi deixado na ilha de Lemnos, onde sofreu durante dez anos todos os males e todas as dores do isolamento.

Entretanto, depois da morte de Aquiles, tendo os gregos percebido que era impossível tomar a cidade sem as flechas que Filoctetes levara consigo para Lemnos, Ulisses, embora inimigo mortal desse herói, encarregou-se de ir buscá-lo e trazê-lo de volta; o que de fato fez, com o concurso de Diomedes e de Neoptólemo ou Pirro, filho de Aquiles.

Mal Filoctetes chegou ao campo dos gregos, Páris desafiou-o para um combate singular. O herói aceitou o desafio e, com uma de suas flechas, feriu-o mortalmente.

Como sua ferida ainda não havia sarado, Filoctetes não ousou voltar a seu país depois da tomada de Tróia; foi para a Calábria, onde fundou a cidade de Petília, sendo enfim curado por Macáon, filho de Esculápio e irmão de Podalírio. Também lhe é atribuída a fundação de Túrio.

Filoctetes foi um dos Argonautas mais famosos; logo, participou das duas expedições mais célebres dos tempos heróicos. Seus infortúnios inspiraram a Sófocles uma das mais belas tragédias da Antiguidade.

Nestor

Nestor, rei de Pilos, era o mais moço dos doze filhos de Neleu. Por parte de Clóris, sua mãe, era neto de Níobe. Seus onze irmãos tomaram parte da guerra de Neleu e Áugias contra Hércules e foram mortos por esse herói; salvou-o, então, sua tenra idade. Na época da Guerra de Tróia, em que conduziu noventa naus, já era bastante idoso e reinava sobre a terceira geração.

É o cavaleiro de Gerênia, o ancião favorito de Homero. O retrato de Nestor que o poeta nos proporciona é muito mais acabado do que todos os demais. Volta sem cessar a ele; e, depois de ter esboçado cuidadosamente todos os seus traços nos grandes quadros da *Ilíada*, dá-lhes o último toque na *Odisséia*: sabedoria, eqüidade, respeito aos deuses, polidez, graça, doçura, eloqüência, atividade, valor, todas as virtudes políticas e guerreiras de Nestor são pintadas. Para dele formar uma idéia completa, depois de tê-lo visto na *Ilíada*, sábio conselheiro, valoroso capitão, vigilante soldado, há que vê-lo na *Odisséia*, feliz e tranqüilo, levando uma vida sossegada em sua casa, no meio de sua família, cercado de uma porção de crianças que o amam e o respeitam, ocupado unicamente com os deveres de pai e de príncipe e exercendo a hospitalidade.

As principais épocas de sua vida antes da guerra de Tróia são a guerra dos pilianos contra os eleanos, o combate dos lápitas com os Centauros, a caça ao javali de Cálidon. Morreu tranqüilo em Pilos. No entanto, alguns autores fazem-no ir à Itália, depois da tomada de Tróia, e lá fundar Metaponto.

Diomedes

Filho de Tideu e neto de Eneu, rei de Cálidon, Diomedes foi educado pelo centauro Quíron, junto com vários heróis da Grécia. Comandou os etólios no cerco de Tróia e distinguiu-se por tantas belas ações que foi considerado o mais corajoso do exército, depois de Aquiles e Ajax, filho de Télamon. Homero representa-o como favorito de Palas-Minerva. Auxiliado por essa deusa, matou vários reis com a própria mão e saiu glorioso de combates singulares contra Heitor, Enéias e os outros príncipes troianos. Com Ulisses, apoderou-se das flechas de Filoctetes, em Lemnos, e dos cavalos de Reso, e levou o Paládio.

Feriu Marte e a própria Vênus, que vinha socorrer seu filho Enéias, a quem só salvou cobrindo-o com uma nuvem. A deusa sentiu-se tão despeitada que, para se vingar, inspirou à sua mulher, Egíale, uma violenta paixão por um outro. Informado dessa afronta, Diomedes teve dificuldades para escapar das ciladas que ela lhe armou quando de seu regresso, refugiando-se no templo de Juno, e foi tentar estabelecer-se na Itália. Lá, havendo o rei Dauno lhe cedido uma parte de seus Estados e lhe dado sua filha em casamento, Diomedes fundou a cidade de Arpi ou de Argiripa.

Depois da sua morte, foi venerado como um deus e ganhou um templo ou um bosque sagrado à beira do Timavo.

Conta-se que, durante sua travessia da Grécia à Itália, vários de seus companheiros, tendo injuriado Vênus, cuja perseguição forçava-os a se expatriar, foram de repente transformados em aves, alçaram vôo e puseram-se a adejar em torno da nau. Plínio acrescenta que essas aves, chamadas *aves de Diomedes*, lembrando-se de sua origem, acariciavam os gregos e fugiam dos estrangeiros.

Idomeneu

Idomeneu, rei de Creta, filho de Deucalião e neto do segundo Minos, conduziu as tropas de Creta ao cerco de Tróia, com uma frota de oitenta naus, distinguindo-se por algumas façanhas. Depois da tomada da cidade, esse príncipe, carregado de despojos troianos, voltava a Creta quando foi pego por uma tempestade em que pensou fosse perecer.

No perigo aflitivo em que se via, prometeu a Netuno imolar-lhe, se voltasse a seu reino, o primeiro ser vivo que se apresentasse ante ele na praia de Creta. A tempestade cessou e ele chegou bem a seu destino, onde seu filho, advertido da chegada do rei, foi o primeiro ser que apareceu à sua frente.

Podemos imaginar a surpresa e, ao mesmo tempo, a dor de Idomeneu ao percebê-lo. Em vão os sentimentos do pai agiram em seu favor; um zelo cego de superstição prevaleceu e ele decidiu imolar o filho ao deus do mar. Vários autores antigos pretendem que esse horrível sacrifício foi consumado e vários modernos seguiram essa tradição. Outros sustentam que o povo, tomando a defesa do jovem príncipe, retirou-o das mãos do pai furioso.

Como quer que seja, os cretenses, horrorizados com a ação bárbara de seu rei, levantaram-se unanimemente contra ele e obrigaram-no a deixar seus Estados. Ele retirou-se para a costa da grande Hespéria, isto é, da Itália, onde fundou Salento. Fez serem observadas em sua nova cidade as sábias leis de seu ancestral Minos e mereceu de seus novos súditos as honras heróicas depois da sua morte.

Protesilau

Protesilau, filho de Íficlo, príncipe da Tessália, acabava de casar-se com Laodâmia, filha de Acasto, sucessor de Pélias, da família de Jasão, quando rebentou a Guerra de Tróia. Ele abandonou a jovem esposa no dia seguinte às núpcias para participar da expedição. Embora um oráculo tivesse prometido a morte ao primeiro guerreiro grego que descesse na praia inimiga, ele se devotou para a salvação do exército. Como ninguém ousava descer à terra, precipitou-se para fora de seu navio e foi morto por Heitor.

Laodâmia ficou inconsolável. Para aliviar sua dor, mandou fazer uma estátua que lhe lembrasse seu esposo. Um dia, Acasto, seu pai, querendo poupar-lhe esse triste espetáculo, atirou a estátua no fogo; Laodâmia aproximou-se das chamas, jogou-se nelas e pereceu.

Ao voltarem de Tróia, os gregos, para glorificar o devotamento de Protesilau, instituíram as Protesiléias, festas ou jogos que eram celebrados em Fílace, lugar de nascimento desse herói.

Calcas

Filho de Testor, um dos Argonautas, Calcas recebeu de Apolo a ciência do presente, do passado e do futuro. O exército dos gregos que se reunia para o cerco de Tróia tomou-o como seu sumo sacerdote e seu adivinho. Tendo visto subir numa árvore uma serpente que, depois de ter devorado nove passarinhos num ninho e sua mãe, fora em seguida transformada em pedra, predisse que o cerco duraria dez anos. Foi ele que, para obter os ventos favoráveis à frota retida no porto de Áulis, aconselhou o sacrifício de Ifigênia; ele também que, para fazer cessar a peste, flagelo terrível que dizimava o exército ante os muros de Tróia, aconselhou ao rei Agamêmnon que devolvesse Criseís a seu pai Crises, sacerdote de Apolo.

Não acontecia nada importante sem que antes se procurasse saber sua opinião. Depois da ruína de Tróia, voltou à sua pátria com Anfiarau e foi para Cólofon, na Jônia. Seu destino era morrer assim que encontrasse um adivinho mais hábil que ele. De fato, morreu de tristeza no bosque de Claro, consagrado a Apolo, por não ter podido adivinhar os enigmas de outro adivinho chamado Mopso.

Palamedes

Filho de Náuplio, rei da ilha de Eubéia, e discípulo de Quíron, Palamedes seguira os outros príncipes gregos ao cerco de Tróia. Viu-se às voltas com o ódio do temível Ulisses por vários motivos. Primeiro, foi ele que descobriu e revelou aos gregos a loucura simulada desse herói; também ele que, diante de Tróia, acusou Ulisses de perfídia e imprevidência, ao deixar faltar víveres para o exército, embora tivesse ido à Trácia a pretexto de comprá-los; enfim, Palamedes desaprovava essa guerra longa e ruinosa movida pela Grécia aos troianos.

Por sua vez, Ulisses acusou-o perfidamente de traição. Para dar crédito à sua acusação, escondeu uma soma considerável de dinheiro na tenda de Palamedes, pretendeu que ele a recebera de Príamo, forjou uma carta desse rei para fornecer provas, e Palamedes, condenado à morte pelo conselho de guerra, foi injustamente lapidado.

Pirro ou Neoptólemo

Pirro, ou Neoptólemo, filho de Aquiles e Deidâmia, foi educado na corte de seu avô materno, Licomedes, rei de Ciro, até a morte de seu pai. Havendo um oráculo declarado então que a cidade de Tróia não podia ser tomada se não houvesse entre os sitiantes um dos descendentes de Éaco, os gregos mandaram buscar Pirro, que, na época, tinha apenas dezoito anos.

Mal chegou a Tróia, foi encarregado de acompanhar Ulisses e Diomedes a Lemnos, a fim de convencer Filoctetes a vir com as flechas de Hércules unir-se ao exército dos gregos.

Quando da tomada da cidade, Pirro, à frente de seus soldados, invadiu o palácio de Príamo, matou, ante os olhos do rei, seu filho Polites, matou o próprio Príamo, sem deferência para com a sua velhice, precipitou do alto das muralhas o jovem Astíanax, filho de Andrômaca e Heitor, e, enfim, reclamou Polixena, para imolá-la aos manes de seu pai.

Na partilha das escravas, coube-lhe Andrômaca, viúva de Heitor, que ele amou a ponto de preferi-la a Hermíone, sua esposa, o que foi causa da sua morte. Esta mulher, desprezada e ciumenta, incitou contra ele Orestes, por quem era cegamente amada.

Um dia em que Pirro foi a Delfos para aplacar Apolo, contra o qual fizera imprecações em razão da morte de Aquiles, Orestes espalhou o boato de que ele viera apenas para pilhar os tesouros do templo. Os délficos pegaram em armas e Pirro caiu sob suas flechas ao pé do altar.

À Ftiótida, reino de Peleu, acrescentou o Epiro, onde sua dinastia teve continuidade. Dos três filhos que teve com Andrômaca, somente Molosso reinou depois dele.

Heróis Troianos da Guerra de Tróia

Príamo

Filho de Laomedonte, neto de Ilo, bisneto de Tros, Príamo, por ter tomado o partido de Hércules contra seu pai, que lhe faltara com a palavra, recebeu do herói a coroa em recompensa de sua eqüidade.

Esse príncipe reconstruiu Tróia, que Hércules havia arruinado, e ampliou os limites de seu reino, que logo se tornou assaz próspero. Mas sua velhice foi entristecida pelo cerco da cidade, a ruína desta e a perda de seus filhos. Foi morto em seu palácio, no meio de seus deuses, por Pirro.

De nada lhe adiantou abraçar o altar de Júpiter-Protetor: o filho de Aquiles arrancou-o brutalmente e passou-lhe a espada através do corpo.

De várias mulheres teve um grande número de filhos. De Hécuba teve Heitor, Páris, Deífobo, Heleno, Polites, Antifo, Hipônoo, Polidoro, Troilo, Creusa, Laódice, Polixena e Cassandra. Homero representa-o como um príncipe eqüitativo, mas de uma fraqueza cega por seu filho Páris, raptor de Helena e causa de todas as suas desgraças.

Hécuba

Filha de Dimas ou de Cisseu, rei da Trácia, irmã de Teano e mulher de Príamo, Hécuba teve dele, diz Homero, cinqüenta filhos. Experimentou a dor de ver quase todos perecerem durante o cerco ou depois da ruína de Tróia. Ela própria só evitou a morte tornando-se escrava do vencedor. Procuraram-na por muito tempo sem encontrá-la; mas, enfim, Ulisses surpreendeu-a entre os túmulos de seus filhos e fez dela sua escrava.

Antes de partir, ela engoliu as cinzas de Heitor para que não caíssem nas mãos de seus inimigos e viu perecer Astíanax, seu neto, cujos funerais ainda teve de conduzir. Segundo alguns poetas, também viu sua filha Polixena ser imolada no túmulo de Aquiles.

Levada para a corte de Polimestor, rei da Trácia, a quem Príamo confiara Polidoro, seu filho mais moço, e grandes tesouros, encontra o corpo do desditado rapaz na praia, introduz-se no palácio do assassino e atrai-o para o meio das mulheres troianas, que lhe furam os olhos com suas agulhas, enquanto ela própria mata os dois filhos do rei. Os guardas e o povo, furiosos, perseguem as troianas a pedradas. Hécuba morde de raiva as pedras que lhe atiram e, metamorfoseada em cadela, enche a Trácia de uivos que despertam a compaixão não só dos gregos, mas da própria Juno, a mais cruel inimiga dos troianos.

Teano

Filha de Cisseu, irmã de Hécuba e mulher de Antenor, Teano era suma sacerdotisa de Minerva em Tróia. Quando Hécuba e as mulheres troianas vieram implorar o socorro da deusa, a bela Teano, diz Homero, pôs as oferendas no colo de Minerva, acompanhando-as de súplicas que foram rejeitadas.

Segundo uma tradição, foi ela que entregou o Paládio aos gregos.

Antenor

Príncipe troiano, marido de Teano e cunhado de Príamo, Antenor teve uma próspera família, dezenove filhos, diz-se, entre os quais contam-se: Antíloco, morto num combate por Ajax, filho de Télamon; Anteu, que Páris matou por acidente; Laodoco, sob cujos traços Minerva aconselhou a Pândaro que atirasse uma flecha para impedir o combate singular entre Páris e Menelau; enfim, Atamante, Aquelau, etc.

Antenor foi acusado de haver traído a pátria não só porque recebeu os embaixadores gregos que vieram pedir Helena de volta, mas também porque reconhecera, em Tróia, Ulisses disfarçado, e não o revelou aos troianos.

Depois da tomada dessa cidade, embarcou com os seus, foi parar na Itália, na costa dos vênetos, e fundou uma cidade com seu nome, que depois foi chamada Pádua.

Heitor

Filho de Príamo e de Hécuba, marido de Andrômaca, pai de Astíanax, Heitor, o mais forte e valoroso dos troianos, defendeu energicamente sua pátria contra o exército dos gregos. Saiu glorioso de vários combates contra os mais temidos guerreiros, como Ajax, Diomedes etc.

Os oráculos predisseram que o império de Príamo não poderia ser destruído enquanto vivesse o corajoso Heitor. Durante a retirada de Aquiles, ele pôs fogo até nas naus inimigas e matou Pátroclo, que queria opor-se a seu avanço. O desejo de vingança chama Aquiles de volta ao combate. Ao verem o terrível guerreiro, Hécuba e Príamo temem pelos dias de seu filho e fazem-lhe as mais vivas exortações para dissuadi-lo de travar o combate; mas este é inexorável e, preso a seu destino, Heitor espera por seu rival.

Apolo abandona-o. Minerva, sob as feições de seu irmão Deífobo, engana-o e entrega-o à morte. Depois de lhe tirar a vida, Aquiles o expõe ao covarde furor dos gregos, amarra a seu carro o cadáver do vencido e arrasta-o indignamente várias vezes em torno da cidade. Enfim Apolo repreende os deuses por sua injustiça. Júpiter encarrega Tétis e Íris, uma de convencer Aquiles a entregar o corpo, a outra de ordenar a Príamo que lhe mande presentes capazes de aplacar sua cólera. Príamo vem suplicando beijar a mão sangrenta do matador de seu filho e humilhar-se a seus joelhos.

O corpo é entregue, e Apolo, que protegeu Heitor em vida, a pedido de Vênus toma o mesmo cuidado depois da sua morte e impede que seja desfigurado pelos maus-tratos de Aquiles.

Nas medalhas, vemos Heitor montado num carro puxado por dois cavalos; numa mão leva uma lança, na outra o Paládio.

Andrômaca

Filha de Étion, rei da Cilícia, Andrômaca foi mulher de Heitor. Privada de seu esposo, morto em combate singular por Aquiles, logo viu reduzir-se a cinzas a cidade de que Heitor era o principal sustentáculo, e coube em partilha ao filho do assassino deste, a Pirro, que a levou para Épiro e com ela se casou.

Teve enfim, por terceiro esposo, Heleno, irmão de seu primeiro marido, que se tornara rei do Epiro. Embora tenha subido com ele ao trono, não deixava de se entregar à tristeza, não podendo esquecer seu caro Heitor, para quem mandou construir em terra estrangeira um magnífico monumento.

De seu primeiro esposo, teve Astíanax; teve Molosso, Píelo e Pérgamo do segundo, e Cestrino do último.

Cita-se Andrômaca como esposa e mãe modelar. Seu caráter e seus infortúnios inspiraram grandes poetas, por exemplo, Eurípides, Virgílio e Racine, depois de Homero, o maior de todos.

Páris

Páris, também chamado Alexandre, era filho de Príamo, rei de Tróia, e de Hécuba. Antes de seu nascimento, os adivinhos consultados anunciaram que a criança esperada causaria um dia a ruína de Tróia. Ante essa predição, assim que Páris nasceu, Príamo deu-o a um de seus domésticos

Rapto de Helena pelo frígio Páris.

para que este se desfizesse dele. Mais terna, Hécuba roubou-o e confiou-o a uns pastores do monte Ida, pedindo que cuidassem dele.

O jovem pastor logo se distinguiu por sua bela aparência, seu espírito e sua destreza, e suscitou o amor da ninfa Enone, com quem se casou.

Nas núpcias de Tétis e Peleu, havendo a Discórdia jogado na mesa o pomo de ouro fatal com a inscrição *À mais bela,* Juno, Minerva e Vênus disputaram-no e pediram juízes. O caso era delicado e Júpiter, temendo comprometer seu julgamento, mandou as três deusas, sob a conduta de Mercúrio, ao monte Ida, a fim de se submeterem ao julgamento de Páris.

Tendo o pomo sido dado a Vênus, Juno e Minerva, somando seu ressentimento, juraram vingança e trabalharam de comum acordo para a ruína dos troianos.

Nesse ínterim, por ocasião dos jogos fúnebres em que ganhara o prêmio, Páris fez-se reconhecer por Príamo mostrando-lhe as fraldas com que fora exposto. Não acreditando mais no oráculo, esse rei recebeu-o com alegria e mandou que o levassem ao palácio. Em seguida, mandou-o à Grécia, a pretexto de oferecer um sacrifício a Apolo, mas, na realidade, para receber a sucessão de sua tia Hesíone. Nessa viagem, apaixonou-se por Helena e raptou-a.

Durante a travessia da Grécia à Ásia, Nereu lhe predisse as desgraças que esse rapto causaria.

Por ocasião do cerco de Tróia, ele combateu contra Menelau, foi salvo por Vênus e recusou-se a restituir Helena, conforme estipulava a convenção que precedera o combate, feriu Diomedes, Macáon, filho de Esculápio, Antíloco, filho de Nestor, Palamedes, e matou Aquiles.

Páris era notável por sua beleza; mas não deixava de ser ardente, ousado e valente, ao menos se nos referirmos a Homero. No entanto, seu irmão Heitor e os capitães gregos por vezes repreendem-lhe sua beleza e dizem-lhe que ele é mais feito para os jogos do Amor do que para os de Marte.

Polixena

Polixena, filha de Príamo e Hécuba, foi amada por Aquiles, que a viu durante uma trégua. Este a pediu em casamento a Heitor. O príncipe troiano a prometeu, se ele aceitasse trair os gregos; mas uma condição tão vergonhosa pôde apenas suscitar a indignação de Aquiles, sem contudo diminuir seu amor. Quando Príamo foi reclamar o corpo de seu filho, levou consigo a princesa, para ser recebido de maneira mais favorável.

De fato, conta-se que o príncipe grego renovou seu pedido e até aceitou casar-se secretamente com Polixena, em presença da família desta, num templo de Apolo que ficava entre a cidade e o campo dos gregos. Páris e Deífobo, seu irmão, para lá foram com Príamo e, no momento em que Deífobo abraçava Aquiles, Páris desferiu-lhe um golpe mortal.

Desesperada com a morte de um príncipe que amava e por ser a causa involuntária desta, Polixena retirou-se para o campo dos gregos, onde foi recebida com honras por Agamêmnon.

Sobre o desditado fim dessa princesa, há duas versões bem diferentes. Para uns, tendo escapado durante a noite, foi até o túmulo do esposo e trespassou o seio.

Uma outra tradição mais conhecida relata que Polixena foi imolada pelos gregos sobre o túmulo de Aquiles. Foi a que Eurípides, em sua tragédia *Hécuba*, e Ovídio, em suas *Metamorfoses*, seguiram.

Laocoonte

Filho de Príamo e de Hécuba, segundo uns, ou irmão de Anquises, segundo outros, Laocoonte exercia na cidade de Tróia as funções de sacerdote de Netuno e de Apolo.

Cansados com um cerco e uma série de combates que duravam há dez anos, os gregos recorreram a um estratagema para penetrar em Tróia, tão bem defendida. Construíram, seguindo os ensinamentos de Palas-Minerva, um enorme cavalo com tábuas de pinho, artisticamente unidas, e disseram que era uma oferenda que consagravam a essa deusa a fim de obter um regresso feliz a seu país. Encheram de soldados os flancos desse enorme cavalo e fingiram afastar-se. Os troianos, vendo esse colosso diante de seus muros, propuseram fazê-lo entrar em sua cidade e colocá-lo em sua cidadela.

Sabendo desse desígnio, Laocoonte acorre quase em fúria, esforça-se por dissuadir seus concidadãos, apresenta-lhes como uma artimanha ou uma máquina de guerra aquele colosso abandonado pelos gregos e arremessa uma lança contra os flancos do cavalo. Os troianos, em sua confiança cega, viram essa ação como uma impiedade. Ficaram ainda mais persuadidos disso quando duas serpentes hediondas, vindas do mar, foram reto para o altar em que Laocoonte sacrificava, lançaram-se sobre seus dois filhos, Antífates e Timbreu, enroscaram-nos com seus anéis, pegaram o próprio Laocoonte, que vinha socorrer seus filhos e só largaram suas três vítimas depois de tê-las sufocado e lacerado com suas picadas imundas.

Os troianos fazem, pois, entrar em sua cidade o colosso fatal e o colocam no templo de Minerva. Na noite seguinte, enquanto a cidade inteira estava mergulhada num sono profundo, um traidor, trânsfuga do exército grego, chamado Sínon, abre os flancos do cavalo, faz os soldados saírem e, então, Tróia é tomada e entregue às chamas.

O episódio de Laocoonte, uma das mais belas passagens da *Eneida*, de Virgílio, inspirou a obra-prima de escultura bem conhecida de que o Louvre possui uma reprodução. É atribuída a três excelentes artistas de Rodes: Polidoro, Atenodoro e Agesandro, que a talharam em conjunto num só bloco de mármore. Foi encontrada em Roma nas termas de Tito em 1506.

Heleno

Filho de Príamo e de Hécuba, o mais esclarecido dos adivinhos da Tróade e único filho desse rei que sobreviveu à ruína da sua pátria, formado na arte divinatória por Cassandra, sua irmã, Heleno predizia o futuro pela trípode, pelo louro jogado no fogo, pela astrologia e, enfim, pela observação do vôo dos pássaros e a compreensão de sua linguagem.

Por volta do fim do cerco de Tróia, irritado por não haver podido obter a mão de Helena, ele se retirou para o monte Ida. Ulisses, a conselho de Calcas, surpreendeu-o à noite e levou-o prisioneiro para o campo dos gregos. Foi então que esse adivinho lhes fez saber que jamais destruiriam Tróia sem a presença e o concurso de Filoctetes.

Tendo se tornado escravo de Pirro, filho de Aquiles, soube conquistar sua amizade com predições úteis a esse príncipe. Em reconhecimento, Pirro não só cedeu a Heleno a viúva de Heitor como esposa, mas também deixou-o como seu sucessor ao reino do Epiro. O próprio filho de Pirro, Molosso, só reinou após a morte de Heleno e, ainda assim, partilhando seus Estados com Cestrino, filho desse príncipe.

Cassandra

Filha de Príamo e de Hécuba, Cassandra foi amada por Apolo, que lhe concedeu o dom da profecia. Em seguida, o deus arrependeu-se e, não podendo tirar-lhe o dom de predizer, desacreditou suas predições e a fez passar por louca. Seus prognósticos, suas advertências foram capazes apenas de torná-la odiosa.

Havendo predito reveses a Príamo, a Páris e a toda a cidade, foi encerrada numa torre, na qual não cessava de deplorar as desgraças de sua pátria. Seus gritos e suas lágrimas redobraram quando soube da partida de Páris para a Grécia, mas apenas riram de suas ameaças. Ela se opôs, mas sem êxito, à entrada do cavalo de madeira na cidade.

Na noite da tomada de Tróia, Cassandra refugiou-se no templo de Palas-Minerva, onde Ajax, filho de Oileu, cometeu contra ela os piores ultrajes. Agamêmnon, a quem coube na partilha, comovido com seu mérito e sua beleza, levou-a para a Grécia. Em vão ela preveniu esse príncipe sobre a sorte que lhe era reservada; sua predição teve o efeito costumeiro e Clitemnestra a fez massacrar com os gêmeos que Cassandra tivera de seu marido.

Micenas e Amiclas pretenderam ter, cada uma, seu túmulo. Leuctras construiu-lhe um templo e consagrou-lhe uma estátua com o nome de Alexandra.

Anquises

Descendente de Tros, o fundador de Tróia, por parte de Assáraco e Cápis, teve a rara fortuna de agradar a uma deusa, e Vênus anunciou-lhe que lhe daria um filho que seria criado pelas ninfas até os cinco anos, idade em que ela lho restituiria. Esse filho devia ser Enéias.

Anquises não pôde calar sua felicidade; para puni-lo por sua indiscrição, Júpiter fulminou-o com seu raio, que contudo apenas feriu-o de maneira insignificante. Depois da tomada de Tróia, não lhe foi fácil decidir-se a partir da cidade. Uma trovoada, que ele tomou por um augúrio favorável, determinou-o.

Enéias levou-o até as naus, ele embarcou com os deuses penates e com o que tinha de mais precioso. Viveu até os oitenta anos e foi enterrado no monte Ida, segundo Homero, e, segundo Virgílio, em Drépano, na Sicília, onde morreu e onde seu filho lhe ergueu um túmulo.

Sarpédon

Filho de Júpiter e de Laodâmia, filha de Belerofonte, Sarpédon reinava nessa parte da Lícia banhada pelo Xanto e tornava seus Estados prósperos tanto por sua justiça quanto por seu valor. Ele veio acudir Príamo com numerosas tropas e foi um dos mais intrépidos defensores de Tróia.

Era de uma estatura gigantesca. Um dia, avançou contra Pátroclo, que fazia os troianos fugirem, e quis combatêlo. Vendo seu filho perto de sucumbir sob os esforços de seu adversário, Júpiter compadeceu-se: ele sabia que o destino condenara Sarpédon a morrer nesse momento; no entanto, delibera se não o arrancará da morte, eludindo, dessa vez, os decretos do Destino. Ante as repreensões de Juno, determina-se a ceder; mas, ao mesmo tempo, faz cair no chão uma chuva de sangue, para honrar a morte de um filho tão caro.

Depois que Sarpédon foi morto, os gregos não puderam levar mais que as armas para seus barcos. O próprio Apolo veio, por ordem de Júpiter, retirar o corpo do guerreiro do campo de batalha, lavou-o nas águas do Escamandro, perfumou-o com ambrosia, vestiu-o com roupas imortais e entregou-o nas mãos do Sono e da Morte, que o levaram prontamente para a Lícia, em meio a seu povo.

Emigração Troiana

Enéias

Oriundo do sangue dos reis de Tróia, filho de Anquises e de Vênus, neto de Assáraco, Enéias foi criado pelo famoso Quíron, como se fosse um príncipe da Grécia. Quíron ensinou-lhe todos os exercícios que podem contribuir para formar um herói. Depois de haver tomado lições com esse hábil mestre, casou-se com Creusa, filha de Príamo.

Quando Páris raptou Helena, Enéias previu as tristes conseqüências dessa violação da hospitalidade e aconselhou-o a devolver aquela que devia causar a perda da sua pátria. Embora houvesse criticado a guerra, não deixou de conduzir-se nela com coragem. Homero põe apenas Heitor acima dele e, apesar da sua predileção pelos gregos, faz Enéias ceder apenas a Aquiles e a Diomedes. Ainda assim, Enéias não foge, mas é tirado do combate, ora por Apolo, ora por Vênus.

Na noite em que Tróia sucumbiu, ele tentou corajosamente deter e rechaçar os inimigos nas ruas da cidade; mas, excedido pelo número e vendo que tudo está perdido e sem esperança, põe nas costas seu pai Anquises, com seus deuses penates e, levando o filho Ascânio pela mão, retira-se para o monte Ida com os troianos que pôde reunir, entre outros o velho Aletes, Ilioneu, Abas, Orontes e um amigo, o fiel Acates.

Nessa fuga precipitada, perdeu a mulher Creusa. Voltou atrás na esperança de encontrá-la, mas ela apareceu-lhe como uma sombra e revelou-lhe que fora raptada por Cibele.

Depois de ter construído uma frota de vinte naus e costeado a Trácia, uma parte da Grécia, arribou no Epiro, onde encontrou Heleno, que lhe predisse a continuação de suas provações. Depois tornou a içar velas, enfrentou várias tempestades, abordou na África e foi recebido em Cartago por Dido, que Vênus dispôs a seu favor. Amado por essa princesa, o herói esqueceu-se por algum tempo nos prazeres da sua corte; mas Mercúrio veio tirá-lo dessa cilada que o ódio de Juno armara para a sua glória; e da Sicília aonde chamavam-no a celebração dos jogos fúnebres em honra a Anquises, morto naquela ilha no ano anterior, chegou à Itália, consultou a Sibila de Cumos, desceu ao Inferno, viu nos Campos Elísios os heróis troianos e seu pai, que lhe fez saber seu destino e o da sua posteridade.

De volta do Inferno, acampou à beira do Tibre, onde Cibele transformou suas naus em ninfas. Lá a consumação de vários oráculos advertiu-o de que suas peregrinações haviam terminado. Latino, rei do país, acolheu-o favoravelmente, mas a violência de Turno rompeu a paz que acabava de ser jurada e arrastou o velho monarca a uma guerra que acabou com a morte de Turno. Depois de tê-lo matado num combate singular, Enéias casou-se com Lavínia e fundou a cidade de Lavínio, que os romanos consideravam o berço de seu império.

Após quatro anos de um reinado tranqüilo, os rútulos, coligados com os etruscos, recomeçaram a guerra. Travou-se uma sangrenta batalha, após a qual Enéias desapareceu, afogado, ao que se diz, no Numício, rio que desemboca no mar Tirreno. Tinha trinta e oito anos. Mas, como esse fim não parecia digno de tal herói, pretendeu-se e apregoou-se que Vênus, sua mãe, o havia levado para o céu, depois de ter lavado seu corpo nas águas do riacho. Ergueram-lhe um monumento à margem do Numício e os romanos veneraram-no sob o nome de Júpiter Indígete.

Latino

Latino, rei do Lácio, era filho de Fauno e da ninfa Marica. Teve com sua esposa Amata um filho morto na flor da idade. Restava-lhe apenas uma filha, Lavínia, jovem princesa pedida em casamento por vários príncipes da Itália, sobretudo por Turno, rei dos rútulos, que Amata, sua tia, favorecia. Mas espantosos prodígios haviam retardado essa união.

Um dia em que a princesa queimava perfumes no altar, o fogo pegou em seus cabelos e suas roupas e propagou à sua volta turbilhões de chama e fumaça, sem que ela sentisse nada. Consultados, os adivinhos auguraram que seu destino seria brilhante, mas fatal a seu povo; e Fauno proibiu que Latino casasse sua filha com um príncipe do Lácio, anunciando um estrangeiro cujo sangue, mesclado com o seu, devia elevar até o céu a glória do nome latino.

Foi então que Enéias chegou à Itália e foi pedir asilo a Latino. O rei recebeu-o bem e, lembrando-se do oráculo de Fauno, fez aliança com Enéias e ofereceu-lhe sua filha em casamento. Os latinos se opuseram e forçaram seu príncipe à guerra. O troiano levou vantagem e tornou-se possuidor da princesa e herdeiro de Latino.

Viúva de Enéias e vendo seu trono ocupado por Ascânio, Lavínia temeu por seus dias. Foi se esconder nas florestas, onde deu à luz um filho que tomou o nome de Sílvio. A ausência dessa princesa fez o povo murmurar; Ascânio foi obrigado a mandá-la buscar e a ceder-lhe a cidade de Lavínio.

Evandro

Evandro foi o chefe de uma colônia de arcadianos que veio se estabelecer na Itália, nos arredores do monte Aventino. Esse príncipe levou para lá, com a agricultura, o uso das letras e conquistou com isso, e mais ainda por sua sabedoria, a estima e o respeito dos aborígines que, sem tê-lo tomado por rei, obedeceram-lhe como a um amigo dos deuses.

Evandro recebeu Hércules em sua casa e quis ser o primeiro a venerá-lo como uma divindade, inclusive em vida do herói; mandou erguer às pressas um altar diante de Hércules e imolou, em sua honra, um tourinho. Depois disso, esse sacrifício foi renovado todos os anos no monte Aventino.

Pretende-se que Evandro foi quem levou para a Itália o culto da maioria das divindades gregas, que instituiu os primeiros sálios, os lupercos e as lupercais. Construiu para Ceres o primeiro templo no monte Palatino.

Virgílio supõe que ele ainda vivia na época de Enéias, com quem fez uma aliança e a quem ajudou com suas tropas. Segundo o mesmo poeta, Evandro mandou seu próprio filho, Palas, socorrer os troianos de Enéias. Esse jovem e belo guerreiro, depois de ter-se destacado por suas façanhas, morreu no campo de batalha. Sua morte e seus funerais, descritos na *Eneida*, constituem dois quadros do mais patético interesse.

Depois de morto, Evandro foi inserido, pelo reconhecimento de seus súditos, entre os imortais, recebendo todas as honras divinas. Alguns mitólogos estão persuadidos de que era Evandro que se venerava na pessoa de Saturno, e que seu reinado foi a idade de ouro da Itália.

Ascânio, ou Julo

Ascânio, ou Julo, era filho único de Enéias e Creusa, filha de Príamo. Na noite da tomada de Tróia, estando Enéias e Anquises indecisos quanto ao partido que deveriam tomar, uma ligeira chama que viram bruxulear de repente em torno da cabeça de Ascânio, sem lhe queimar os cabelos, pareceu-lhes um presságio favorável, que os decidiu a buscar um novo lugar para fixar residência nos países estrangeiros.

Na Itália, Ascânio sucedeu a seu pai e fundou Alba Longa, da qual fez a capital de seu reino.

Niso e Euríalo

Dois jovens guerreiros romanos, Niso, filho de Hirtaco, e Euríalo, filho de Ofeltes, haviam seguido Enéias até a Itália. Eram ligados por uma amizade indissolúvel. Certa noite, na ausência de Enéias, quando estava montando guarda à porta do campo atacado pelos rútulos, Niso, o mais velho dos dois, concebeu o plano de atravessar as linhas inimigas para ir buscar o herói, seu chefe. Euríalo aprova o amigo e, apesar da sua idade, não quer deixá-lo partir só: recomenda sua mãe a Julo, e os dois jovens guerreiros partem juntos. Depois de terem massacrado um grande número de rútulos adormecidos, encontram um destacamento latino conduzido por Volcens. Niso escapa, Euríalo é capturado e vai perecer; Niso volta e pede inutilmente para morrer em lugar do jovem amigo. Euríalo é degolado e Niso só sucumbe depois de ter vingado a morte do amigo com a de Volcens.

Este o resumo do admirável relato de Virgílio, no nono livro da *Eneida*.

Lendas Populares

Dido

Filha de Belo, rei de Tiro, Dido casara-se com um sacerdote de Hércules chamado Sicarbas ou Siqueu, o mais rico de todos os fenícios. Depois da morte de Belo, Pigmalião, seu filho, subiu ao trono. Esse príncipe, ofuscado pela paixão das riquezas, surpreendeu um dia Siqueu quando oferecia sacrifício aos deuses, e assassinou-o ao pé do altar. Ocultou por muito tempo esse assassinato, iludindo sua irmã com uma vã esperança. Mas a sombra de Siqueu, privada das honras da sepultura, apareceu em sonho a Dido, mostrou-lhe o altar ao pé do qual fora imolado, e aconselhou que fugisse e levasse os tesouros escondidos desde há muito num lugar que lhe indicou.

Ao despertar, Dido dissimula sua dor, prepara sua fuga, trata com uns navios que estavam no porto, onde recebe todos os que odiavam ou temiam o tirano, e parte com as riquezas de Siqueu e as do avaro Pigmalião. A flotilha arribou primeiro na ilha de Chipre, onde Dido raptou cinqüenta moças, que deu a seus companheiros. De lá, conduziu sua colônia para a costa da África, onde construiu Cartago.

Para fixar os limites de sua nova cidade, ela compra tantas terras quanto o couro de um boi cortado em tiras pode cercar, o que lhe proporciona espaço bastante para poder construir uma cidadela, que foi chamada *Byrsa*, isto é, em grego, *couro de boi*.

Foi pedida em casamento por Jarbas, rei da Mauritânia, mas o amor que conservava por seu primeiro marido a fez rejeitar tal aliança. Temendo ser forçada a casar-se pelas armas desse príncipe e pelos votos de seus súditos, pediu três meses para refletir. Durante esse intervalo, fez os preparativos para seus funerais e, chegando ao prazo fatal, apunhalou-se. Esse ato tão enérgico a fez receber o nome de Dido – *mulher decidida* –, em lugar do de Elisa, que fora o seu até então.

Virgílio, por um anacronismo de pelo menos trezentos anos, aproximou Dido do herói troiano, por quem a supõe apaixonada e que ela queria reter em Cartago. Quando o herói se afasta, ela chama a irmã Ana, anuncia-lhe que não pode se consolar com a partida de Enéias; depois sobe em sua pira fúnebre e aí morre. Enquanto a frota dos troianos singra rumo à Sicília e à Itália, Enéias pode perceber na costa as chamas que consomem aquela que ele deixou para obedecer ao Destino.

Pigmalião

Pigmalião, filho de Belo, rei de Tiro, irmão de Dido e de Ana, e que matou Siqueu, seu cunhado, para apoderar-se de seus tesouros, não deve ser confundido com outro Pigmalião, famoso estatuário da ilha de Chipre.

Este, revoltado contra o casamento por causa da má conduta das Propoitides, de que era testemunha todos os dias, devotou-se ao celibato. Mas apaixonou-se por uma estátua de marfim, obra de seu cinzel, e, à custa de muita súplica, conseguiu que Vênus lhe desse vida. Satisfeito seu pedido, casou-se com ela, com quem teve um filho, chamado Pafos, que foi mais tarde fundador de uma cidade a que deu seu nome.

As Propoitides, mulheres de Chipre, haviam negado a divindade de Vênus. Essa deusa puniu-as acendendo em seus corações o fogo da impudicícia. Acabaram perdendo toda vergonha e foram transformadas insensivelmente em rochedos.

Midas

Filho de Górgias e Cibele, Midas reinou naquela parte da grande Frígia em que corre o Pactolo. Tendo Baco vindo a esse país acompanhado dos Sátiros e do bom velhote Sileno, este último deteve-se perto de uma fonte em que Midas mandara derramar vinho para atraí-lo. Alguns camponeses que o encontraram bêbado nesse lugar, depois de tê-lo adornado com guirlandas, conduziram-no a Midas. Esse príncipe, instruído nos mistérios por Orfeu e Eumolpo, recebeu o melhor que pôde o velho Sileno, reteve-o por dez dias que se passaram em diversões e banquetes, e devolveu-o a Baco.

Esse deus, encantado com rever seu pai adotivo, disse ao rei da Frígia que lhe pedisse tudo o que desejasse. Midas pediu-lhe para fazer com que tudo o que tocasse se transformasse em ouro. Baco acedeu.

As primeiras experiências de Midas deslumbraram-no, mas como seus próprios alimentos transformavam-se em ouro, viu-se pobre no meio de toda aquela abundância enganadora que o condenava a morrer de inanição, e foi obrigado a rogar a Baco que lhe retirasse um dom fatal que de bom só tinha a aparência. Comovido por seu arrependimento, Baco mandou que mergulhasse no Pactolo. Midas obedeceu e, perdendo a virtude de converter em ouro tudo quanto tocava, comunicou-a ao Pactolo, que desde então rola uma areia de ouro.

Ovídio acrescenta a essa primeira fábula a que segue. "Pã, aplaudindo-se um dia em presença de algumas jovens ninfas pela beleza da sua voz e os suaves acentos da sua flauta, teve a temeridade de preferi-las à lira e aos cantos de Apolo, e levou a vaidade até fazer ao deus um desafio. Midas, amigo de Pã, chamado como juiz entre os dois rivais, concedeu a vitória a seu amigo. Para se vingar, Apolo lhe deu orelhas de burro. Midas tudo fazia para esconder essa deformação e cobria-a sob uma magnífica tiara. O barbeiro que cuidava de seus cabelos percebeu-a, mas não ousou dizer nada. Cansado com o peso de tal segredo, vai a um lugar ermo, faz um buraco no chão, aproxima dele a boca e diz em voz baixa que seu amo tem orelhas de burro; depois fecha o buraco e se retira. Algum tempo depois, nasceram aí uns caniços que, secos ao cabo de um ano e agitados pelo vento, repetiram as palavras do barbeiro e fizeram todo o mundo saber que Midas tinha orelhas de burro."

Baucis e Filêmon

Baucis, mulher pobre e idosa, vivia com seu marido Filêmon, quase tão velho quanto ela, numa pequena cabana. Júpiter, disfarçado de simples mortal e acompanhado de Mercúrio, quis visitar a Frígia. Os dois viajantes chegaram a uma aldeola, perto da qual moravam Filêmon e Baucis; simulando sucumbir ao cansaço, bateram em todas as portas, pedindo hospitalidade. Nenhum habitante quis recebê-los. Saíram da aldeia e foram bater na cabana dos dois velhotes que se empenharam em cobri-los de zelos.

Tudo era pobre e velho em casa de Filêmon e Baucis, mas sua generosidade, seu bom coração supriam a fortuna, e tudo o que tinham foi posto à disposição dos deuses. Para recompensá-los, Júpiter convidou-os a segui-lo até o alto de uma montanha; eles o seguiram docilmente, apesar da sua idade avançada e da dificuldade da marcha. Lá em cima, olharam para trás e viram toda a aldeia e as cercanias submersas, com exceção de uma pequena cabana, que foi transformada num maravilhoso templo. Então Júpiter disse àqueles anfitriões piedosos e humanos que lhe exprimissem um desejo, prometendo conceder de imediato tudo o que pedissem. Os dois esposos desejaram apenas ser ministros daquele templo e não morrer um sem o outro.

Seus desejos foram satisfeitos. Chegando à mais avançada velhice, eles se encontravam um dia um perto do outro diante do templo; de repente, Filêmon percebeu que Baucis se metamorfoseava em árvore, numa magnífica tília, enquanto Baucis, por sua vez, ficou surpresa com ver que Filêmon se convertia num soberbo carvalho. Deram-se então os adeuses mais ternos, que cessaram pouco a pouco como um suave murmúrio em seus ramos e sob a sua folhagem.

Essa simples e graciosa lenda é bem conhecida pelo relato em verso de La Fontaine.

Hero e Leandro

Hero, sacerdotisa de Vênus, morava em Sesto, cidade situada à beira do Helesponto, do lado da Europa; em face ficava Abido, do lado da Ásia, onde morava o jovem Leandro. Este, tendo-a visto numa festa de Vênus, apaixonou-se e fez-se amar por ela, e vinha vê-la atravessando a nado o Helesponto, num trajeto, naquele lugar, de oitocentos e setenta e cinco passos.

Hero mantinha todas as noites um archote aceso no alto de uma torre, para conduzi-lo em sua rota. Depois de vários encontros, o mar tornou-se tempestuoso. Sete dias se passaram. Leandro, impaciente, não pôde esperar a bonança, lançou-se ao mar, faltaram-lhe forças e as ondas lançaram seu corpo na praia de Sesto. Não querendo sobreviver a seu amante, Hero precipitou-se no mar.

Algumas medalhas representam Leandro precedido por um Cupido que voa, de tocha na mão, para guiá-lo em sua perigosa travessia.

Essa lenda inspirou ao gramático grego Museu um pequeno poema épico, bela e graciosa obra-prima.

Píramo e Tisbe

Píramo, jovem assírio, era apaixonado pela jovem e bela Tisbe, que tinha por ele os mesmos sentimentos. Moravam na mesma cidade, quase na mesma casa, mas não podiam nem se ver, nem conversar livremente, a tal ponto seus pais punham obstáculos a seus encontros e conversas. Planejaram então encontrar-se fora da cidade, sob uma amoreira branca.

Era uma noite de lua. Tisbe, envolta num véu, chegou primeiro ao encontro combinado. Aí foi atacada por uma leoa que tinha o focinho ensangüentado, e da qual Tisbe fugiu com tamanha precipitação que deixou cair o véu. A fera, encontrando-o em seu caminho, despedaçou-o e ensangüentou-o.

Píramo chegou pouco depois, pegou o véu que reconheceu aterrorizado e, acreditando que Tisbe tivesse sido devorada, matou-se com sua espada. Nesse ínterim, Tisbe, que saíra do lugar em que estava escondida, voltou ao ponto de encontro; mas, descobrindo Píramo que expirava, pegou a espada fatal e enfiou-a no coração.

Conta-se que a amoreira tingiu-se do sangue desses amantes e que as amoras que dava, de brancas que eram, tornaram-se vermelhas.

Esse tema foi tratado em versos por La Fontaine.

Cicno

Filho de Estênelo, rei da Ligúria, unido por laços de sangue a Faetonte por parte de mãe, ao saber da morte do amigo, Cicno abandonou seus Estados para chorá-lo à beira do Erídano, porque estava inconsolável em sua dor. O dia inteiro e, muitas vezes, à noite, ia solitário ao longo do rio, exalando seus queixumes em cantos melancólicos a que se mesclavam o suave rumorejar das águas e o farfalhar dos álamos. Chegou assim à velhice, sem poder se consolar. Os deuses se apiedaram dele, transformaram em plumas seus cabelos brancos e metamorfosearam-no em cisne.

Sob essa forma, Cicno ainda se lembra do raio de Júpiter que fez seu amigo perecer; ainda emite tristes lamentos, não ousa alçar vôo, anda rente ao chão e habita o elemento mais contrário ao fogo.

Os Pigmeus

Povo fabuloso que se dizia haver existido na Trácia, os pigmeus eram homens de pequeníssima estatura. Tinham no máximo um côvado de altura; suas mulheres eram mães de família aos três anos de idade e velhíssimas aos oito. Suas cidades e suas casas eram construídas apenas de cascas de ovos; no campo, enfurnavam-se em buracos que faziam debaixo da terra; cortavam seu trigo com machadinhas, como se se tratasse de abater uma floresta.

Um exército desses homúnculos atacou Hércules que adormecera depois da derrota do gigante Anteu e tomou, para vencê-lo, as mesmas precauções que se tomavam para formar um cerco: as duas alas desse pequeno exército caem sobre a mão direita do herói e, enquanto o corpo de batalha ataca a esquerda e os arqueiros acossam os pés, a rainha, com seus mais bravos súditos, lança um assalto à cabeça. Hércules acorda e, rindo do projeto desse formigueiro, envolve-os todos em sua pele de leão e leva-os a Euristeu.

Os pigmeus viviam em guerra contra os grous, que, todos os anos, vinham da Cítia atacá-los. Nossos campeões, montados em perdizes, ou, segundo outros, em cabras e carneiros de tamanho proporcional ao deles, armavam-se dos pés à cabeça para ir combater seus inimigos.

Os gregos, que em suas fábulas admitiam a existência dos gigantes, isto é, de homens de tamanho extraordinário, imaginaram, para fazer contraste, esses homúnculos de um côvado, a que chamaram pigmeus, da palavra grega *pygmé*, medida de dezoito dedos, equivalente a cerca de 338 milímetros.

A idéia desses homúnculos talvez tenha vindo aos gregos de certos povos da Etiópia, chamados pequinos. Esses povos eram de uma estatura bem abaixo da ordinária; como os grous migravam todos os anos para seu país, eles se reuniam para assustá-los e impedir que devastassem seus campos.

Homero, na *Ilíada*, compara os troianos a grous que atacam os pigmeus, prova manifesta de que essa fábula era popular na Grécia desde os tempos mais remotos. Aliás, muitos vasos gregos representam os combates dos pigmeus com os grous.

Giges

Giges era um pastor de Candaules, rei da Lídia. Passeando um dia no campo, percebeu uma escavação profunda que se produzira na terra em conseqüência de chuvas torrenciais. Teve a curiosidade de nela penetrar e lá fez uma estranha descoberta. Diante dele encontrava-se um enorme cavalo de bronze, em cujos flancos havia portas. Abrindo-as, Giges viu dentro do cavalo o esqueleto de um gigante que tinha um anel de ouro no dedo. Pegou o anel, também o colocou no dedo e, sem dizer palavra acerca da sua aventura, foi ter com os outros pastores das redondezas.

Quando estava em companhia deles notou que todas as vezes que virava a pedra do anel para dentro, do lado da palma da mão, tornava-se invisível para todos, mas não deixava de ver e de ouvir o que sucedia à sua volta. Assim que virava a pedra para fora, em sua posição costumeira, tornava-se de novo visível.

Certificando-se por inúmeras experiências da maravilhosa propriedade de seu anel, foi à corte e, como era ambicioso, matou o rei Candaules, casou-se com a rainha e usurpou a realeza.

Mílon de Crotona

Mílon de Crotona, filho de Diotimo, foi um dos mais célebres atletas da Grécia. Conta-se que foi seis vezes vencedor de luta nos jogos olímpicos, a primeira vez na categoria de crianças. Apresentou-se uma sétima vez em Olímpia, mas não pôde combater, por falta de antagonista. Nos outros jogos da Grécia, teve por toda parte o mesmo sucesso.

Era dotado de uma força extraordinária e, para dar uma idéia desta, contam dele coisas surpreendentes. Segurava uma romã na mão e, pela simples aplicação de seus dedos, sem esmagar nem espremer a fruta, segurava-a tanto que ninguém conseguia arrancá-la dele. Punha o pé em cima de um disco untado de óleo, por conseguinte muito escorregadio; no entanto, qualquer que fosse o esforço que se fizesse, não era possível abalá-lo, nem fazê-lo recuar. Cingia a cabeça com uma corda, à guisa de fita; depois prendia a respiração; nesse estado violento, o sangue subia-lhe à testa e inchava-lhe a tal ponto as veias, que a corda rebentava. Mantinha o braço direito atrás das costas, a mão aberta, o polegar erguido, os dedos juntos, e então nenhum homem teria podido separar-lhe o dedinho dos outros.

O que se diz da sua voracidade é quase incrível: vinte libras de carne, outras tantas de pão e quinze pintas de vinho mal bastavam para saciá-lo. Um dia, tendo percorrido todo o comprimento do estádio carregando nos ombros um touro de quatro anos, matou-o com um soco e comeu-o inteiro no mesmo dia.

Teve certa vez a oportunidade de fazer um belo uso de sua força. Um dia em que ouvia as lições de Pitágoras, o teto da sala em que os ouvintes estavam reunidos ameaçou vir abaixo, e ele sozinho sustentou-o, deu tempo aos ouvintes de se retirar e saiu depois deles. A confiança que tinha em sua força acabou lhe sendo fatal.

Tendo encontrado em seu caminho um velho carvalho derrubado e entreaberto por algumas cunhas de madeira que haviam enfiado nele com força, tratou de terminar de fendê-lo com as mãos; no entanto, com o esforço que fez, as cunhas se soltaram, as duas partes da árvore tornaram a se juntar e suas mãos foram presas como num torno; Mílon não conseguiu retirá-las e foi devorado pelos lobos.

No grupo de mármore, obra de Puget que se encontra no Louvre, Mílon de Crotona é devorado por um leão, fantasia do escultor.

Rômulo e Remo

Sílvio Procas, décimo segundo rei de Alba Longa, deixou dois filhos, o mais moço dos quais, Amúlio, apoderou-se do trono em prejuízo de Numitor, seu irmão mais velho. Para garantir a coroa para si e seus filhos, Amúlio matou

O deus Tibre, a Loba, Rômulo e Remo.

numa caçada Lauso, filho de Numitor, e forçou ao mesmo tempo Réia Sílvia, irmã de Lauso, a se consagrar ao culto de Vesta, esperando privá-la de posteridade, já que o casamento lhe seria vedado.

Entretanto, o deus Marte tornou Sílvia mãe de gêmeos, Rômulo e Remo. Tendo sido informado do fato, Amúlio encarcerou a vestal e lançou no Tibre os dois recém-nascidos postos no mesmo berço. O rio havia transbordado; logo as águas se retiraram, e as crianças permaneceram em seco num lugar selvagem. Uma loba, que acabara de perder seus filhotes, ouviu o choro de Rômulo e Remo e amamentou-os com cuidado maternal.

Um pastor das vizinhanças, Fáustulo, percebendo as idas e vindas da loba, seguiu-a, encontrou as crianças, pegou-as e entregou-as a sua mulher, Aca Laurência, para que as criasse em sua cabana. Os dois irmãos cresceram e fortaleceram-se em meio aos pastores, percorrendo bosques e montanhas, dedicando-se à caça e às vezes lutando contra bandoleiros que roubavam seus animais. Um dia Remo caiu nas mãos destes, que o conduziram ao rei Amúlio. Diante deste, acusaram-no de ter devastado os rebanhos de Numitor.

Em vez de puni-lo, Amúlio mandou que Remo fosse levado à presença do próprio Numitor, que queria vingar-se do culpado. O jovem prisioneiro parecia-se com Sílvia, sua mãe. Por causa dessa semelhança notável com sua filha, Numitor hesitava em puni-lo. Entrementes, informado sobre sua origem e sobre a sua família pelo pastor Fáustulo, Rômulo acorreu bruscamente a Alba, libertou o irmão, matou o rei Amúlio e, tendo-se feito reconhecer, restabeleceu seu avô Numitor no trono.

Pouco tempo depois, Rômulo e Remo pensaram em fundar uma cidade no lugar em que haviam sido expostos e recolhidos. Consultaram os auspícios para saber qual dos dois daria seu nome à nova cidade. Subiram numa colina e observaram o espaço. Remo foi o primeiro a ver seis abutres no monte Aventino; Rômulo viu, depois dele, doze no monte Palatino. Elevou-se então entre os dois uma violenta altercação que, segundo uma tradição, terminou com a morte de Remo.

Mas a lenda corrente admite que Remo acabou cedendo nessa ocasião e permitiu a Rômulo dar em parte seu próprio nome à cidade de Roma. Mais tarde, o plano dessa cidade foi traçado por um simples sulco e, a partir desse momento, Rômulo, por um edito solene, proibiu quem quer que fosse de atravessar o que já chamava suas muralhas. Remo não lhe deu atenção e, brincando, saltou o fosso. Sem tardar, Rômulo, furioso, matou o irmão e, sem piedade, exclamou: "Assim pereça doravante quem tentar atravessar à força minhas muralhas!"

Assassino do irmão, mas persistindo em seus ambiciosos projetos, Rômulo construiu a cidade, mandou vir os pastores e os bandoleiros dos arredores, acolheu num asilo inviolável os aventureiros e os escravos fugitivos, fez-se proclamar rei por esse amontoado de gente sem eira nem beira e estabeleceu uma forma de governo. Mas nessa multidão desprezada pelos povoados vizinhos não havia mulheres. Para obtê-las, Rômulo recorreu a um artifício: mandou anunciar por toda parte uma grande representação, jogos extraordinários que aconteceriam na cidade. Os sabinos vieram com suas mulheres e seus filhos; durante a festa, a um sinal dado, os companheiros de Rômulo raptaram as sabinas.

Esse ultraje ocasionou primeiro guerras sangrentas que teriam prosseguido por longos anos, se os sabinos, pela mediação das sabinas raptadas, não tivessem preferido a paz e a união com os romanos, de modo que passassem a constituir um mesmo povo com eles. Tácio, seu rei, partilhou o mesmo trono com Rômulo.

Depois de ter constituído um verdadeiro e sábio governo em Roma e ter-se cercado de um colégio de áugures e sacerdotes, de um exército, de um senado, Rômulo desaparececeu subitamente numa assembléia no Campo de Marte, durante uma tempestade, no meio de relâmpagos e trovões. É de se presumir que foi morto por seus novos súditos. Conta-se inclusive que os senadores levaram-no retalhado sob as pregas de suas túnicas. Todavia, certo Próculo afirmou, sob juramento, que vira Rômulo ascender ao céu e que esse rei ordenara que lhe rendessem honras divinas.

Logo se construiu um templo, onde foi venerado sob o nome de Quirino e instituiu-se para ele um sacerdote particular, chamado Flamínio Quirinal.

Hersília, uma das sabinas raptadas pelos romanos e que se tornara mulher de Rômulo, também foi tida como divindade, depois da sua morte. Era venerada no mesmo templo de Quirino, sob os nomes de Hora ou Horta. Seu culto tinha certa relação com o de Hebe, e era invocada para atrair a proteção sobre a juventude romana. Ela inspirava aos jovens o gosto pela virtude e pelas ações gloriosas. Seus santuários nunca fechavam, símbolo da necessidade que tem o homem de ser estimulado dia e noite a fazer o bem. Também era chamada Estímula.

Algumas Divindades Alegóricas

Harpócrates

Harpócrates, deus do silêncio, era, ao que se diz, de origem egípcia. Pretendiam-no filho de Ísis e Osíris, e é confundido por certos mitólogos com Horus. Na Grécia e em Roma, sua estátua era freqüentemente posta na entrada dos templos, o que significava que é preciso venerar os deuses pelo silêncio, ou que os homens, tendo da divindade apenas um conhecimento imperfeito, só devem falar dela com respeito. Os antigos costumavam ter em seus sinetes uma figura de Harpócrates, para ensinar que se deve guardar o segredo das cartas.

Era representado com as feições de um rapaz nu, ou vestindo uma túnica que se arrasta pelo chão, trazendo na cabeça uma mitra à egípcia ou um cesto, levando numa das mãos uma cornucópia e na outra uma flor de lótus, ou uma aljava. O símbolo que o distingue acima de tudo é que tem o segundo dedo na boca, para recomendar silêncio e discrição. A coruja, símbolo da noite, por vezes é posta ao pé da estátua.

Entre as plantas, o pessegueiro e o lótus lhe eram particularmente consagrados, porque, diz Plutarco, a folha do pessegueiro tem a forma de uma língua e seu fruto a de um coração, emblema do perfeito acordo que deve existir entre a língua e o coração.

Lara, Muta ou Tácita

Roma também tinha sua deusa do silêncio, que venerava sob os nomes de Lara, Muta ou Tácita. Seu culto fora recomendado por Numa Pompílio, que julgara essa divindade necessária ao estabelecimento de seu novo Estado.

Lara era uma náiade do Álmon, córrego que deságua no Tibre abaixo de Roma. Júpiter, enamorado por Juturna, não podendo encontrá-la porque fugira e jogara-se no Tibre, chamou todas as náiades do Lácio e pediu-lhes que impedissem que a ninfa se escondesse em seus rios. Todas lhe prometeram seus préstimos. Só Lara foi declarar a Juturna e a Juno os intentos de Júpiter. O deus, irritado, cortou-lhe a língua e deu a Mercúrio ordem de conduzi-la para o Inferno; mas, a caminho, Mercúrio, encantado com a beleza da ninfa, fez-se amar por ela, com quem teve dois filhos, que, por causa do nome da mãe, foram chamados Lares.

A festa dessa deusa do silêncio era celebrada em Roma a 18 de fevereiro. Ofereciam-lhe sacrifícios para impedir as maledicências. Os romanos juntaram essa festa à dos mortos, seja porque Lara era tida como mãe dos Lares, seja porque, tendo a língua cortada, era o emblema da morte por seu silêncio eterno.

Pluto

Deus das riquezas, Pluto era posto entre os deuses infernais, porque as riquezas são tiradas do seio da terra, morada dessas divindades. Ele nasceu de Ceres e de Jasão, na Ilha de Creta. Esse deus, ao que parece, tinha em sua juventude uma excelente vista; mas, tendo declarado a Júpiter que só queria andar com a Virtude e a Ciência, o pai dos deuses, com ciúme da gente de bem, cegara-o para tirar-lhe os meios de discerni-las. Pelo menos, esta é a lenda de Aristófanes, autor da comédia intitulada *Pluto*. Luciano acrescenta que, desde que ficou cego, esse deus, que além do mais é manco, anda quase sempre com os maus.

De ordinário, Pluto é representado na figura de um velhote que traz na mão uma bolsa. Segundo os antigos, vinha a passos lentos e voltava com asas, porque as riquezas se adquirem demoradamente e são bem depressa dissipadas.

Ate e as Lites, ou Preces

Ate, filha de Júpiter, deusa malfazeja, odiosa aos mortais e aos deuses, não tem outra ocupação além da de perturbar o espírito dos homens para entregá-los à infelicidade. Tendo Juno enganado Júpiter ao fazer Euristeu nascer antes de Hércules, o deus voltou todo o seu ressentimento contra Ate, considerando-a autora de todo o mal. Agarrou-a pelos cabelos, precipitou-a na terra e jurou que ela nunca mais tornaria a entrar no céu. Desde então Ate percorre a terra com uma celeridade incrível e se compraz nas injustiças e nas calamidades dos mortais.

As Lites, isto é, as Preces, são irmãs de Ate e, como ela, filhas de Júpiter. Homero pintou-as sob uma engenhosa alegoria. "Elas são mancas", afirma, "enrugadas, de olhos sempre baixos, atitude sempre humilde, sempre submissa; seguem atrás de Ate, ou Injúria; porque a Injúria altaneira, cheia de confiança em suas próprias forças e de passo ligeiro, sempre as ultrapassa e percorre a terra para ofender os homens; e as humildes Preces seguem-na para curar os males que fez. Aquele que as respeita e as ouve delas recebe preciosos auxílios; mas aquele que as rejeita experimenta, por sua vez, sua cólera temível." Têm elas uma grande ascendência sobre o coração de seu pai, senhor dos homens e dos deuses.

A Boa-Fé

A Boa-Fé, deusa dos romanos, tinha seu culto estabelecido no Lácio numa época bastante remota, anterior, diz-se, ao reinado de Rômulo. O rei Numa, pelos conselhos da ninfa Egéria, elevou-lhe um templo no monte Palatino e, mais tarde, teve outro no Capitólio, perto do de Júpiter. Tinha ela sacerdotes e sacrifícios que lhe eram próprios.

Era representada com as feições de uma mulher vestida de branco, com as mãos postas. Nos sacrifícios que lhe eram oferecidos, sempre sem efusão de sangue, seus sacerdotes deviam estar velados com um pano branco e ter a mão envolta neste.

Duas mãos postas juntas eram o símbolo da Boa-Fé.

Um antigo deus dos sabinos, *Dius Fidius,* ou simplesmente *Fidius,* cultuado em Roma, também era considerado como o deus da Boa-Fé. Os romanos juravam por essa divindade. A fórmula de juramento *Me Dius Fidius* e, por abreviação, *Medi Edi,* significava "que *Dius Fidius* me proteja!"

A Fraude, ou Má-Fé

A Fraude, ou Má-Fé, era uma divindade monstruosa e infernal. Era representada com uma cabeça humana de fisionomia agradável, com o corpo pintalgado de várias cores e a extremidade deste em forma de serpente com a cauda de um escorpião. O Cocito era o elemento em que esse monstro vivia. Só ficava com a cabeça fora da água, o resto do corpo estava sempre imerso no rio, para mostrar que os enganadores sempre oferecem belas aparências e escondem cuidadosamente a armadilha que preparam.

Também foi representada com as feições de uma mulher com duas cabeças, metade jovem, metade velha, nua até a cintura. Na mão direita, traz dois corações e, na esquerda, uma máscara. De baixo de uma saia saem a cauda de um escorpião e as garras de um abutre.

A Inveja

Os gregos fizeram da Inveja um deus porque a palavra *phtonos*, que, em sua língua, exprime a inveja, é masculina; os romanos fizeram dela uma deusa. Seu nome, *Invidia*, é derivado de um verbo que significa "olhar com o mau olhado". Para preservar seus filhos contra o *mau olhado*, isto é, contra a influência do gênio malfazejo, os gregos recorriam a práticas supersticiosas, o mesmo acontecendo entre os romanos.

Representava-se essa divindade com as feições de um velho espectro feminino, com a cabeça cingida de serpentes, os olhos vesgos e cavos, uma tez lívida, uma magreza horrível, serpentes nas mãos e outra roendo-lhe o coração. Algumas vezes está a seu lado uma hidra de sete cabeças.

A Inveja é um monstro que o mérito mais notável não pode sufocar.

A Calúnia

Os atenienses tinham feito da Calúnia uma divindade. O grande pintor Apeles foi caluniado por invejosos junto a Ptolomeu, rei do Egito, mas clarificou o espírito desse príncipe oferecendo-lhe uma de suas obras-primas, admirável e cativante alegoria cuja descrição é a seguinte.

A *Credulidade*, com as orelhas compridas de Midas, está sentada no trono; a *Ignorância* e a *Suspeita* rodeiam-na. A *Credulidade* estende a mão à *Calúnia*, que avança na direção desta, com o rosto inflamado. Essa figura principal ocupa o meio do quadro; ela sacode uma tocha com uma das mãos e, com a outra, arrasta a *Inocência* pelos cabelos. Esta é representada com os traços de uma moça jovem e bela, que ergue as mãos ao céu e invoca-o como testemunha dos tratamentos injustos que sofre. Diante da *Calúnia* caminha a *Inveja*, cuja função principal é servir-lhe de guia; e ela se faz auxiliar pela *Fraude* e o *Artifício*, o que designa a sua deformidade. A certa distância, distingue-se o *Arrependimento*, sob a figura de uma mulher de luto, com roupas rasgadas, olhos banhados de lágrimas, na atitude de desespero e voltando o olhar para a *Verdade*, que é percebida ao longe e que avança lentamente seguindo os passos da *Calúnia*.

Os pintores modernos representaram a Calúnia como uma Fúria, de olhos brilhantes, levando uma tocha na mão e torturando a Inocência, com os traços de um efebo que protesta erguendo as mãos e os olhos para o céu.

A Fama

A Fama era mensageira de Júpiter. Os atenienses haviam-lhe erguido um templo e veneravam-na com um culto regulamentado. Entre os romanos, Fúrio Camilo também lhe construiu um templo.

Os poetas representam-na como uma deusa enorme, com cem bocas e cem ouvidos. Tem asas longas que, por baixo, são guarnecidas de olhos. Os artistas modernos pintaram-na de túnica arregaçada, com asas nas costas e uma trombeta na mão.

Belona

Na fábula de Marte, viu-se que Belona, sua irmã ou sua mulher, atrela e conduz com o Terror e o Medo o carro desse deus. Considera-se geralmente Belona como filha de Ceto e Fórcis, família de monstros a que pertencem as Gréias e as Górgonas. Essa deusa personifica a Guerra sangrenta e furiosa.

Ela possuía em Roma um templo em que o Senado concedia audiência aos embaixadores. À porta desse templo havia uma pequena coluna chamada *guerreira*, na qual se atirava uma lança toda vez que era declarada uma guerra. Mas seu templo mais famoso se encontrava em Comane, na Capadócia. Lá seu culto era celebrado por uma multidão de ministros de todas as idades e de ambos os sexos. Mais de seis mil pessoas eram empregadas no serviço desse templo.

Independentemente de suas funções junto ao deus Marte, essa deusa de fronte de bronze, segundo a expressão de Homero, tem seu carro, seu cortejo de particulares e procede por si mesma à sua terrível missão. Armada à antiga, de capacete na cabeça, lança na mão, montada em seu carro que derruba tudo à sua passagem, precedida pelo Medo e a Morte, lança-se na batalha ou na confusão. Sua cabeleira de serpentes assobia em torno de seu rosto inflamado, enquanto a Fama esvoaça a seu redor, chamando ao som da trombeta a Derrota e a Vitória.

A Paz

A Paz, filha de Júpiter e de Têmis, teve um templo e estátuas entre os atenienses; porém, foi ainda mais venerada entre os romanos, que lhe consagraram na Via Sacra o maior e mais magnífico templo que houve em Roma. Esse templo, iniciado por Agripino, foi concluído por Vespasiano; encerrava os ricos despojos que esse imperador e seu filho haviam tomado do templo de Jerusalém.

Essa deusa é representada com os traços de uma mulher de fisionomia doce e benévola, levando numa das mãos uma cornucópia e, na outra, um ramo de oliveira. Às vezes, traz um caduceu, uma tocha caída e espigas de trigo. Faziam-lhe sacrifícios sem efusão de sangue.

Aristófanes faz de Vênus e das Graças as companheiras da Paz.

A Discórdia

A Discórdia, divindade malfazeja, foi expulsa do céu por Júpiter, porque não cessava de perturbar e indispor entre si os habitantes do Olimpo. Tendo descido à terra, ela sente um prazer criminoso em semear por toda parte em que passa querelas e dissensões, nos estados, nas famílias, nos casais. Foi ela que, não tendo sido convidada para as núpcias de Tétis e Peleu, lançou entre as deusas o pomo fatal, causa daquela famosa contestação de que Páris foi o juiz e que levou à ruína de Tróia.

Os poetas lhe prestam cabelos hirtos de serpentes e presos por fitas ensangüentadas, um rosto de tez lívida, olhos esgazeados, boca espumante, uma língua que destila um veneno infecto. Tem as roupas em frangalhos e de diferentes cores; ora traz uma tocha acesa, ora está armada com um punhal.

Também é representada levando na mão rolos em que se lêem estas palavras: *Guerra, confusão, querela*. Mas, sob essa imagem, poderíamos antes reconhecer a *Chicana*, cujo templo é o Tribunal de Justiça e cujos ministros fiéis são os procuradores, notários e advogados.

A Concórdia

Assim como a Paz, com quem é confundida, a Concórdia era filha de Júpiter e Têmis. Invocavam-na para a união das famílias, dos cidadãos, dos esposos, etc. Suas estátuas representam-na coroada de guirlandas, empunhando numa das mãos duas cornucópias entrelaçadas e, na outra, um feixe de varas, ou uma romã, símbolo de união. Por vezes, é-lhe atribuído um caduceu, quando se quer exprimir que ela é o fruto de uma negociação.

Tinha vários templos entre os romanos. No maior, o do Capitólio, o Senado realizava com freqüência assembléias.

Justiça

A Justiça está no céu perto do trono de Júpiter. Nas artes, é representada com o aspecto de Têmis ou Astréia.

Era pintada com os traços de uma virgem de olhar severo, mas não feroz; seu rosto tinha uma expressão de tristeza e dignidade ao mesmo tempo.

Prudência

A Prudência, deusa alegórica, distinta de Métis, primeira esposa de Júpiter, era representada na maioria das vezes com os traços de uma mulher de dois rostos, um olhando para o passado, o outro para o futuro. Os modernos atribuem-lhe um só rosto e, como emblema, um espelho circundado por uma serpente; alguns acrescentam um capacete, uma guirlanda de folhas de amoreira, um cervo que rumina e uma flecha com o peixe chamado rêmora. Perto dela, ainda é posta uma clepsidra, uma ave noturna, um livro, etc., tudo isso símbolo da circunspecção.

A Velhice

Sabe-se que a juventude é confundida com Hebe, de quem toma emprestados os traços. Quanto à Velhice, triste divindade, é filha do Érebo e da Noite. Ela possuía um templo em Atenas e um altar em Cádiz.

É caracterizada pela figura de uma mulher idosa, coberta de panos negros ou da cor das folhas mortas. Na mão direita, leva uma taça e apóia-se com a esquerda num cajado. Perto dela costuma ser posta uma clepsidra quase esgotada.

A Fome

A Fome, divindade, é filha da Noite. Virgílio a situa nas portas do Inferno e outros à beira do Cocito. De ordinário, é representada agachada num campo árido, onde algumas árvores despojadas de folhagem dão uma sombra triste e rara; ela arranca com as unhas algumas plantas inférteis.

Os lacedemônios tinham em Calciêcon, no templo de Minerva, um quadro da Fome, cuja vista era assustadora. Era representada sob o aspecto de uma mulher macilenta, pálida, abatida, de uma magreza extrema, com têmporas cavas, a pele da fronte seca e esticada, os olhos apagados, enfiados no crânio, as faces lívidas, enfim, os braços descarnados assim como as mãos, que tinha amarradas atrás das costas. Ovídio fez da Fome uma descrição que não é menos aterradora.

Não se pode descrever a Fome sem relacionar suas lembranças à fábula de Erisícton, filho de Dríope e avô materno de Ulisses.

Ele desprezava os deuses e nunca lhes oferecia sacrifícios. Teve a temeridade de profanar a machadadas uma antiga floresta consagrada a Ceres, cujas árvores eram habitadas por dríades. A deusa encarregou a Fome de puni-lo por sua impiedade. O monstro penetrou no fundo das entranhas do infeliz enquanto ele dormia.

Em vão Erisícton apelou para os recursos de sua filha Metra, amada de Netuno e que obtivera desse deus o dom de assumir todas as formas da natureza; o infortunado pai, presa de uma fome devoradora que nada podia acalmar, acabou devorando-se a si mesmo.

A Pobreza

A Pobreza, divindade alegórica, é filha do Luxo e da Ociosidade. Também fazem-na nascer da Devassidão, porque os devassos incorrigíveis rumam para uma ruína certa. Segundo Teócrito, a Pobreza, em grego *Penia*, é mãe da Indústria e de todas as Artes. É ela que desperta a atividade dos homens, fazendo-os sentir sua penúria e as vantagens do bem-estar.

É representada com os traços de uma mulher pálida, inquieta, mal vestida, respigando num campo já ceifado.

A Volúpia

A Volúpia é uma deusa personificada com os traços de uma bela mulher cujas faces são coloridas do mais vivo encarnado: suas cores são artificiais, seus olhares denotam uma grande languidez e sua atitude carece de modéstia. Está estendida num leito de flores e traz na mão uma bola de vidro dotada de asas.

A Verdade

A Verdade, filha de Saturno ou do Tempo, é mãe da Justiça e da Virtude. Píndaro lhe atribui como pai o soberano dos deuses. É representada sob a figura de uma mulher sorridente, mas modesta: está nua, traz na mão direita um sol que ela olha, na esquerda, um livro aberto com uma palma e, sob um de seus pés, o globo terrestre.

Algumas vezes, tem um espelho que, com freqüência, é ornado de flores. Mais raramente, é representada em toda a sua nudez e saindo de um poço.

A Virtude

Filha da Verdade, a Virtude era mais do que uma deusa alegórica. Os romanos ergueram-lhe um templo. Também haviam elevado um à Honra, sendo preciso passar por um para chegar ao outro, idéia engenhosa pela qual queriam fazer entender que a Honra reside tão-só nas ações virtuosas.

A Virtude é representada pela figura de uma mulher simples e modesta, vestida de branco e cuja atitude impõe respeito. Está sentada numa pedra quadrada e apresenta ou usa uma coroa de louros. Às vezes, traz na mão uma lança ou um cetro; também atribuem-lhe asas despregadas para significar que se eleva acima do vulgar por seus esforços generosos. O cubo sobre o qual repousa indica sua solidez.

A Persuasão

A deusa da Persuasão, em grego *Pitho*, em latim *Suada* ou *Suadela*, era tida como filha de Vênus. Encontra-se de ordinário em seu cortejo ou a seu lado, com as Graças.

Teseu, depois de persuadir todos os povos da Ática a se reunirem numa mesma cidade, introduziu nessa ocasião o culto dessa deusa. Hipermnestra, filha de Dânao, depois de ter ganho sua causa contra o pai, que a processou na justiça por haver salvo a vida de seu marido contra suas ordens, dedicou um santuário a essa mesma deusa.

Pitho também tinha no templo de Baco, em Mégara, uma estátua feita por Praxíteles. Egialeu, filho de Adrasto, rei de Argos e de Mégara, construíra um templo para ela, porque, numa época de peste, Apolo e Diana, irritados contra esta última cidade, haviam-se deixado convencer pelas preces de sete meninos e sete meninas.

Fídias havia representado a deusa Pitho na base do trono de Júpiter Olímpico, no momento em que ela coroa Vênus. Num baixo-relevo antigo, conservado em Nápoles, vemo-la num grupo que representa Vênus e Helena sentadas com Páris e um Gênio alado, ou o Amor, de pé. Reproduzimos parcialmente esse baixo-relevo na página 302.

Em Roma, Suada, deusa da persuasão e da eloqüência, também presidia aos casamentos.

Nas artes, a Persuasão é personificada com os traços de uma mulher de fisionomia feliz. Seu penteado simples é encimado por um ornamento em forma de língua humana; suas roupas modestas são envoltas numa rede de ouro, e ela está ocupada em atrair para si um animal estranho cujas três cabeças são as de um macaco, de um gato e de um cachorro.

A Sabedoria

Os antigos representavam a Sabedoria com a figura de Minerva, trazendo um ramo de oliveira na mão, emblema da paz interior e exterior. Seu símbolo ordinário era a coruja, também símbolo de Minerva.

Os lacedemônios atribuíam à Sabedoria a figura de um rapaz com quatro mãos e quatro orelhas, símbolo de atividade e docilidade; tinha uma aljava a seu lado e uma flauta na mão direita, para exprimir que a sabedoria deve ser encontrada nos trabalhos e mesmo nos prazeres.

O Reconhecimento

A Gratidão, ou Reconhecimento, é representada pela figura de uma mulher que leva numa das mãos um ramo de favas ou de tremoços e, na outra, uma cegonha, ave, diz-se, que cuida dos pais em sua velhice.

Mnemósine ou a Memória

Mnemósine, ou a deusa Memória, amada de Júpiter e mãe das nove Musas, é representada como uma mulher que apóia o queixo na mão, numa atitude de meditação. Alguns antigos pintaram-na com os traços de uma mulher de idade quase madura; tem um penteado enriquecido por pérolas e pedrarias, e segura a ponta da orelha com os dois primeiros dedos da mão direita.

A Vitória

Os gregos faziam da Vitória uma poderosa divindade. Era filha do Estige e de Palante, ou Palas, esta última filha de Crius e Euríbia. Os sabinos chamavam-na Vacuna.

A deusa Vitória tinha vários templos na Grécia, na Itália e em Roma. É representada de ordinário com asas, trazendo na mão uma coroa de louros e, na outra, uma palma. Algumas vezes está montada num globo.

Quando os antigos queriam designar uma vitória naval, representavam-na de pé na proa de um navio.

A Amizade

A Amizade, divindade alegórica, era muito estimada entre os gregos e os romanos. Na Grécia, suas estátuas eram vestidas com uma túnica afivelada; traziam a cabeça nua e o peito descoberto até o lugar do coração, aonde levava a mão direita, abraçando com a esquerda um ramo seco em torno do qual crescia uma vide carregada de uvas.

Os romanos representavam-na sob a figura de uma mocinha simplesmente vestida com uma túnica branca, o colo seminu, coroada de murta e de flores de romãs entrelaçadas, com essas palavras na fronte: *Inverno e verão.* A orla da sua túnica trazia estas duas outras palavras: *A morte e a vida.* Com a mão direita, mostrava seu lado aberto até o coração; lia-se aí: *De perto e de longe.* Também era pintada descalça.

A Saúde

Vimos que a Saúde, ou Higéia, filha de Esculápio e Lampécia, era venerada pelos gregos como uma das divindades mais poderosas. Os romanos haviam adotado o culto dessa deusa, que veneravam sob o nome de *Salus.* Consagraram-lhe vários templos em Roma e instituíram um colégio de sacerdotes encarregados de servi-los. Apenas esses sacerdotes tinham o direito de ver a estátua da deusa; pretendiam também ser os únicos com o direito de pedir aos deuses a saúde dos particulares e do Estado, porque o Império romano, considerado como um grande corpo, estava sob a proteção dessa divindade.

Ela era representada pela figura de uma jovem sentada num trono, coroada de ervas medicinais, com uma pátera na mão direita e uma serpente na esquerda. Perto dela, havia um altar em torno do qual uma serpente jazia de modo que sua cabeça se destacasse acima do altar.

A Esperança

Divindade alegórica, a Esperança era particularmente reverenciada pelos romanos. Eles lhe ergueram vários templos. Segundo os poetas, era irmã do Sono, que suspende nosso penar, e da Morte, que lhe põe fim. Píndaro chama-a de ama dos anciãos.

É representada sob os traços de uma jovem ninfa, com ar marcado por uma grande serenidade, sorrindo com graça, coroada de flores nascentes e levando na mão um buquê dessas flores. Tem por emblema a cor verde, sendo a fresca e abundante verdura um presságio de bela safra de grãos. Os modernos lhe deram por atributo uma âncora de navio, símbolo que não se encontra em nenhum monumento antigo.

A Piedade

A Piedade presidia ela mesma ao culto que lhe rendiam, à ternura dos pais pelos filhos, aos cuidados respeitosos dos filhos para com seus pais e à afeição do homem para com seu semelhante. Ofereciam-lhe sacrifícios, em particular entre os atenienses; em Roma, era igualmente muito estimada.

Normalmente, vemo-la sob o aspecto de uma mulher sentada, coberta por um grande véu, segurando uma cornucópia na mão direita e pousando a esquerda sobre a cabeça de uma criança; a seus pés, uma cegonha.

Mânio Acílio Glabrion construiu em Roma um templo à Piedade, em homenagem a essa moça que alimenta seu pai na prisão. É o tema do quadro de Andrea del Sarto, conhecido pelo nome de *Caridade romana.*

Os Jogos e os Risos

Os Jogos, em latim *Joci,* são os deuses que presidem a todos os prazeres, qualquer que seja a sua natureza, do corpo ou do espírito. São representados como crianças com asas de borboleta, nuas, rindo, sempre brincando, mas com graça. Formam com os Risos e os Amores a corte de Vênus e nunca abandonam sua soberana.

O deus dos risos e da alegria era particularmente venerado em Esparta. Licurgo havia lhe consagrado uma estátua. Os lacedemônios consideravam-no o mais amável de todos os deuses e aquele que melhor sabia atenuar as penas da vida. Os tessálios celebravam sua festa com uma viva alegria e um regozijo decente.

Os Oráculos

O desejo de conhecer o futuro e saber a vontade dos deuses deu nascimento aos oráculos. Além dos de Delfos, Cumos, Claro, Dídimo ou Mileto, proferidos por Apolo, e os de Dodona e Ámon, reservados a Júpiter, Marte tinha um na Trácia; Mercúrio, em Patras; Vênus, em Pafo; Minerva, em Micenas; Diana, na Cólquida; Pã, na Arcádia; Esculápio, em Epidauro e Roma; Hércules, em Gades; Trofônio, na Beócia etc.

Os oráculos eram proferidos de diferentes maneiras. Para obtê-los, eram necessárias às vezes muitas formalidades preparatórias, jejuns, sacrifícios, lustrações, etc.; outras vezes o consulente recebia uma resposta imediata, ao chegar. A ambigüidade era um dos traços mais ordinários dos oráculos e o duplo sentido só podia ser-lhes favorável.

A Pítia, ou Pitonisa

Os gregos davam o nome de Pitonisas a todas as mulheres que exerciam o ofício de adivinhas, porque o deus da adivinhação, Apolo, era cognominado Pítio, seja por ter matado a serpente Píton, seja por ter estabelecido seu oráculo em Delfos, cidade primitivamente chamada Pito.

A Pítia, ou Pitonisa, propriamente dita era a sacerdotisa do oráculo de Delfos. Sentada numa trípode, isto é, um banco com três suportes, acima do buraco medonho de onde escapavam as pretensas exalações proféticas, ela proferia seus oráculos apenas uma vez por ano, por volta do início da primavera.

A princípio, houve uma só Pítia; depois, quando o oráculo tornou-se digno de toda fé, foram eleitas várias, que se alternavam e podiam estar sempre prontas para responder, se sobreviesse algum caso importante ou excepcional.

A Pítia em sua trípode.

Antes de subir na trípode, a Pítia se banhava na fonte de Castália, jejuava três dias, mastigava folhas de louro e realizava com um recolhimento religioso várias cerimônias. Concluídos esses preâmbulos, o próprio Apolo advertia da sua chegada ao templo, que estremecia até seus alicerces. Então a Pítia era levada à sua trípode pelos sacerdotes. Era sempre em arrebatamentos frenéticos que a Pítia preenchia suas funções; dava gritos, uivos e parecia como que possuída pelo deus. Proferido o oráculo, caía numa espécie de prostração que às vezes durava vários dias. "Com freqüência," diz Lucano, "uma morte imediata era o preço ou a pena de seu entusiasmo."

A Pítia era escolhida com cuidado pelos sacerdotes de Delfos, eles próprios encarregados da interpretação ou da redação de seus oráculos. Exigiam que a Pítia tivesse nascido legitimamente, que tivesse sido educada com simplicidade e que essa simplicidade aparecesse em seus trajes. Ela não conhecia nem perfumes, nem tudo o que um luxo refinado leva as mulheres a imaginar. Procuravam-na de preferência numa casa pobre, onde teria vivido numa ignorância completa de todas as coisas. Se soubesse falar e repetir o que o deus lhe ditava, sabia o bastante.

O oráculo nem sempre era desinteressado. Mais de uma vez, instigado por seus ministros, Apolo se fez cortesão da riqueza ou do poder pela boca de sua sacerdotisa. Os atenienses, por exemplo, acusaram a Pítia de *filipizar*, isto é, de ter-se deixado corromper pelo ouro de Filipe da Macedônia.

O costume de consultar a Pítia remontava aos tempos heróicos da Grécia. Conta-se que Fêmonoe foi a primeira sacerdotisa do oráculo de Delfos que fez o deus falar em versos hexâmetros, e acrescenta-se que ela vivia sob o reinado de Acrísio, avô de Perseu.

As Sibilas

A Sibila também era uma mulher adivinha ou versada na adivinhação. Essa palavra, contudo, tem maior extensão do que a de Pítia e se aplica, por conseguinte, a um grande número de profetisas. As Sibilas, cujo nome em grego dório significa "vontade de Júpiter", não foram, provavelmente, a princípio, mais que sacerdotisas desse deus; todavia, seu ministério logo se estendeu a todas as divindades e se exerceu inclusive nos países mais distantes da Grécia.

A mais célebre delas é a Sibila de Cumos, onde Apolo tinha seu santuário numa gruta quase tão misteriosa quanto a de Delfos. Ela proferia seus oráculos com a exaltação de uma pitonisa e, ademais, por vezes escrevia-os, mas em folhas soltas. Assim foram redigidos os famosos *Livros sibilinos*, que continham o destino de Roma e cuja aquisição foi feita por Tarquínio, o Antigo.

Esses livros, confiados à guarda de dois sacerdotes particulares chamados duúnviros, eram consultados nas grandes calamidades; mas era preciso um decreto do senado para recorrer a eles e era proibido, sob pena de morte, que os duúnviros os mostrassem a alguém.

A adivinhação

Em todos os tempos e entre todos os povos, o homem, inquieto quanto a seu porvir, empenhou-se em encontrar os meios de conhecê-lo ou evitá-lo, não só nas grandes circunstâncias, mas também, por assim dizer, no dia-a-dia e no transcurso ordinário da sua vida. Por isso, tanto na Grécia como em Roma, as pessoas não se limitaram a procurar saber o futuro nos oráculos das Pítias ou das Sibilas; empreendeu-se descobri-lo de mil outras maneiras, e inventou-se a adivinhação.

Essa pretensa ciência, cuja origem se presta a tantas conjeturas e comentários, florescera na antiga Ásia, no Egito e, sobretudo, na Caldéia. Fazia parte da teologia dos gregos e foi elevada, em Roma, ao grau de instituição do Estado. Possuía suas máximas, suas regras precisas e nitidamente formuladas.

Distinguiam-se duas espécies de adivinhações: uma artificial, a outra natural.

Chamava-se adivinhação artificial um prognóstico ou uma indução baseada em sinais exteriores, ligados a acontecimentos por vir; e adivinhação natural aquela que pressagiava as coisas por um movimento puramente interior e um impulso do espírito independente de todo e qualquer sinal exterior. De um lado, supunha-se que a divindade que preside à marcha dos acontecimentos manifesta de antemão sua vontade por meio de fenômenos sensíveis, no céu, nos astros, no ar, na terra, nos animais, nas plantas, nas vísceras das vítimas, na fisionomia dos homens e até nas linhas da mão. Por outro lado, atribuía-se à alma, nem sempre sem razão, o dom da previdência natural, mas exagerava-se essa faculdade divinatória, considerando-a uma guardiã interior do corpo, que por vezes solta-se de seus grilhões e vem, seja no êxtase, seja nos sonhos, desvendar ao homem os segredos do futuro.

Na Grécia, os adivinhos, os intérpretes dos sonhos, os sacerdotes ou arúspices encarregados da inspeção das vítimas desfrutavam de grande consideração e tinham autoridade. Estavam ligados ao serviço dos templos e dos altares; acompanhavam até os exércitos em suas expedições. Mas era sobretudo em Roma que suas funções revestiam um caráter oficial.

Os áugures

O augúrio, adivinhação que consistia primitivamente na observação do canto e do vôo dos pássaros e da maneira como comiam, estendeu-se em seguida à interpretação dos meteoros e dos fenômenos celestes. Em Roma, os ministros oficialmente encarregados dessa adivinhação também tinham o nome de áugures.

O colégio dos áugures, instituído, segundo se diz, por Rômulo, foi composto primeiro por três, depois por quatro e, enfim, por nove membros, sendo quatro patrícios e cinco plebeus. Esses ministros eram altamente considerados; uma lei das Doze Tábuas chegava inclusive a proibir, sob pena de morte, a desobediência aos áugures.

Não se fazia nada de importante sem consultá-los. No entanto, parece que, por volta do fim da república, sua autoridade havia caído um pouco em descrédito, e os romanos esclarecidos diziam sem dúvida, com Cícero, que não concebiam como um áugure podia olhar para o outro sem rir.

A ciência augural achava-se contida em livros que os adivinhos eram obrigados a aprender ou consultar. Essa ciência se reduzia a doze itens ou artigos principais, em conformidade com os doze signos do zodíaco.

De todos os meteoros que serviam para proferir o augúrio, os mais importantes eram o trovão e os relâmpagos. Se viessem do oriente, eram reputados felizes; se passassem do norte ao oeste, eram o contrário. Os ventos também eram sinais de bons ou maus presságios. Os pássaros cujo vôo e cujo canto eram observados com maior atenção eram a águia, o abutre, o milhafre, a coruja, o corvo e a gralha.

Áugure romano.

Saber os auspícios era, em especial, observar os pássaros. Essa observação era submetida a formalidades religiosas e, se se tratasse de uma questão de Estado, só devia ser feita por um áugure qualificado. Este, em presença dos magistrados, erguia sua vara divinatória e, com ela, traçava no céu um círculo imaginário, determinando assim o espaço e o prazo em que os sinais favoráveis deviam ser observados. Se o augúrio era favorável, a questão era levada adiante sem hesitações; se desfavorável, era adiada até o momento julgado propício para um novo augúrio. Viu-se mais de uma vez os exércitos saírem de Roma para pôr-se em campanha e voltarem atrás, a pretexto de aguardar novos auspícios.

Para que tivesse sempre à sua disposição os meios de consultar os deuses por intermédio dos pássaros, o chefe de um exército se fazia acompanhar por áugures que levavam galinhas sagradas em gaiolas. Esses áugures chamados "pulários" tinham como única função alimentar essas aves e observá-las a cada hora do dia.

A fé nos áugures sustentava a coragem do soldado romano e o desprezo dos auspícios era, a seus olhos, indício certo de uma derrota. Durante a primeira guerra púnica, o cônsul Ápio Cláudio Pulcher estava a ponto de encetar uma batalha naval contra a frota cartaginesa, mas quis primeiro saber os auspícios. O pulário veio anunciar-lhe que as galinhas sagradas recusavam-se a sair da sua gaiola e até a comer. "Pois bem!", retorquiu o cônsul, "joguem-nas no mar; pelo menos beberão." Essas palavras repetidas aos soldados supersticiosos abateram sua coragem e o exército sofreu um desastre.

O que aumentava a consideração de que gozavam os áugures era que, independentemente de sua ciência, que os esclarecia sobre muitas coisas, eles eram às vezes muito bem servidos pelo acaso. Prova disso é Ácio Návio. Esse áugure vivia na época de Tarquínio, o Antigo. Opôs-se ao intento desse príncipe, que queria aumentar o número das centúrias de cavaleiros, pretendendo que não podia fazê-lo sem ser autorizado pelos áugures. O rei, ofendido com essa oposição e querendo humilhá-lo, propôs-lhe que adivinhasse se o que ele pensava naquele momento podia ser executado. "Pode", respondeu-lhe Ácio Návio. "Ora", falou Tarquínio, "eu me perguntava se poderia cortar esta pedra de amolar com uma navalha." "Pois pode", replicou o áugure. No mesmo instante a coisa aconteceu e os romanos, cheios de admiração, ergueram uma estátua a Ácio Návio.

Dava-se o nome de arúspices aos ministros encarregados especialmente de examinar as vísceras das vítimas para deduzir presságios. Em geral, eram escolhidos nas melhores famílias de Roma.

Os presságios e as sortes

Distinguiam-se os presságios dos augúrios pelo fato de que estes eram deduzidos de sinais buscados e interpretados segundo as regras da arte augural, enquanto os presságios, que se ofereciam fortuitamente, eram interpretados por cada um, de uma maneira mais vaga e mais arbitrária. Ao que se dizia, podiam ser reduzidos a sete classes, a saber: 1ª as palavras fortuitas; 2ª palpitações de algumas partes do corpo, principalmente o coração, os olhos, as sobrancelhas; 3ª os zumbidos do ouvido; 4ª os espirros da manhã, do meio-dia e da noite; 5ª as quedas imprevistas; 6ª o encontro de certas pessoas estranhas, estrangeiras ou deformadas, e também o encontro de alguns animais; 7ª os sobrenomes e nomes. Podemos acrescentar a observação da luz de uma lâmpada, o costume pueril de contar as pétalas de certas flores, ou os caroços de uma fruta etc.

Não bastava observar simplesmente os presságios, era preciso, além disso, aceitá-los e agradecer à divindade, se fossem favoráveis. Se, ao contrário, fossem negativos, rogava-se aos deuses que evitassem seus efeitos.

Em Roma, quando das calamidades e, em geral, todas as vezes que um presságio parecera desfavorável, invocava-se o deus Averrunco, imaginando-se que ele tinha o poder de evitar os males ou pôr-lhes fim. Esse apelido, de uma palavra latina que significa "evitar", era dado com bastante freqüência até aos outros deuses, quando se lhes rogava que conjurassem uma desgraça.

Em toda circunstância, recorria-se aos presságios, mas eles eram observados sobretudo no início de uma questão importante, nas primeiras horas do dia, no primeiro dia de um mês e, principalmente, de um ano. Daí o uso das palavras de bom augúrio nos encontros, nos cumprimentos, nos votos e até na linguagem mais ordinária da conversação.

Os romanos não só evitavam as palavras de mau augúrio, como evitavam evocar alguma desgraça por certos gestos, certas atitudes, certos olhares. Os espíritos crédulos atribuíam a esta ou àquela pessoa o poder de fascinar e de *lançar uma sorte*, na maior parte das vezes nefasta.

A *Sorte*, para os antigos, é a parte de existência, ou melhor, a parte de bens e de males que o Destino atribui a cada ser vivo. Sendo a palavra feminina em latim, os romanos haviam feito da deusa *Sors* uma filha de Saturno e lhe prestavam as mesmas homenagens que ao Destino. Era representada com os traços de uma moça bem vestida, trazendo sobre o peito uma caixinha quadrada, própria para conter o que é necessário para tirar as sortes.

Em geral, tirava-se a sorte por meio de dados. Em alguns templos, o próprio consulente os lançava, de onde a expressão tão comum entre os romanos e mesmo entre os gregos: "a sorte caiu", ou "o dado está lançado".

Esse gênero de adivinhação era praticado em muitos lugares da Grécia, notadamente em Dodona. Duas cidadezinhas da Itália, Preneste e Âncio, tinham o privilégio de conter a sorte; e ia-se freqüentemente de Roma interrogá-la aí. Mas ia-se também interrogá-la na Sicília, no templo dos irmãos Palicos.

Estes, irmãos gêmeos, eram filhos de Júpiter e da ninfa Talia. Essa ninfa, temendo o ressentimento de Juno, pediu ao senhor do Olimpo que a escondesse nas entranhas da terra. Pouco depois, saíram da terra dois meninos que foram chamados Palicos e considerados deuses. Perto do seu templo havia um laguinho de água fervente e sulfurosa, sempre cheio, sem nunca transbordar, e que era tido como o berço de que os dois irmãos haviam saído. Por muito tempo, era perto desse lago que os gregos iam fazer juramentos solenes; mais tarde, o templo dos Palicos tornou-se um asilo para os escravos maltratados por seus amos; enfim, o lago dos irmãos Palicos foi utilizado para tirar sortes: jogavam-se nele fórmulas escritas em bilhetes que flutuavam ou caíam no fundo, segundo o presságio fosse ou não favorável.

As Cerimônias e os Jogos

Sacerdotes e sacerdotisas

A princípio, o sacerdócio pertencia aos chefes de famílias, ou patriarcas, em seguida passou aos chefes dos povos. Entre os gregos, os príncipes se encarregavam antigamente de quase todas as funções sacerdotais; ao lado de sua espada, traziam encerrada num estojo a faca do sacrificante. Mais tarde, houve famílias inteiras exclusivamente consagradas à intendência dos sacrifícios e do culto de certas divindades. Era o caso, por exemplo, da família dos Eumólpidas de Atenas, que deu o hierofante, ou sumo sacerdote, de Ceres em Elêusis durante mil e duzentos anos.

Entre os romanos, a instituição dos sacerdotes tinha um caráter ao mesmo tempo político e religioso. O sacerdócio era uma espécie de magistratura encarregada de administrar ou, pelo menos, vigiar tanto os negócios do Estado como os da religião. Os sacerdotes, eleitos pelo povo, foram escolhidos a princípio entre os patrícios, mas a igualdade religiosa não tardou a se estabelecer e os plebeus entraram em todos os colégios sacerdotais. No entanto, nas eleições sacerdotais, levou-se em conta a honorabilidade e a eminência das famílias.

Há que distinguir duas classes de sacerdotes romanos. Uns não eram vinculados a nenhum deus particular, como os pontífices, os áugures, os qüindecênviros, os áuspices, os chamados *irmãos arvais*; os curiões, os setênviros, também chamados *epulões*; os feciais; outros a que se dava o nome de *companheiros* ou assessores; e, enfim, o rei dos sacrifícios. Os demais sacerdotes tinham cada um sua divindade particular, como os flamínios, os sálios, os lupercos, os galos e, enfim, as vestais.

As sacerdotisas mais conhecidas são as que proferiam oráculos ou que se consagravam ao culto de Baco e de Vesta; eram bastante numerosas, sobretudo na Grécia. Em certos lugares, escolhiam-se mocinhas. Assim eram a sacerdotisa de Netuno na ilha de Caláuria, a do templo de Diana em Egira, na Acaia, e a de Minerva em Tegeu, na Arcádia. Em outros lugares, como no templo de Juno em Messênia, mulheres casadas eram incumbidas do sacerdócio.

Os sacrifícios

Em Roma, a lei das Doze Tábuas ordenava só empregar nos sacrifícios ministros castos e isentos de máculas. O sacrificante, vestido de branco e coroado de folhagem, começava sempre a cerimônia com votos e preces. No princípio, só se ofereciam aos deuses os frutos da terra, pelo menos assim havia rigorosamente prescrito o rei Numa; contudo, depois desse príncipe, o uso de imolar animais foi introduzido em Roma e a efusão de sangue era vista como muito agradável à divindade.

Os animais destinados ao sacrifício eram chamados vítimas ou hóstias. Eles deviam ser sadios, e cada deus tinha o seu preferido. Quando o sacrifício começava, um arauto mandava fazer silêncio; os profanos eram afastados e os sacerdotes jogavam na vítima uma massa de farinha de trigo e sal. Em latim, essa massa é chamada *mola*, de onde vem a palavra *imolar* para exprimir a consumação do sacrifício, se bem que, originalmente, essa cerimônia fosse apenas preliminar.

Depois dessa consagração, o sacerdote tomava vinho, oferecia-o aos que estavam presentes e vertia-o entre os chifres da vítima. Essa cerimônia constituía as *libações*. Em seguida, acendia-se o fogo e, quando o incenso acabava de queimar, os servidores, chamados *popes*, seminus, traziam a

Sacrifício de um boi (no altar de mármore do Templo de Mercúrio de Pompéia).

vítima para diante do altar; um outro, chamado *cultrarius*, acertava-lhe uma machadada e logo a degolava. Recebia-se o sangue em taças e punha-se a vítima na mesa sagrada; aí era esfolada e procedia-se à dissecção. Algumas vezes, era toda queimada e, nesse caso, o sacrifício era chamado *holocausto*. No entanto, na maioria das vezes a vítima era partilhada com os deuses. A parte que cabia a cada assistente nem sempre era comida no lugar do sacrifício, e essa partilha era freqüentemente ocasião de banquetes acompanhados de novas e copiosas libações. Enfim, terminado o sacrifício, os sacrificantes purificavam as mãos e despediam a assistência pela fórmula *Licet* ou *Ex templo*, isto é, "Podem se retirar".

Os gregos, em seus sacrifícios, observavam mais ou menos as mesmas cerimônias e os mesmos usos dos romanos. Douravam os chifres das vítimas grandes e contentavam-se em coroar as pequenas com folhas da planta ou da árvore consagrada à divindade em homenagem à qual se sacrificava. Na cerimônia da imolação, a massa de trigo era substituída por alguns punhados de cevada assada misturada com sal.

O que se chamava hecatombe era, originalmente, o sacrifício de cem bois, oferecidos em cem altares de relva por cem sacrificantes. Mais tarde, porém, foi designado por essa palavra o sacrifício de cem vítimas quaisquer da mesma espécie, oferecidas juntas e com a mesma cerimônia.

Fastos

Em Roma, dava-se o nome de Fastos às tábuas ou calendários em que eram indicados, dia a dia, as festas, os jogos, as cerimônias do ano, com a divisão entre dias fastos e nefastos, permitidos e proibidos, isto é, dias destinados aos negócios e dias destinados ao repouso. Atribui-se essa divisão à sábia política do rei Numa. Em geral, os dias nefastos eram os que tinham sido assinalados por algum acontecimento infeliz. Nesses dias, todos os tribunais estavam fechados e era proibido ministrar justiça.

Os pontífices, únicos depositários dos Fastos, também inscreviam nas tábuas ou registros, em ordem cronológica, tudo o que acontecia de memorável no decorrer do ano. Seu poder acabou sendo perigoso, porque, a pretexto de dias fastos ou nefastos, podiam adiantar ou recuar o julgamento dos negócios mais importantes e estorvar os projetos mais bem concertados dos magistrados e dos particulares. Eles exerceram esse poder durante quatrocentos anos.

Distinguiam-se os grandes Fastos, ou os que a bajulação consagrou em seguida aos imperadores; os pequenos Fastos, ou Fastos puramente de calendário; os Fastos rústicos que assinalavam as festas do campo; as Efemérides, ou histórias sucintas de cada dia; enfim, os Fastos públicos, em que se assinalava tudo o que concernia às instituições públicas de Roma.

Os chamados Fastos consulares eram a lista que continha os nomes dos cônsules e outros magistrados com a data exata de sua entrada e de sua saída do cargo. Essa lista era feita em tábuas de mármore ou de bronze conservadas nos templos com os arquivos do Estado.

Na Grécia, avaliava-se a duração do tempo por períodos de quatro anos chamados *Olimpíadas*, porque cada período se abria e se fechava pelos jogos Olímpicos celebrados nos arredores de Pisa, no Peloponeso. A primeira Olimpíada começa no ano de 776 antes de Cristo.

Em Roma, o tempo era avaliado por períodos de cinco anos, chamados *Lustros*. Cada lustro começava por um recenseamento e uma purificação do povo, chamada lustração, e, nessa circunstância, celebravam-se as *suovetaurilias*, sacrifício tríplice, o mais solene de todos, de um porco, um carneiro e um touro. Era oferecido ao deus Marte.

Os jogos públicos

Na Grécia e em Roma, os jogos públicos tiveram desde a origem um caráter essencialmente religioso. Foram instituídos na Grécia nos tempos heróicos, seja para aplacar a cólera dos deuses, seja para obter seu favor ou agradecer seus benefícios. Na opinião dos povos, a divindade, tendo todas as nossas paixões, deixava-se desarmar ou conquistar pelo efeito do prazer e das diversões.

Em Roma, nas grandes calamidades, oferecia-se a certos deuses um banquete solene, costume vindo da Grécia e primitivamente do Egito. Para essa cerimônia, desciam-se as estátuas de seu lugar ordinário; dispunham-nas em almofadas macias cobertas de suntuosos tapetes; diante delas, arrumavam-se mesas carregadas de pratos e perfumadas de flores. De noite, as mesas eram servidas, no dia seguinte o banquete recomeçava e isso durante vários dias. Era o que se chamava *lectistérnio*.

Sensíveis aos prazeres da mesa, os deuses, segundo a crença popular, não deviam ser menos sensíveis às diversões públicas em que o homem, para variar o espetáculo, multiplicava seus esforços e despendia de certa forma todos os recursos de sua atividade e de seus talentos.

Entre os gregos, o sacrifício solene pelo qual começavam regularmente todos os jogos indicava o motivo de sua instituição, mas os exercícios de que se compunham estabeleciam entre as diferentes cidades designadas para deles tomar parte uma rivalidade de que o sentimento religioso parecia excluído. Na realidade, esses grandes espetáculos não eram mais que um concurso nacional em que cada cidade, zelosa da vitória, prometia o triunfo ou as mais belas recompensas ao vencedor.

Do ponto de vista político, os resultados desses jogos não podiam deixar de ser favoráveis. Independentemente do vínculo que constituíam entre todos os povos da mesma raça, eles imprimiam uma direção salutar à educação da juventude. Os exercícios físicos, a corrida, a luta, o pugilato, o arremesso de dardo, a própria dança eram aclamados em todos os ginásios, em todas as cidades. O atleta admitido na competição não era nem um escravo nem um mercenário; antes de tudo, devia ser um homem livre e, por conseguinte, só cidadãos disputavam os prêmios. A juventude se esforçava, pois, em adquirir todas as qualidades requeridas para se apresentar ao concurso, e ficava ainda mais apta a resistir ao inimigo no campo de batalha quando obtinha nos jogos algumas vitórias ou mesmo aplausos.

Não era proibido aos povos estrangeiros vir a esses jogos disputar os prêmios. Sua participação dava, inclusive, maior importância ao concurso, e era para o vencedor um novo título de glória levar a melhor sobre antagonistas renomados e vindos de longe.

Havia na Grécia quatro jogos solenes: os Jogos Ístmicos, os Jogos Nemeus, os Jogos Píticos e os Jogos Olímpicos. Os dois primeiros eram celebrados periodicamente a cada três anos; o período era de quatro anos para os Jogos Píticos, assim como para os Jogos Olímpicos. Foram escolhidas, para celebrá-los, planícies mais ou menos espaçosas situadas no istmo, perto de Corinto, na orla da floresta de Neméia, perto de Argos, na vizinhança de Delfos e, enfim, em Olímpia, na Élida. Sua celebração, sempre na primavera, fazia-se em homenagem a Netuno, Hércules, Apolo e Júpiter.

Tudo sucedia regularmente e de acordo com um programa estabelecido de antemão nessas justas nacionais. Para se ter uma idéia geral, bastará dar uma rápida olhada na organização e execução dos Jogos Olímpicos, na época mais florescente da história da Grécia.

Os eleatas, encarregados da boa ordem dos jogos, atribuíam a cada povo seu lugar no perímetro da planície e classificavam os atletas e concorrentes por categoria. Era designado certo número de juízes para presidir aos diferentes exercícios, manter a ordem e impedir toda fraude e toda trapaça.

Depois do sacrifício oferecido a Júpiter, os jogos eram abertos pelo pentatlo, reunião de cinco exercícios: luta, corrida, salto, disco e dardo, ou pugilato. Nesse primeiro concurso, era preciso vencer os cinco exercícios para ganhar o prêmio; uma só derrota bastava para perdê-lo. A corrida a pé vinha em seguida; alguns corredores que não haviam tomado parte do pentatlo apresentavam-se a esse concurso. Toda essa parte do programa era executada no mesmo dia.

Um ou vários dias eram consagrados à corrida dos cavalos e dos carros, e aqui as condições dos concursos eram numerosas e variadas. Por vezes os carros eram atrelados com três e mesmo quatro cavalos, que se deviam conduzir com uma só mão na arena, fazendo-os contornar habilmente o marco que constituía a meta. Enfim, no intervalo das lutas e das corridas, aconteciam os concursos de dança, de música, de poesia e de literatura. As representações cênicas também tinham seu lugar e a duração inteira de todos esses jogos era cinco dias.

Em Olímpia, o vencedor obtinha em recompensa uma coroa de carvalho; nos outros jogos, recebia, em Delfos, uma coroa de louros, em Corinto e em Argos, uma coroa de aipo. O atleta coroado nos Jogos Olímpicos fazia uma entrada triunfal na sua cidade por uma brecha aberta nas muralhas.

Antes de combater, o atleta passava óleo no corpo e adentrava a arena sem nenhuma roupa. Era vedado às mulheres, sob pena de morte, assistir aos jogos olímpicos e até atravessar o Alfeu durante todo o tempo de sua realização. Essa proibição foi observada com tal rigor que foi transgredida por uma só mulher; e, ainda assim, essa mulher, chamada Calipatira, era uma espartana que, tendo preparado seu filho para o combate, quis ser testemunha da sua vitória, disfarçando-se para isso de homem. O caso foi julgado excepcional e, levada a julgamento, a mulher foi absolvida.

Carro do triunfo dos gregos.

Em Roma, assim como na Grécia, os jogos públicos eram celebrados durante o bom tempo, isto é, entre os equinócios da primavera e do outono. Eram numerosíssimos e, aparentemente, sempre celebrados em honra a alguma divindade. Mas a política tinha neles tanto peso quanto a religião. Os magistrados, organizadores desses jogos, preocupavam-se menos em venerar os deuses do que em ganhar sufrágios do povo. Para criar e variar as diversões, serviam-se à vontade do tesouro público e, com bastante freqüência até, por ambição, gastavam nesse gênero de espetáculo sua própria fortuna.

Como quer que seja, distinguiam-se em Roma os jogos *solenes*, que aconteciam em épocas fixas, *honorários* ou eventuais, *votivos*, isto é, ofertados pelo senado por ocasião de algum fato extraordinário, *imperativos*, ou ordenados pelos ministros do culto em conseqüência de presságios ameaçadores ou felizes.

Esses jogos eram realizados ao ar livre. Compreendiam todas as espécies de lutas, a corrida a pé, a cavalo e de carro. Por vezes a luta se tornava um verdadeiro combate mortal entre os adversários; por vezes também os combatentes enfrentavam feras. Não eram, como nos jogos da Grécia, homens livres que entravam na arena para disputar o prêmio da habilidade, da elegância, da graça, da agilidade e da coragem. O povo romano, que reservava para si os exercícios do Campo de Marte, só tinha diante de seus olhos, no circo, escravos, mercenários e gladiadores. Por isso, nesses jogos, a satisfação do povo se limitava a seguir as peripécias de uma luta sangrenta. O clamor da vitória não saía do anfiteatro; o entusiasmo não abrasava os corações, e a juventude não tirava nenhuma lição de moralidade sadia e nobre dessas mortes bárbaras.

Nascimento (dia do)

O dia do nascimento era particularmente celebrado entre os romanos. Essa solenidade se renovava todos os anos e sempre sob os auspícios do Gênio, invocado como uma divindade que presidia ao nascimento de todos os homens.

Armava-se um altar de relva rodeado de ervas sagradas, no qual as famílias ricas imolavam um cordeiro. Cada particular ostentava nesse dia o que tinha de mais magnífico. A casa era ornada de flores e coroas, e a porta ficava aberta para os parentes e amigos, que se sentiam no dever de levar presentes.

O dia do nascimento dos sacerdotes era consagrado sobretudo pela piedade; e o dos príncipes por sacrifícios, distribuições de víveres aos pobres, pela emancipação de escravos, a libertação de prisioneiros, enfim, por espetáculos e manifestações públicas de júbilo.

Essas honrarias também tiveram seu contraste: eram considerados dias infortunados o do nascimento daqueles que a tirania proscrevia e o dos próprios tiranos.

Funerais

Em Atenas, bem como em Roma, era costume perfumar os corpos antes de sepultá-los. A inumação foi o modo

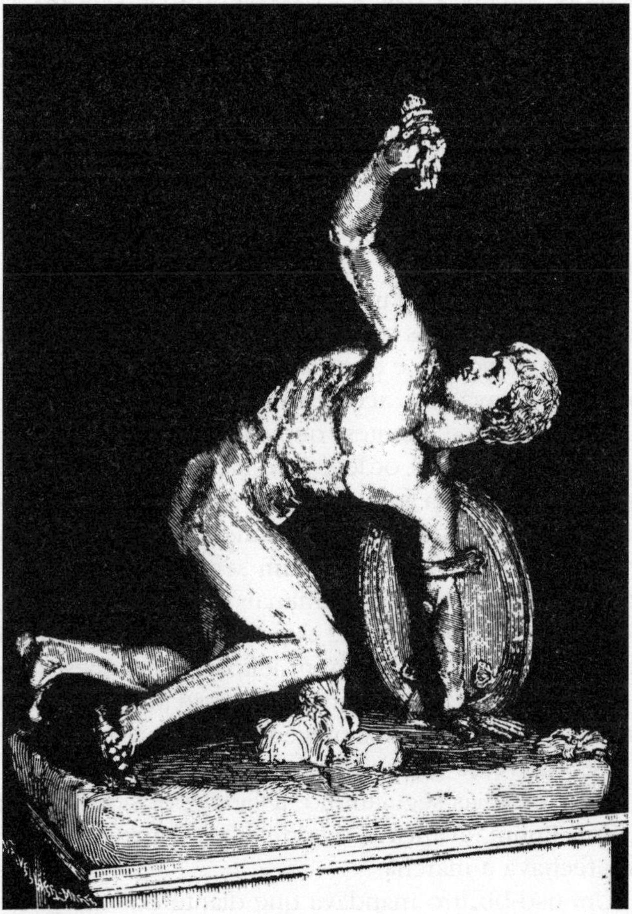

Gladiador caindo.

primitivo de sepultura. Consistia em jogar ao menos um pouco de poeira sobre o morto, para permitir-lhe atravessar os rios infernais, introduzindo-se inclusive em sua boca uma moeda destinada a pagar a passagem. Esse costume, bem estabelecido entre os romanos, persistiu até uma época bastante avançada da república.

A cerimônia era realizada à noite, e as pessoas que formavam o cortejo seguiam o corpo levando na mão uma espécie de tocha ou de corda grossa acesa, a *funis*, de onde vem, ao que se diz, a palavra *funeral*. Em todos os tempos, os escravos e os cidadãos pobres foram enterrados assim, sem aparato.

No entanto, nas famílias opulentas de Roma, as exéquias eram celebradas com uma solenidade pomposa. Aconteciam em pleno dia, e o caixão, ou leito fúnebre em que o morto repousava, era acompanhado de um longo cortejo de pais, amigos e clientes, que um mestre de cerimônias dispunha na seguinte ordem: à frente, ia um grupo de *músicos* tocando flauta longa; depois vinham as *carpideiras*, mulheres pagas que entoavam lamentos fúnebres, soluçavam e louvavam o defunto; eram seguidas pelo *vitimário*, que devia imolar na pira os animais favoritos do morto, cavalos, cães, gatos, aves, etc.; depois vinha o rico féretro em que repousava o cadáver num leito de perfumes, flores e ervas aromáticas. Se o defunto possuísse ancestrais ilustres, suas imagens, seus bustos precediam seu féretro ou seu caixão; se houvesse ganho condecorações, honras particulares, suas insígnias seguiam-no, levadas por seus mais caros clientes. Enfim, avançava o cortejo, e o carro vazio do defunto fechava a marcha.

Um uso bizarro mandava que diante do cortejo e logo atrás do caixão houvesse um bufão encarregado de representar, por seu andar, sua atitude, seus gestos, a pessoa daquele que era assim levado à pira fúnebre.

Essa pira feita de lenha bruta formava uma massa quadrada em que o cadáver era depositado, seja fechado em seu caixão, seja exposto em seu féretro. Um membro da família acendia o fogo. Enquanto o corpo se consumia, a oração fúnebre do morto era proferida diante da assistência muda e recolhida.

As cinzas, encerradas cuidadosamente numa urna, eram solenemente levadas ora para a câmara sepulcral chamada *columbário*, ora para um túmulo particular, por vezes sob uma simples estela ou coluna, por vezes também num fastuoso monumento.

Índice Remissivo

Abas 341
Abdera 220
Abdero 220
Abido 351
Absirto 274, 280
Acacális 55
Academia 102
Acaia 54, 55, 388
Aca Laurência 357
Acarnânia 130
Acasto 235, 271, 272, 275, 281, 326
Acates 341
Accio 36
Ácio Návio 383
Ácis 128
Acrísio 289, 290, 292, 379
Acrocorinto 137
Actáion 39, 99, 157
Acteu 249
Adivinhação 380
Admeto 34, 235, 275
Adônis 60, 61, 62, 80
Adrastéia 18
Adrasto 243, 244, 247, 259, 266, 267, 283, 372
Adriático (mar) 277
Aelo 118
Afareu 276
Afidna 300
Aflição 186
Afortunadas (ilhas) 163, 272
África 138, 163, 195, 318, 342, 347
Áfrico 105
Afrodite 60, 73, 302
Agamêmnon 7, 48, 170, 297, 304, 305, 306, 313, 327, 335, 338
Aganipe 137
Agave 211
Agenor 209, 210, 214, 276,
Agesandro 336
Agesilau 236
Agira 230
Aglaia 76
Aglaofone 122
Aglaura 249
Agrigento 261
Ágrio 21, 120
Agríope 209
Agripino 367

Águas 109
Águas Paradas 138
Aitra 96
Ajax (filho de Oileu) 276, 315, 316, 318, 338
Ajax (filho de Télamon) 324, 331
Alba ou Alba Longa 136, 139, 171, 345, 356, 357
Albani (Vila) 215
Álbula 136
Alceste 193, 199, 221, 235, 236
Alceu 215, 216
Alcides 215
Alcimede 277
Alcínoo 277, 280, 318, 319, 321
Alcíone 95, 96, 230
Alcioneu 21
Alcíope 172
Alcipe 56
Alcítoe 66
Alcmene 97, 195, 215, 216, 217, 227, 229, 247, 254
Alcmêon 247, 248
Alecto 196, 197
Aléctrion 56
Alegóricas (divindades) 361
Alegrias 185
Aletes 341
Aleu 237, 275
Alexandra 338
Alexandre 40, 171
Alexandre (Páris) 333
Alexíara 74
Alfeu 131, 132, 133, 221, 394
Alfieri 304
Alirótio 56
Álmon 362
Aloídas 21, 142
Álope 137
Altéia 265, 266
Amaltéia 18, 29, 98, 131
Amata 343
Amatunte 61, 62
Amazonas 40, 96, 220, 256, 258, 260, 276, 288
Ambrosia 96
América 138
Amiclas 35, 338
Âmico 220, 300
Amimone 276
Amintor 237, 311
Amisodar 287
Amitáon 290
Amizade 374
Ámon 292, 377
Amor 48, 61, 70, 71, 72, 73, 77, 99, 102, 198, 255, 335, 372
Amores 60, 376
Amúlio 356, 357
Ana 348
Anadiomene 61, 64
Anauro 278
Anaxábia 235
Anceu 275
Âncio 175, 385
Androgeu 255, 261
Andrômaca 272, 306, 313, 328, 331, 332
Andrômeda 292, 293, 299
Anfiarau 243, 247, 269, 275, 327
Anfictíon 207
Anfidamas 275, 314
Anfigíeis 49
Anfíloco 247
Anfíon 212, 214, 275
Anfitrião 195, 215, 216, 229

Anfitrite 99, 111, 112, 114, 115, 126, 253
Aniceto 74
Anoitecer 4
Anquises 335, 338, 341, 342, 344
Antêdon 116, 117
Antéia 287
Antenor 330, 331
Anteros 5, 6, 70, 71
Anteu 221, 231, 331, 353
Antiamira 55
Antícira 290
Anticléia 317
Antífates 336
Antifo 329
Antígona 240, 241, 245, 271, 272
Antiguidade VIII, 38, 60, 99, 169, 170, 183, 184, 215, 225, 241, 244, 323
Antíloco 331, 334
Antínoe 281
Antíon 202
Antíope 211, 212, 256, 258
Antonino, o Piedoso 234
Apeles 64, 365
Ápio Cláudio Pulcher 382
Apollon 33
Apolo X, 7, 8, 18, 33, 34, 35, 36, 38, 39, 52, 67, 70, 74, 79, 80, 84, 87, 89, 90, 93, 94, 99, 103, 112, 117, 122, 127, 133, 135, 137, 141, 142, 147, 149, 153, 155, 157, 158, 165, 174, 176, 177, 179, 180, 189, 200, 214, 216, 230, 234, 235, 241, 247, 248, 256, 259, 263, 272, 276, 279, 284, 286, 303, 307, 313, 315, 326, 327, 328, 331, 332, 334, 335, 337, 339, 341, 350, 372, 377, 378, 379, 393
Apolodoro 214, 216, 247, 267
Apolônio de Rodes 282
Apuleio 73
Aquário 97, 99, 157
Aquelau 331
Aquelóo 122, 124, 130, 131, 134, 221, 223, 248
Aquenon 232
Aqueronte 186, 187, 190, 192, 194, 196, 203, 235
Aqueruso 187
Aquilão 105, 106
Aquiles 7, 48, 110, 134, 195, 269, 271, 272, 276, 305, 308, 311, 312, 313, 314, 315, 316, 318, 322, 324, 327, 328, 329, 330, 331, 332, 334, 335, 337, 341
Ar XII, 149, 150
Arábia 61, 65
Arcádia 43, 68, 94, 95, 111, 131, 132, 133, 138, 142, 151, 167, 186, 219, 229, 237, 248, 265, 275, 281, 308, 377, 388
Arcas 94, 95
Arcturo 94, 106
Areópago 56, 197, 249, 262, 307
Ares X, 55
Arestor 52
Aretusa 44, 131, 132, 143, 190
Argeu 9, 24, 229
Argiripa 324
Argo 274, 275, 276, 277
Argólida 133, 139, 147, 212, 227, 283

Argonautas 28, 96, 117, 123, 177, 220, 230, 234, 235, 247, 265, 269, 270, 274, 275, 276, 277, 279, 280, 281, 282, 283, 284, 300, 301, 315, 323, 326
Argos 22, 25, 31, 33, 51, 52, 215, 216, 218, 243, 247, 248, 259, 266, 267, 275, 283, 287, 289, 290, 292, 293, 294, 296, 297, 305, 319, 372, 393, 394
Ariadne 48, 66, 69, 117, 198, 255, 257, 258, 260, 261, 276
Arícia 139
Áries 97
Aríon 43, 57
Aristeu 65, 94, 99, 110, 116, 157, 158
Aristófanes 362, 367
Arles 641
Arpi 324
Arquêmora 283
Arquêmoro 283
Arrependimento 366
Arsínoe 248, 300
Ártemis 38, 90
Artes 370
Artifício 365
Arvais (irmãos) 388
Ascálafo 56, 190
Ascânio 341, 343, 344, 345
Asclépio 176
Ásia IX, 31, 40, 69, 124, 195, 209, 220, 236, 273, 274, 276, 282, 305, 334, 351, 380
Ásia (nereida) 100
Ásias 38
Asopo 134, 201, 211
Assáraco 338, 341
Assíria 22
Assistente 45
Astaco 267
Astarte 63
Astério 275
Astérion 275
Astérope 95
Asteropéia 281
Astíanax 328, 330, 331, 332
Astíaque 237
Asticrátia 214
Astidâmia 223, 237
Astíoque 214
Astioquéia 223
Astréia 98, 261, 368
Astreu 91, 103
Astronomia 79
Astros 85, 86, 91
Atalante 145, 265
Atamante 331
Atamas 118, 119, 273
Ate 363
Atena 27, 29
Atenas XI, 27, 28, 31, 43, 44, 45, 56, 68, 79, 86, 94, 102, 104, 106, 134, 142, 153, 165, 169, 171, 177, 197, 202, 225, 241, 243, 249, 250, 252, 253, 254, 255, 256, 258, 259, 260, 262, 264, 282, 301, 307, 369, 387, 396
Atenienses (lendas) 249
Atenodoro 336
Ática 28, 29, 94, 112, 134, 142, 190, 202, 241, 248, 249, 252, 254, 256, 372
Átis 12, 13, 14, 15, 135
Atlântides 143, 211, 231

Atlas 50, 92, 95, 96, 110, 143, 144, 221, 231, 291
Atreu 229, 244, 296, 297, 305
Átridas 305
Átropos 82, 83, 191
Augé 223, 237
Áugias 220, 221, 237, 275, 323
Áugures 381
Augusto 10, 32, 36, 59, 64, 139, 166
Áulis 305, 326
Aurora 19, 40, 85, 89, 91, 92, 93, 105, 251
Ausônio 64
Austro 105, 106
Autóctones 169
Automedonte 314
Autônoe 157, 211
Aventino (monte) 11, 162, 233, 343, 344, 358
Averno 139, 183
Averrunco 384

B

Bacanais 68
Bacantes 66, 67
Baco 14, 48, 65, 66, 67, 68, 69, 76, 79, 84, 94, 117, 118, 119, 130, 139, 141, 142, 153, 155, 157, 158, 159, 160, 180, 192, 212, 231, 255, 273, 276, 284, 285, 349, 372, 388
Balança 97, 98
Basiléia 86, 87
Baucis 350, 351
Bebrícia 300
Bêlero 287
Belerofonte 96, 138, 287, 288, 339
Belo 347, 348
Belona 57, 366
Belvedere (Apolo de) 37, 38
Benevolentes (As) 196
Beócia 92, 116, 134, 137, 141, 176, 195, 212, 247, 273, 275, 377
Béroe 65
Bianor 136
Bíblis 138
Biforme 249
Bifronte (Jano) 166
Bisaltis 112
Bizâncio 77
Boa Deusa 12, 14
Boa-Fé 206, 364
Boieiro 93, 94
Boileau 214
Bolonha 234
Bootes 94
Bóreas 35, 104, 105, 106, 134, 142, 151, 152, 251, 275
Boreasmas 106
Borghese (Palácio) 161
Borghese (Vila) 215
Bosio, F.-J. 131
Bosques 141, 146
Brescia 4
Briareu 9, 22, 24
Briseís 305, 313
Briseu 313
Bromius 68
Brontes 9, 127
Busíris 221, 231
Butes 232, 251, 252, 276
Byrsa 348

C

Cabírias 172
Cabiros 14, 170, 171, 172, 173
Caco 221, 233, 234
Cádiz 225, 369
Cadméia 210, 212
Cadmo 57, 66, 118, 157, 170, 209, 210, 211, 239, 273
Cafareu 315
Caelus 9, 196
Caíque 135
Caístro 135
Calábria 323
Cálais 275
Caláuria 388
Calce 305
Calciêcon 370
Cálcis 263
Caldéia 380
Cálidon 223, 256, 265, 266, 271, 276, 324
Calígula 11
Calíope 79, 122, 131, 180, 284
Calipatira 394
Calipso 318
Calírroe 221, 248, 291
Calisto 94, 95, 150
Calopódio 49
Calúnia 365, 366
Camenas 79
Camilo (Fúrio) 366
Campânia 139
Campe 19
Campestres (divindades) 141
Campo de Marte 174, 359, 396
Campo da Verdade 195
Campos Elísios 184, 185, 195, 227, 315
Canas 44
Câncer 97, 98, 218
Candaules 354, 355
Cândia (ilha de) 21
Canéforas 68
Canente 120, 166
Canícula 93, 94
Cão 93
Caos 3, 5, 6, 7, 17
Capadócia 367
Capaneu 57, 243
Capena 107
Cápis 338
Capitólio 11, 164, 364, 368
Capri 122
Capricórnio 97, 98, 159
Caracala 225
Caranguejo 98
Cária 40
Caríbdis 121, 277, 318
Cariclo 246
Caridade romana 375
Cárites 76
Carmenta 167
Carmental (porta) 167
Caronte 192, 193
Carpideiras 398
Carpo 80
Carracci (Aníbal) 128, 234
Carro 95
Cartago 25, 342, 347, 348
Cáspio (mar) 143
Cassandra 304, 305, 315, 329, 337, 338
Cassiopéia 292, 293
Castália 79, 137, 141, 378
Cástor 51, 98, 133, 170, 216, 269, 271, 275, 297, 299, 300, 301, 304

Catulo 79
Cáucaso 61, 101, 102, 106, 143
Cauno 138
Cécio 105
Cécrope 55, 249, 250
Cecrópia 249
Céfalo 86, 94, 251, 252
Cefeu 275, 292, 293
Cefiso 134, 149, 254
Ceilão 225
Ceix 229, 230
Celene 153
Celeno 95, 96, 118
Celeu 43
Cencréia 137
Cêncrias 137
Ceneu 275
Centauros 98, 126, 203, 221, 256, 259, 270, 324
Céos 157
Cerâmico 103
Cérano 69
Cérbero 184, 193, 194, 221, 222, 259, 291
Cercíon 254
Cercopes 232
Cercops 232
Cereais 44
Ceres 10, 18, 21, 23, 42, 43, 44, 45, 46, 47, 48, 82, 94, 103, 112, 122, 148, 151, 158, 164, 190, 250, 285, 296, 344, 362, 370, 387
Cerimônias 387
Cérix 250
César (Júlio) 59
Cestrino 332, 337
Ceto 124, 366
Céu 3, 5, 7, 8, 9, 12, 17, 19, 33, 60, 69, 82, 103, 109, 110, 126, 150
Chicana 368
Chipre 60, 61, 316, 347, 348, 349
Chrysos 291
Chuvosas 96
Cíane 190
Cianéia 138
Cianéias (ilhas) 276
Cibele 7, 9, 12, 13, 14, 15, 42, 66, 95, 135, 153, 164, 173, 342, 349
Cícero 11, 215, 381
Cíclades 33, 114
Ciclopes 19, 34, 48, 112, 126, 127, 145, 189, 318
Cicno 57, 352, 353
Cícones 318
Ciência 362
Cilene 54, 246
Cileno 142
Cilícia 40, 313, 332
Cílix 209
Cimérios 4, 181, 289
Cíniras 61
Ciparisso 162
Cipris 61
Circe 110, 120, 121, 123, 246, 274, 280, 318, 319, 321, 322
Circeu 87
Circo (de Roma) 114, 171
Cirene 99, 109, 116, 157, 219
Ciro 258, 259, 272, 311, 318, 327
Cisseu 329, 330
Citera 61, 62, 297
Citéron 134, 141, 197, 212, 239

Cítia 165, 206, 289, 353
Cízico 157
Claro 36, 147, 230, 327, 377
Cleodosa 214
Cleópatra 266
Clia 202
Climene 35, 66, 89, 90, 100, 143, 179, 265
Clio 62, 77, 284
Clitemnestra 7, 62, 263, 297, 299, 301, 304, 305, 306, 307, 309, 338
Clítia 35
Clítio 21
Clito 275
Clitônia 251, 252
Clituno 139
Clóris 105, 106, 163, 215, 323
Cloto 82
Cnido 64
Cnosso 196
Cócalo 261, 263
Cocito 186, 187, 203, 364, 369
Cólofon 327
Colona 241, 242
Cólquida 135, 177, 235, 274, 276, 277, 279, 282, 283, 300, 377
Columbário 399
Comane 366
Comédia 78
Como 180
Companheiros 388
Concórdia 155, 368
Concupiscência 3
Conservadora (Deusa) 191
Cora 190, 191, 192
Corcira 281
Corfu 277
Coribantes 14, 170, 173
Corinto 31, 87, 96, 112, 114, 118, 119, 127, 137, 201, 212, 239, 277, 281, 287, 288, 393, 394
Corneille 282
Cornucópia 131
Coro 105
Corônis 34, 96, 176, 179
Coto 9
Craneu 288
Credulidade 365
Crenças (populares) 205
Creonte 236, 240, 241, 244, 245, 281, 282
Creso 236
Creta 14, 18, 22, 23, 45, 54, 170, 172, 173, 196, 200, 209, 219, 252, 253, 255, 260, 261, 262, 263, 277, 325, 362
Creusa 165, 251, 281, 329, 341, 342, 344
Crias 186
Crisaor 221, 291
Criseís 313, 327
Crises 327
Crisor 49
Crisótemis 305
Cristo 391
Crius 373
Croco 98
Cronos 9, 11
Crotona 189, 355
Ctônica 285
Cumos 36, 183, 193, 194, 263, 342, 377, 379

Cupido 61, 63, 70, 71, 73, 99, 142, 176, 217, 351
Curetes 14, 18, 170, 173
Cutília 139

D

Dáctilos 14, 170, 172, 173
Dafne 34, 36, 133, 135
Dafneano 303
Dáfnis 158
Damasícton 214
Dânae 290, 292
Danaides 293, 294
Dânao 293, 294, 372
Dança 78
Danúbio 277
Dardânia 76
Dárdano 95
Dáulis 264
Dauno 324
Dédalo 261, 262, 263
Dedos 172
Deidâmia 311, 327
Deífobo 303, 313, 329, 331, 335
Deimos 57
Deioneu 202
Deípile 266
Dejanira 130, 223, 224, 225, 229, 237
Délfico (Apolo) 255
Delfos 8, 31, 34, 36, 70, 77, 103, 137, 176, 200, 210, 239, 255, 308, 322, 328, 377, 378, 379, 393, 394
Delos 33, 36, 93, 256
Deméter 42
Demétrias 44
Demofonte 258, 264, 307
Demonassa 247
Dendrítis 303
Derrota 367
Descendentes 244
Destino 3, 6, 7, 82, 339, 348, 384
Destrutores (cabiros ou deuses) 172
Deucalião 141, 206, 207, 230, 260, 261, 273, 276, 325
Devassidão 370
Dia 3, 5, 9, 17, 86, 89, 120
Dia (ilha) 117
Diana 18, 33, 35, 38, 39, 40, 41, 42, 62, 90, 93, 94, 98, 118, 132, 133, 137, 138, 139, 142, 145, 152, 174, 176, 200, 214, 219, 260, 265, 269, 302, 305, 308, 309, 372, 377, 388
Dice 80
Dicte 18
Dídimo 377
Dido 342, 347, 348
Difues 249
Dimas 329
Dindimene 15
Dinó 125
Dio 286
Diomedes 35, 56, 62, 219, 220, 260, 266, 269, 276, 322, 324, 325, 328, 331, 334, 341
Dione 60, 61, 96
Dionisíacas 68, 69
Dioniso 65, 69
Dióscuros 299, 300, 301, 304
Diotimo 355
Dirce 212

Discórdia 3, 145, 185, 196, 272, 334, 367
Dissensão 29
Dodona 22, 28, 130, 147, 274, 314, 377, 385
Dodonque 45
Doenças 185
Dilopos 237, 311
Dor 185
Dóris 110, 112, 132, 272
Drépano 338
Dríades 147, 148
Dríope 370
Dulíquio 221, 317

E

Ea 120, 276, 279, 318, 321
Eácida 311
Éaco 195, 271, 311, 315, 328
Eagro 284
Ébalo 232, 299
Ecália 232, 237, 276, 297
Ecastor 301
Eco 149, 150
Edepol 301
Édipo 7, 197, 239, 240, 241, 242, 244, 245
Edoneu 256
Eetes 87, 120, 274, 277, 279, 280, 282
Efemérides 391
Éfeso 31, 39, 40
Efialtes 21, 112, 142
Éfino 237
Éfiro 96, 287
Ega 159
Egêon 110
Egéria 364
Egeu 111, 141, 147, 152, 157, 237, 252, 253, 254, 255, 256, 263, 282
Egíale 324
Egialéia 62
Egialeu 372
Egina (filha de Asopo) 134, 137, 195, 201
Egina (golfo) 134, 176, 277, 315
Egipãs 159, 161
Egira 388
Egisto 264, 297, 304, 306, 307, 309
Egito IX, 22, 25, 66, 69, 115, 150, 170, 215, 231, 249, 263, 277, 285, 293, 294, 303, 304, 306, 365, 380, 392
Egle 76, 143
Elato 275
Electra 73, 95, 96, 118, 211, 304, 305, 307, 308
Electríon 216
Eleusínia 44
Eleusínias 45
Elêusis 43, 45, 250, 387
Eliano 147
Élida 54, 131, 133, 186, 201, 237, 275, 393
Elis 77, 221
Elisa 348
Elpenor 264
Emigração troiana 341
Empíreo 17
Encélado 21
Endeis 271
Endimião 40, 152
Enéias 31, 48, 61, 115, 135, 170,

171, 193, 194, 324, 338, 341, 342, 343, 344, 345, 348
Eneida 104, 336, 344, 345
Eneu 223, 265, 266, 276, 297, 324
Enió 125
Enipeu 112
Enomau 295, 296
Enone 334
Enópion 69, 258
Eólias (ilhas) 50, 104
Éolo 94, 96, 104, 106, 112, 201, 230, 251, 273, 277, 279, 318
Éos 85
Épafo 89, 212, 289
Epicaste 223, 237
Epidáurias 177
Epidauro 147, 176, 177, 377
Epígonos 244
Epimélides 149
Epimênides 188, 196
Epimeteu 99, 101, 206
Epiro 130, 147, 186, 187, 256, 308, 328, 332, 337, 342
Épito 276
Epopeu 212
Eprímedes 287
Epulões 388
Eqüidade 69, 98
Équidna 101, 193, 240, 287, 291
Equínades 131
Equino 131
Equíon 55, 276
Érato 78
Érebo 3, 5, 82, 184, 192, 198, 369
Erecteu 86, 94, 106, 134, 165, 250, 251, 252, 253, 262
Erectida 253
Ergino 236, 276
Erícia 232
Erictônio 250
Erídano 87, 90, 135, 136, 277, 352
Erifila 247, 248
Erígona 98
Erígone 94, 309
Erimanto 219, 230
Erínias 196, 197, 198, 307
Erisícton 148, 250, 370
Erítia 221
Érix 221, 232
Érope 296
Eros 5, 6, 60, 70, 71, 78
Eróstrato 40
Escamandro 135, 136, 339
Escopas 58, 215
Escorpião 97, 98
Esculápias 177
Esculápio 34, 36, 127, 147, 176, 177, 178, 179, 201, 260, 269, 323, 334, 374, 377
Escuridão 118
Esfinge 193, 240, 291
Esgotamento 185
Éson 277, 278, 280
Espanha 4, 92, 221, 225, 231
Esparta 57, 132, 232, 297, 299, 301, 302, 303, 304, 306, 309, 320, 321, 376
Esperança 101, 375
Esperqueu 134, 272
Esquecimento 203
Ésquilo 7, 102, 196, 294
Estações 80, 81, 82
Estáfilo 258
Estenebéia 287

Estênela 314
Estênelo 217, 293, 352
Estenó 125
Estenobéia 289
Estentor 24
Estérope 9, 127, 272
Esterquilínio 167
Estige 90, 149, 172, 186, 192, 193, 194, 203, 285, 311, 373
Estímula 359
Estinfalia 138
Estínfalo 138, 219, 237
Estrabão 139, 294
Estrímon 135
Estrófades 118
Estrófio 307
Eta 92, 141, 224, 229
Etálidas 275
Etéocles 7, 197, 240, 243, 244, 245, 267
Éter 3, 5, 9
Etésipo 237
Étion 332
Etiópia 86, 109, 292, 354
Etna 21, 43, 44, 48, 49, 127, 145, 190
Etneo 49
Etólia 130, 223, 232, 265, 299
Etoséia 214
Etra 110, 253, 254, 256, 264, 300
Etrúria 120, 136, 162
Eubéia 134, 223, 258, 263, 315, 317, 327
Eubulia 4
Eudora 96
Eufeme 98
Eufemo 276
Eufrates 99
Eufroné 4
Eufrosine 76
Eumedonte 276
Eumênides 185, 188, 196, 197, 241
Eumeu 319, 321
Eumólpidas 387
Eumolpo 251, 262, 349
Eunomia 76, 80
Eupolêmia 55
Euríale 93, 125
Euríalo 345
Euribéia 266
Euríbia 186, 373
Euricléia 319
Eurídice 135, 147, 157, 194, 247, 285, 286
Eurigaméia 243
Eurimedonte 24, 306
Eurínome 21, 47, 76
Eurípides 236, 258, 261, 267, 272, 282, 303, 304, 332, 335
Euristeu 111, 217, 219, 220, 225, 227, 229, 230, 264, 296, 353, 363
Eurítion 271
Eurito 21, 221, 223, 232, 237, 259, 275
Euro 105
Euronoto 105
Europa (continente) 92, 141, 220, 273, 351
Europa (filha de Agenor) 24, 94, 97, 195, 196, 209, 210
Eurotas 132, 133
Euterpe 78
Evadne 57
Evan 68
Evandro 151, 167, 343, 344

Eveno 223
Évero 246
Everres 237
Evônime 196
Ex templo 390

F

Fadiga 185
Faetonte 35, 86, 89, 90, 136, 251, 352
Faetusa 90
Faió 96
Faisile 96
Falero 134
Faliscos 189
Fama 366, 367
Farmaeusas (ilhas) 120
Farnese 213, 225, 226
Faros 304
Fásis 135
Fastos 390, 391
Fauna 167
Fauno 151, 161, 167, 169, 343
Faunos 161, 164
Faustina (imperatriz) 64
Fáustulo 357
Feácios 318
Febe 9, 38, 90, 300
Febo 33, 35, 56, 62, 87, 90
Fédimo 214
Fedra 258, 260, 261, 264
Fegeu 248
Fêmonoe 379
Feneatas 229
Fenéia 229
Fenícia 61, 115, 209, 215, 282
Fenícios 63, 347
Fênix 209, 269, 311
Ferecides 222
Festo 196
Ficeu 240
Fídias 23, 28, 372
Fidius (Dius) 364
Figálios 43
Fílace 326
Filâmon 276
Filanto 237
Filêmon 350, 351
Fileu 221
Filipe (da Macedônia) 171, 379
Filira 10, 269
Fílis 264
Filoctetes 224, 225, 318, 322, 323, 324, 328, 337
Filomela 250
Fineu 276, 292
Flamínio 359
Flégeton 186, 187
Flégias 176, 201
Flora 55, 106, 163
Florença 126, 215
Flórida 138
Fobos 57
Focas 212
Fócida 141, 149, 200, 206, 210, 239, 264, 290, 307
Foco 271
Fogo 85, 99
Folo 230, 231
Fóloe 231
Fome 148, 185, 369, 376
Fontes 136
Forbas 239, 275
Força 29, 186
Fórcides 124, 125

Fórcis 124, 366
Foroneu 133
Fortuna 71, 175, 176
Fórum 155
Fósforo 92
Fraude 3, 364, 365
Frígia 14, 15, 34, 66, 76, 95, 135, 153, 155, 170, 173, 349, 350
Frixo 119, 273, 274, 275, 279
Ftia 214, 271
Ftiótida 311, 328
Fucino (lago) 139
Funerais 396
Fúria 366
Fúrio Camilo 366
Fúrias 84, 184, 196, 197, 198, 248, 250, 266, 307, 308

G

Gades 377
Gaia 7, 109
Galatéia 128
Galáxia 97
Gales 173
Gália X, 215, 225
Galiano (imperador) 40
Galos 14
Ganimedes 22, 74, 75, 76, 99, 200, 295
Garamante 167
Gêmeos 97, 98, 300
Gênio (bom, mau) 175, 372, 396
Gênios 175
Geórgicas 109, 116, 129
Gérard 73
Gerênia 323
Gérion 221, 232, 233, 291
Gibraltar 232
Gigantes 19, 21, 143, 184
Giges (o pastor) 354
Giges (o titã) 9
Glabrion (Mânio Acílio) 375
Glauce 281
Glauco 96, 116, 117, 120, 121, 276, 287
Gláucon 237
Glícon 225
Glória 77
Gnóssios 23
Górgias 349
Gorgofone 232, 299
Górgonas 29, 124, 125, 126, 185, 290, 291, 366
Gortina 209
Goujon (Jean) 42
Graças ou Cárites XI, 23, 25, 60, 62, 76, 77, 79, 81, 101, 102, 367, 372
Grande Mãe 12
Grande Ursa 94
Gratidão 373
Gravidus 59
Grécia IX, X, XII, 18, 31, 44, 63, 68, 69, 76, 79, 92, 114, 129, 130, 132, 134, 135, 137, 141, 142, 147, 156, 169, 170, 171, 172, 177, 183, 186, 188, 193, 199, 207, 210, 211, 212, 215, 221, 225, 230, 240, 244, 269, 273, 274, 277, 279, 284, 285, 292, 293, 295, 301, 303, 306, 313, 320, 321, 324, 325, 327, 334, 338, 341, 342, 354, 355,

361, 373, 374, 379, 380, 381, 385, 388, 391, 392, 393, 395
Gréias 124, 125, 366
Guérin (P.) 258, 304
Guerra 29, 185, 366
Guerreira (Minerva) 307

H

Hades 127, 187, 189, 194
Hamadríades 147, 148
Harmonia ou Hermíone 48, 57, 118, 211, 239
Harpálice 220
Harpias 118, 126, 185, 276
Harpócrates 361
Hebe 24, 74, 76, 223
Hebro 135, 285
Hécate 38, 191, 280, 282, 285
Hécuba 329, 330, 331, 333, 334, 335, 337
Hefesto X, 47, 49, 127
Heitor 7, 313, 315, 316, 324, 326, 328, 329, 330, 331, 332, 334, 335, 337, 341
Hele 119, 273
Hélen 96, 201
Helena 61, 62, 87, 111, 133, 235, 256, 259, 264, 297, 299, 300, 301, 302, 303, 304, 306, 308, 329, 331, 333, 334, 337, 341, 372
Helenion 303
Heleno 207, 329, 332, 337, 342
Helespôntico 156
Helesponto 155, 273, 276, 314, 351
Helíacos 87
Helíades 90, 136
Hélicon 35, 79, 137, 141, 290
Heliópolis 89
Hélios 86, 87, 89, 90
Helotes 210
Helotia 209
Hemera 5
Hemo 142, 157
Hêmon 245
Hêmus 289
Heósforo 92
Hera X, 23, 216
Heracléias 227
Heracléon 225
Héracles X, 215
Heráclidas 225, 227, 229, 230, 264
Herculano 198, 271
Hércules X, 21, 24, 48, 57, 71, 73, 74, 84, 97, 98, 102, 111, 121, 131, 135, 141, 142, 143, 145, 147, 170, 177, 193, 194, 195, 199, 215, 216, 217, 218, 219, 220, 221, 222, 223, 224, 225, 226, 227, 229, 230, 231, 232, 233, 234, 235, 236, 237, 238, 254, 256, 259, 269, 270, 275, 276, 279, 282, 284, 292, 299, 315, 318, 322, 323, 328, 329, 344, 347, 353, 363, 377, 393
Hércules (colunas de) 4, 221
Heribéia 91
Hermatíon 86
Hermes 50, 55, 156
Hermíone (filha de Menelau e Helena) 272, 303, 306, 308
Hero 351

Heródoto 157, 303
Heróicos (Tempos) 205
Heróis 229
Heróis gregos da guerra de Tróia 311
Heróis troianos da guerra de tróia 329
Herse 55, 249
Hersília 82, 359
Hesíodo X, XI, 3, 9, 21, 33, 77, 79, 80, 85, 86, 102, 103, 110, 125, 128, 145, 186, 196, 198, 199, 214, 215, 221
Hesíone 221, 234, 235, 315, 334
Hespéria 4, 92, 325
Hespérides 3, 143, 145, 221, 225, 292
Hésperis 92, 143
Héspero 92, 141, 145
Héstia 29
Hias 96
Híades 96
Hiagne 153
Hidra (de Lerna) 193, 218, 223, 270, 291
Hierocerice 45
Hierofante 45
Higéia 176, 178, 179, 374
Hilo 229, 230
Himeneu 79, 180
Himero 132
Himétion 262
Himeto 142
Hiperásio 275
Hiperetusa 143
Hipérion 9, 85, 86, 87, 90
Hipermnestra 247, 293, 294, 372
Hípio 114
Hipnos 199, 200
Hipocoonte 221, 232, 299
Hipocrene 35, 79, 137, 142
Hipodâmia 259, 295, 296, 313
Hipólita (rainha das Amazonas) 220, 256
Hipólito 21
Hipólito (filho de Teseu) 34, 62, 256, 258, 260, 261, 269
Hipomedonte 243
Hipômenes 145
Hipônoo 329
Hiponous 287
Hipotôon 44
Hipsípile 279, 283
Hircânia 143
Hirieu 92
Hirpace 106
Hirtaco 345
História 77
Homero X, XI, 7, 23, 29, 33, 48, 56, 60, 80, 86, 87, 93, 104, 109, 110, 116, 121, 134, 139, 148, 181, 184, 200, 201, 202, 214, 215, 222, 243, 246, 266, 267, 288, 305, 313, 316, 318, 323, 324, 329, 330, 334, 338, 341, 354, 363, 367
Honra 371
Hora 81, 82, 359
Horas 23, 25, 60, 65, 69, 80, 81, 82
Horácio X, XI, 90, 105
Horta 359
Horus 361

I

Iásio 265
Icariano 263
Icário 94, 98, 320
Ícaro 262, 263
Ida 18, 172
Ida (monte) 14, 18, 76, 95, 135, 172, 334, 337, 338, 341
Idade de Bronze 205
Idade de Ferro 206, 207
Idade de Ouro 198, 205
Idade de Prata 205
Idade Média 138
Idades (diferentes) 205
Idas 276, 300
Ídmon 276
Idomeneu 325
Idotéia 115, 116
Ifianassa 290, 305
Íficles ou Íficlo 216, 218, 229, 230, 276, 326
Ifigênia 40, 304, 305, 306, 308, 326
Ifimédia 112
Ifínoe 290
Ífito 237, 275
Iftime 159
Ignorância 365
Ilaire 300
Ilíada 135, 303, 323, 354
Ílion 318
Ilioneu 341
Ilíria 289
Ilisso 45, 106, 134
Ilítia 24, 176
Ilo 34, 234, 329
Imeros 71
Imortais 50, 199
Império romano 374
Ínaco 132, 133, 289
Índia 65, 67, 150, 215
Índias 155
Indigência 185
Indígete (Júpiter) 343
Indígetes (deuses) 167, 169
Indolência 217
Indústria 370
Inferno XII, 5, 44, 50, 74, 139, 181, 182, 183, 184, 185, 186, 187, 189, 190, 191, 192, 193, 194, 195, 196, 198, 199, 200, 201, 203, 209, 221, 227, 236, 246, 248, 256, 259, 260, 261, 285, 294, 300, 318, 342, 362, 369
Injúria 363
Ino 65, 118, 119, 211, 273
Inocência 365, 366
Inveja 365
Inverno 80, 374
Invidia 365
Io 24, 51, 52, 89, 98, 133, 289, 294
Iobates 287, 288, 289
Iolau 74, 218, 230, 236, 275, 276
Iolco 235, 271, 277, 278, 279, 280
Iole 223, 229, 232, 237
Íon 251
Irene 80
Íris 66, 73, 74, 118, 332
Ísis 47, 63, 361
Ismene 240, 241, 245
Ismênias 149
Ismênio 216

Ismeno 214
Ísquia (ilha de) 21
Ístmicos (jogos) 393
Ítaca 216, 246, 317, 319, 320, 321
Itália 4, 10, 25, 31, 36, 57, 92, 104, 114, 119, 120, 122, 135, 136, 139, 151, 161, 162, 165, 166, 167, 169, 171, 183, 189, 233, 322, 324, 325, 331, 342, 343, 344, 345, 348, 373, 385
Ítalo 322
Ítis 250
Ixíon 200, 202, 203, 259

J

Jacinto 35
Janículo 165, 166
Jano 165, 166, 174
Jápeto 9, 92, 100, 143
Jarbas 348
Jasão 117, 177, 269, 271, 275, 277, 278, 279, 280, 281, 282, 283, 290, 300, 326, 362
Javali (de Erimanto) 219
Jerusalém 367
Jocasta 7, 239, 240, 241, 243, 244, 245
Joci 375
Jogos 387
Jogos e Risos 60, 375
Jogos Ístmicos 119, 393
Jogos Nemeus 147, 393
Jogos Píticos 393
Jogos Públicos 392
Jônia 190, 286, 327
Jônio (mar) 118, 216, 317
Jovis dies 22
Juga 24
Juízes (do Inferno) 194
Julo 344, 345
Juno X, 10, 12, 18, 21, 22, 23, 24, 25, 26, 27, 28, 33, 47, 48, 49, 50, 52, 55, 61, 64, 65, 66, 73, 74, 76, 80, 94, 95, 97, 98, 104, 109, 112, 115, 118, 124, 133, 142, 145, 149, 155, 160, 176, 202, 209, 211, 216, 217, 218, 222, 225, 236, 240, 246, 273, 276, 278, 279, 289, 292, 303, 324, 330, 334, 339, 342, 362, 363, 385, 388
Junonígena 49
Júpiter X, XIV, 7, 10, 11, 12, 17, 18, 19, 20, 21, 22, 23, 24, 25, 27, 29, 33, 34, 35, 38, 40, 42, 43, 45, 47, 48, 50, 51, 52, 55, 56, 60, 61, 62, 65, 66, 69, 70, 71, 73, 74, 76, 77, 80, 82, 84, 85, 89, 90, 91, 92, 93, 94, 95, 97, 98, 99, 100, 101, 102, 103, 104, 110, 111, 112, 118, 121, 127, 130, 133, 134, 137, 138, 141, 142, 143, 147, 149, 150, 151, 164, 167, 170, 172, 173, 177, 186, 187, 192, 195, 196, 200, 201, 202, 203, 206, 209, 211, 212, 215, 216, 217, 222, 224, 225, 227, 232, 246, 247, 249, 252, 254, 271, 272, 274, 279, 288, 289, 290, 291, 293, 296, 299, 300, 301, 304, 315, 332, 334, 338, 339, 350, 351, 353, 362, 363, 364, 366, 367, 368, 369, 372, 373, 377, 379, 385, 393, 394

Justiça 23, 70, 80, 98, 198, 206, 368, 371
Juturna 167, 362
Juvenal 106
Juventa 138

L

Labdácidas 239
Lábdaco 239
Lacedêmon 132
Lacedemônia 45, 133
Lacedemônios 133, 199, 370, 373, 376
Lácio 10, 165, 166, 167, 189, 233, 343, 362, 364
Lacônia 142, 186, 193
Ládon 132, 133, 142, 151, 219
Laerte 276, 317, 319, 320
La Fontaine 73, 351, 352
Laio 239, 240
Lampadofórias 102
Lampécia 179, 374
Lampetusa 90
Lampo 86
Lampsaceno 156
Lâmpsaco 155, 156
Lango (ilha de) 21
Lanúvio 25
Laocoonte 335, 336
Laodâmia 326, 339
Laódice 329
Laodoco 331
Laomedonte 34, 86, 114, 221, 234, 235, 329
Laprade (V. de) 73
Láquesis 82, 83
Lara 55, 362
Lares 55, 172, 173, 174, 175, 362
Larissa 311
Larvae 174
Latino 120, 321, 342, 343
Latinos 27, 106, 166, 205, 301, 343
Latmos 40
Latona 21, 33, 38, 39, 44, 200, 214, 215
Laurência (Aca) 357
Lauso 357
Lavínia 342, 343
Lavínio 342, 343
Leandro 351
Leão 97, 98, 193
Learco 118, 119, 273
Lebrun 8, 266
Lectistérnio 392
Leda 133, 299, 301, 302, 304
Lei 69
Lêlex 132
Lemercier 304
Lêmnias 283
Lêmnio 49
Lemnos 48, 127, 172, 181, 276, 279, 283, 322, 324, 328
Lêmures 174
Lendas argivas 287
Lendas atenienses 249
Lendas etólias 265
Lendas populares 347
Lendas tessálicas 269
Leodaco 265
Leonardo da Vinci 126
Lépreas 237, 238
Lerna 98, 139, 185, 218
Lesbos 286

Lestrigões 318
Lete 185, 203, 209
Leucipo 300
Leucósia 122
Leucotéia 118, 119, 273
Leucótoe 35
Leuctras 338
Líbano 61
Liber 68
Líber 69, 155
Liberais 69
Libetra 80
Libétridas 80, 142
Libétrio 80
Líbia 125, 159, 209, 231, 277, 291
Libonoto 105
Licaonte 94
Licas 223, 224
Licaste 261
Licet 390
Liceu 142
Lícia 44, 195, 287, 289, 339
Lico 96, 171, 212, 221, 236, 252
Licomedes 258, 311, 327
Licômidas 286
Licurgo 132, 264, 275, 283, 376
Lídia 80, 135, 200, 215, 236, 295, 354
Lígia 122
Ligúria 352
Linceu 276, 293, 294, 300
Linco 276
Lino 216, 284
Liríope 149
Lisídice 254
Lisipe 290
Lites 363
Littoralis 162
Livre 68
Lótis 156
Lotófagos 318
Louvre 68, 266, 304, 336, 356
Lua 19, 38, 39, 40, 42, 85, 86, 90, 91, 152
Lucano 378
Lucânia 124
Luciano 200, 236, 362
Lúcifer 86, 92, 230
Lucina 24, 33
Lupercais 151
Lupercos 344
Lustros 391
Luto 185
Luxo 370
Lyaeus 68

M

Macáon 177, 323, 334
Macedônia 79, 80, 115, 135, 272, 286
Mácris 65
Mãe (dos deuses) 8, 12
Má-Fé 364
Magnésia 76, 276
Maia 50, 95
Maira 94
Maléia 270
Malis 236
Mantinéia 103, 320
Manto 136
Mântua 136
Mar XII, 7, 109
Maratona 219, 301
Marcellus (conde de) 64
Marcelo 107

Marica 343
Mársias 34, 153, 155
Marte X, 18, 24, 29, 48, 52, 55, 56, 57, 58, 59, 60, 61, 62, 64, 71, 73, 87, 141, 142, 161, 201, 211, 219, 261, 274, 280, 282, 324, 335, 357, 366, 367, 377, 391
Mater (*Magna, Maxima*) 47
Matuta 119
Mauritânia 143, 291, 292, 348
Medéia 201, 254, 255, 274, 277, 279, 280, 281, 282, 283
Medici 64
Medo 57, 282, 366, 367
Medusa 29, 59, 112, 125, 126, 143, 290, 291, 292
Meganise 44
Megapento 289, 293, 303
Mégara 190, 223, 230, 236, 255, 316, 372
Megera 196, 197
Melâmpigo 233
Melampo 247, 289, 290
Melampodion 290
Melanipo 266, 267
Melanto 112
Meléagro 265, 266, 267, 269, 276
Meles 286
Mélia 149
Melíades 148, 149
Melibéia 214, 215
Melicertes 118, 119
Melissas 18
Melpômene 78
Mêmnon 86
Memória 77, 373
Mênades 67
Mênalo 142, 219
Meneceu 239
Menécio 275, 314
Menelau 115, 116, 272, 297, 302, 303, 304, 305, 306, 308, 309, 315, 321, 331, 334
Mênfis 170, 263, 303
Mentor 321
Méon 15
Mercúrio 23, 34, 35, 50, 51, 52, 53, 54, 55, 66, 69, 71, 73, 74, 77, 92, 95, 101, 102, 120, 150, 152, 158, 159, 167, 171, 174, 176, 203, 212, 227, 249, 250, 262, 275, 276, 284, 289, 291, 296, 300, 334, 342, 350, 362, 377
Mérope 95, 96
Mêssenia 133, 171, 177, 299, 388
Metamorfoses 335
Metaponto 157, 324
Métis 19, 21, 27, 369
Metra 370
Micenas 112, 126, 216, 217, 292, 293, 305, 306, 307, 308, 309, 338, 377
Micipe 217
Midas 34, 349, 350, 365
Mígdon 220
Mileto 31, 138, 377
Milo 63
Mílon de Crotona 355, 356
Minerva 18, 21, 24, 27, 28, 29, 30, 38, 55, 56, 97, 98, 100, 101, 102, 103, 112, 120, 125, 126, 145, 153, 169, 172, 211, 217, 219, 246, 249, 250, 252,

267, 274, 277, 279, 288, 290, 291, 307, 315, 318, 319, 321, 330, 331, 334, 336, 370, 372, 373, 377, 388
Mingrélia 274
Mínias 66
Minieides 66
Minos 55, 93, 94, 195, 196, 209, 219, 251, 252, 253, 255, 258, 260, 261, 262, 263, 276, 325, 326
Minotauro 252, 255, 261, 262
Mirina 283
Mirmidão 55
Mirra 61
Mírtilo 295
Miséria 3
Mísia 135
Mnemósine 9, 21, 77, 373
Mnesteu 264
Molosso 328, 332, 337
Momo 3, 180
Moneta 24
Montanhas 141
Mopso 276, 327
Morfeu 180
Morte 3, 5, 181, 184, 185, 198, 199, 201, 203, 236, 339, 367, 375
Mortos 192
Mortos (festa dos) 372
Múlciber 49
Múlcifer 49
Musas XI, 35, 65, 77, 79, 80, 102, 124, 137, 141, 142, 158, 212, 314, 373
Museu 284, 352
Música 78
Músicos 398
Muta 362

N

Náiades 129, 130, 131, 146
Naias 155
Naís 116
Napéias 145, 146
Nápoles 372
Narciso 149
Nascimento (dia do) 396
Natureza 7, 62, 151, 159
Náuplio 276, 317, 327
Nausícaa 318, 321
Naxos 66, 255
Necessidade 82
Neda 132, 133
Néfele 118, 119, 273
Negro (mar) 274
Neleu 215, 276, 323
Neméia 98, 147, 218, 225, 236, 283, 284, 393
Nêmesis 3, 149, 198, 299, 302
Nemeus (jogos) 147, 393
Neoptólemo 272, 322, 327
Nereidas 24, 64, 70, 100, 110, 111, 114, 119, 128, 272, 292, 314
Nereína 57
Nereu 89, 110, 112, 117, 132, 272, 334
Nero 59
Nesso 223, 224, 229, 237
Nestor 215, 269, 275, 321, 323, 334
Netunais 114
Netuno 8, 10, 12, 18, 19, 24, 27, 33, 34, 43, 52, 56, 57, 60, 68,

70, 82, 87, 92, 93, 99, 104, 110, 111, 112, 113, 114, 115, 116, 119, 121, 124, 125, 126, 127, 128, 131, 133, 187, 209, 219, 231, 234, 251, 252, 253, 260, 261, 262, 272, 276, 277, 288, 292, 300, 325, 335, 370, 388, 393
Nice 186
Nicéfora (Vênus) 294
Nicéia 159
Nicômano 319
Nicomedes 272
Nicóstrato 303
Nicteís 239
Nicteu 211, 212
Nifates 106, 143
Nilo 169, 289
Ninfas 65, 134
Ninféia 225
Ninguém 127
Níobe 39, 214, 215, 323
Nisa 65, 68, 153, 188, 252
Niso (amigo de Euríalo) 345
Niso (personagem grego) 252, 253
Noctulius 4
Nocturnus 4
Noite 3, 4, 5, 6, 82, 86, 120, 125, 143, 181, 183, 184, 192, 196, 198, 199, 369
Noto 104, 105, 106
Numa Pompílio 31, 57, 164, 165, 166, 362, 364, 388, 390
Numício 342, 343
Númico 139
Numitor 356, 357
Nysaeus 68

O

Oceânides 38, 100, 110, 120, 209, 269
Oceano 9, 23, 47, 87, 89, 95, 96, 109, 110, 115, 117, 118, 124, 125, 128, 130, 134, 136, 143, 149, 183, 186, 291
Ociosidade 370
Ocípite 118
Ocitoe 118
Odisséia 104, 318, 323
Odisseus 317
Oenus 136
Ofeltes 345
Ogígia 214
Oileu 276, 315, 338
Oleno 55
Olímpia 296, 355, 393, 394
Olimpíadas 391
Olímpico (Júpiter) 372
Olímpicos (deuses) 17
Olímpicos (jogos) 222, 391, 393, 394
Olimpo XII, 17, 18, 19, 22, 27, 34, 40, 48, 50, 51, 56, 65, 69, 74, 76, 77, 80, 85, 91, 102, 134, 143, 149, 153, 154, 158, 170, 184, 220, 300, 367, 385
Ônfale 223, 236, 237
Ópis 40
Ops 7, 15, 42
Opunte 188, 315
Oráculos 377
Orcômeno 236, 273
Ordem 80
Oréades 145
Orestes 264, 304, 305, 306, 307, 308, 309, 328

Orfeu 79, 84, 117, 123, 135, 142, 147, 148, 157, 170, 172, 190, 194, 276, 277, 284, 285, 286, 349
Orgias 66, 67
Oriente 105, 207
Órion 40, 86, 92, 93, 94, 98
Orítia 142, 251
Orontes 341
Oropo 134
Oros 145
Ortígia 131, 132
Orto 193
Osíris 361
Ossa 19, 134
Oto 21, 112, 142
Ouranos 9, 79
Outono 80
Ovídio XI, 56, 89, 95, 106, 115, 122, 156, 162, 166, 172, 181, 200, 233, 260, 286, 289, 296, 313, 316, 335, 349, 370

P

Pã 34, 43, 55, 66, 67, 68, 82, 133, 134, 142, 150, 151, 152, 153, 154, 156, 158, 159, 161, 320, 349, 350, 377
Pactolo 349
Pádua 331
Páfia 61
Pafo 57, 61, 62, 377
Paládio 29, 31, 173, 318, 324, 330, 332
Palamedes 278, 317, 327, 334
Palante ou Palas 373
Palântidas 255
Palas (Atena ou Minerva) 21, 27, 29, 61, 64, 211, 216, 315, 324, 336, 338
Palas (a tritoniana) 29
Palas (filho de Crias e Euríbia) 186
Palas (filho de Evandro) 344
Palas (gigante) 21
Palas (irmão de Egeu) 252, 255
Palatino (monte) 14, 36, 344, 358, 364
Palêmon 118, 119
Palene 51, 115, 275, 300
Pales 164
Palicos 385
Palilia 164
Palilias 164
Pamiso 132, 133
Panatenéias 28, 29, 255
Pândaro 28, 331
Pandíon 250, 252
Pandora 99, 101
Pândroso 249, 250
Pânope 119, 200
Paraíso (terrestre) 138
Parca (negra) 3
Parcas 3, 7, 69, 70, 82, 83, 84, 196, 266
Páris 24, 27, 51, 61, 110, 133, 302, 303, 306, 313, 323, 329, 331, 333, 334, 335, 337, 338, 341, 368, 372
Parnaso 35, 70, 79, 80, 98, 137, 141, 206
Paros 58, 177
Partenon 28
Partênope 122, 223, 237
Partenopeu 243

Pasífae 87, 120, 260, 261, 262, 274
Pássalo 232
Pátaros 36
Patras 377
Pátroclo 275, 313, 314, 315, 331, 339
Pausânias 124, 139, 177, 188, 218, 253, 306
Paz 69, 80, 367, 368
Péan 322
Pedra Sagrada 307
Pefredó 125
Pégaso 79, 86, 137, 138, 288, 291, 292
Peixes 97, 99
Pela 272
Pelasgo 294
Peleu 195, 269, 271, 272, 276, 311, 314, 315, 328, 334, 368
Pélias 235, 275, 277, 278, 279, 280, 326
Pélias ou Pelíaca 274
Pélion 19, 269, 271, 272, 274, 278
Pélope 214, 295, 296, 297, 305
Pelópia 214
Pelópidas 295
Peloponeso 45, 118, 132, 137, 176, 183, 229, 293, 296, 391
Penates 173, 175
Penélope (mulher de Ulisses) 317, 319, 320, 321, 322
Penélope (ninfa) 55, 150, 152, 217
Peneu 34, 109, 129, 134, 311
Penia 370
Pentesiléia 220
Penteu 66
Pentilo 309
Peônio 56
Pérgamo 160, 332
Peribéia 315
Péricles 28
Periclímeno (centauro) 221
Periclímeno (filho de Neleu) 276
Perinto 77
Permesso 35, 79, 137
Persa 87, 110, 120, 274
Persea 261
Perséfone 43, 190
Perses 86, 87
Perseu 104, 126, 143, 215, 216, 232, 289, 290, 291, 292, 293, 299, 379
Pérsia 87
Persuasão 101, 290, 372
Pessino 14
Petília 323
Phaeacia 277
Phoibos 33, 35
Pico 120, 161, 166, 169
Picuno 167
Piedade 78, 375
Píelo 332
Piérides 79, 80
Píero 35, 79, 80
Pigmalião 347, 348
Pigmeus 353
Pílades 307, 308
Pilos 188, 321, 323, 324
Piluno 167
Píndaro XI, 90, 200, 371, 375
Pindo 79, 134, 141
Piracmon 127
Píramo 352

Pirén 287
Pirene 57, 137, 288
Pirítoo 256, 259, 260, 276
Pirra 141, 206, 207, 311
Pirro 272, 306, 308, 311, 322, 327, 328, 329, 332, 337
Pisa 295, 296, 391
Pisínoe 122
Pitágoras 355
Pitecusa 232
Piteu 253, 254, 260
Pitho 372
Pítia 137, 377, 378, 379, 380
Píticos (jogos) 403
Pítio 377
Pitis 151
Pito 200, 377
Píton 33, 38, 377
Pitonisa 36, 377
Platéia 24
Plêiades 95, 96, 143
Plêione 95
Plínio (o Velho) 325
Plístenes 297, 305
Plotas 200
Plutão 10, 12, 18, 19, 23, 43, 44, 51, 84, 111, 127, 134, 139, 171, 187, 188, 189, 190, 192, 193, 194, 197, 201, 222, 246, 256, 285, 290
Plutarco 103, 152, 158, 361
Pluto 175, 362, 363
Pó 135, 136
Pobreza 175, 370
Podalírio 177, 323
Polibetes 21
Políbo 239
Polidectes 290, 292
Polidoro 211, 239, 329, 330, 336
Polifemo 125, 127, 128
Polimestor 330
Polímnia 78
Polinices 7, 197, 240, 243, 244, 245, 247, 266
Polites 328, 329
Polixena 313, 328, 329, 330, 335
Polixo 96, 303
Pólux 51, 98, 133, 170, 269, 271, 275, 297, 299, 300, 301, 304
Pomona 162, 163
Pompéia 389
Ponto 7, 124
Ponto Euxino 4, 124, 143, 220, 276, 277
Populares (lendas) 347
Porfírion 21
Porteiras (do céu) 80
Portuno 119
Posêidon 111
Potência 175
Poussin 128
Praxíteles 64, 215, 372
Preces 363
Preneste 385
Presságios 383
Prétides 289, 290
Preto 287, 289, 290, 292, 293
Príamo 34, 86, 234, 299, 303, 305, 313, 315, 327, 328, 329, 330, 331, 332, 333, 334, 335, 337, 339, 341, 344
Priápias 156
Priapo 56, 155, 156, 162

Primavera 80, 163
Primaveris 79
Procas (Sílvio) 356
Proclo 287
Procne 250
Prócris 86, 94, 250, 251, 262
Próculo 359
Procusto 134
Pródico 217
Prometeu 99, 100, 101, 102, 103, 143, 206, 221, 271
Pronuba 24
Propoitides 348, 349
Prosérpina 43, 44, 51, 55, 62, 82, 122, 134, 151, 170, 171, 187, 190, 191, 192, 256, 259, 285
Protesilau 276, 326
Protesiléias 326
Protetor (Júpiter) 329
Proteu 66, 110, 115, 116, 124, 157, 272, 303
Prudência 19, 27, 369
Psiquê 72, 73
Psófis 248
Ptolomeu 365
Pudicícia 198, 206
Puget 356

Q

Quadrifonte (Jano) 166
Quelone 23
Quimera 185, 193, 287, 288, 291
Quio 283
Quione 155, 276
Quirinal (Flamínio) 359
Quirino 359
Quirinus 59
Quiris 59
Quirites 59
Quíron 10, 98, 176, 216, 269, 270, 271, 272, 278, 311, 314, 317, 324, 327, 341

R

Racine 258, 261, 332
Radamanto 195, 196, 209, 216, 227
Rapidez 118
Reconhecimento 373
Regilo (batalha do lago) 301
Réia (deusa) 9, 10, 12, 13, 15, 18, 23, 109, 111, 172, 187
Réia Sílvia (mãe de Rômulo e Remo) 57, 357
Remo 57, 136, 356, 357, 358
Remorsos 185
Renome 77
República 170
Reso 318, 324
Reteu (promontório) 316
Retórica 78
Rios 128, 129
Riqueza 175
Risos 62, 376
Ródano 277
Rode 87
Rodes 38, 87, 170, 172, 303, 336
Ródope 142
Roma IX, X, XI, XII, 10, 11, 14, 31, 32, 33, 36, 44, 45, 49, 54, 57, 59, 64, 69, 79, 81, 103, 107, 119, 136, 152, 155, 156,

161, 162, 163, 164, 166, 167, 169, 171, 173, 174, 177, 180, 188, 215, 225, 230, 301, 337, 358, 361, 362, 364, 365, 367, 372, 373, 374, 375, 377, 379, 380, 381, 382, 383, 384, 385, 388, 390, 391, 392, 395, 396, 398
Rômulo 49, 57, 59, 82, 136, 164, 169, 356, 357, 358, 359, 364, 381

S

Sabázio 192
Sabedoria 372, 373
Sabinas 358, 359
Sabinos 59, 163, 358, 364, 373
Sábio 269
Sacerdotes ou Sacerdotisas 387
Sacrifícios 388
Sagitário 97, 98, 271
Sais 249
Salamina 120, 249, 315, 316
Salento 325
Sálios 59
Salmoneu 201
Salus 374
Samos 25
Samotrácia 117, 170, 172, 173, 276
Sangárida 13, 135
Sangário 135
Santelmo (Fogos) 301
Sardenha 157, 230, 277
Sarmatas 120
Sáron 117, 118
Sarônico (golfo) 118
Sarpédon 209, 339
Sarto (Andrea del) 375
Sátiros 68, 130, 148, 159, 160, 161, 349
Saturnais 10, 11
Saturno 9, 10, 11, 12, 17, 18, 19, 23, 33, 42, 60, 69, 86, 100, 109, 111, 143, 161, 165, 166, 172, 173, 187, 195, 196, 205, 269, 271, 344, 371, 384
Saúde 374
Selene 86, 90, 152
Semele 24, 65, 118, 119, 139, 211
Semíviros 14
Senado 366, 368
Sêneca 148
Senon 233
Sereias 78, 122, 123, 124, 131, 259, 277, 317, 318
Serifo 290, 293
Serpentário 177
Servidão 175
Sesto 351
Sete contra Tebas (guerra dos) 247
Setentrião 105
Sibilas 379, 380
Sibilinos (livros) 379
Sicarbas 347
Sicião 179
Sicília 21, 44, 45, 82, 104, 121, 122, 127, 128, 132, 145, 157, 158, 190, 191, 230, 232, 261, 263, 318, 338, 342, 348, 385
Sícion 212, 227
Sigeu 135, 314
Silêncio 361
Sileno 65, 66, 67, 68, 155, 160, 349

Silenos 159
Silvano 151, 161, 162
Silvanos 161, 164
Sílvia (Réia) 357
Sílvio 343
Símois 135
Simplégades 276, 277
Sínis 254
Sínon 336
Sípilo 214
Siqueu 347, 348
Siracusa 131, 132
Sirenusas 124
Sírius 93, 94
Siringe 133, 150, 151
Sísifo 96, 137, 200, 201, 202, 212, 244, 276, 287, 317
Sófocles 196, 243, 304, 323
Sol 8, 19, 39, 48, 62, 76, 85, 86, 87, 88, 89, 90, 91, 92, 99, 112, 120, 130, 136, 172, 186, 200, 221, 222, 261, 274, 282
Solano 105
Sôlimos 288
Sombras 139, 190
Sombras (império das) 190
Sonhos 3, 181, 184, 185
Sono 3, 5, 86, 180, 181, 184, 185, 199, 200, 339, 375
Soracte 189
Sorrento 124
Sors 384
Sortes 383
Soumet 304
Suada 372
Suadela 372
Subolímpicos (deuses) 85
Subsolano 105
Suovetaurilias 391
Suplicantes (As) 294
Suspeita 365

T

Tábuas (lei das Doze) 381, 388
Taças (festa das) 264
Tácita 362
Tácio 358
Taígete 96
Taígeto 95, 142, 300
Talate 80
Talau 247
Talia 76, 78, 385
Talo 277
Tamo 152
Tânatos 198, 199
Tânger 232
Tântalo 76, 200, 201, 214, 244, 295, 296, 304
Taon 21
Taprobana 225
Tardipes 49
Tarpéia (rocha) 164
Tarquínio, o Antigo 173, 379, 383
Tarquínio, o Soberbo 164
Tártaro 5, 7, 9, 19, 21, 84, 127, 176, 184, 187, 193, 194, 197, 199, 200, 201, 203, 243, 244, 258, 293, 296
Taumas 73, 118
Taúride 40, 308
Tauro 262
Taurópolis 69
Taurus 262
Teano 329, 330, 331
Tebanas (lendas) 209

Tebano (Hércules) 215
Tebas 66, 118, 171, 172, 210, 211, 212, 214, 216, 227, 236, 239, 240, 241, 243, 244, 245, 246, 247, 256, 267, 273, 279, 282, 313
Tebe 57
Tegeu 388
Téia 85, 86, 90
Télamon 235, 269, 271, 315, 316
Teléfassa 209
Telefo 237
Telégono 115, 319, 320, 321, 322
Telêmaco 317, 319, 321
Telquines 14, 170, 172
Telus 7, 8, 70, 127
Telxiêpia 122
Têmis 8, 9, 21, 69, 70, 80, 82, 98, 100, 206, 367, 368
Tempe 134
Tempestade 107, 118
Tempo 11, 77, 199, 371
Tempos heróicos 205
Tênaro 183, 186, 193, 285
Tênedos (ilha de) 36, 119
Tênedos 31
Teno 114
Teócrito 370
Teodósio 45
Tera 214
Tereno 23, 149
Tereu 250
Termo 156, 164, 165
Termodonte 96
Termópilas 207
Terpsícore 78
Terra XII, 3, 5, 7, 8, 9, 12, 15, 17, 19, 21, 29, 33, 47, 69, 70, 73, 77, 82, 85, 90, 95, 100, 103, 109, 110, 118, 121, 124, 126, 127, 130, 141, 149, 150, 151, 172, 183, 186, 196, 200, 231
Terrestre (Hécate) 285
Terror 29, 57, 78, 185, 366
Teséia 125
Teseu 66, 84, 119, 134, 198, 202, 220, 221, 225, 241, 243, 252, 253, 254, 255, 256, 258, 259, 260, 261, 264, 269, 276, 282, 300, 302, 372
Tesmofória 44
Téspias 142, 149
Téspio ou Téstio 223, 265, 276, 299
Téssala 237
Tessália 34, 91, 134, 141, 165, 193, 202, 206, 229, 235, 259, 269, 271, 275, 276, 277, 281, 311, 326
Testor 326
Tétis 9, 22, 23, 24, 47, 70, 87, 89, 95, 96, 102, 109, 110, 115, 117, 118, 128, 130, 134, 135, 136, 186, 230, 272, 277, 291, 311, 312, 313, 314, 332, 334, 368
Teucro 95, 315, 316
Thorwaldsen 5
Tia 9
Tiberino 136
Tibério 152
Tibre 135, 136, 233, 342, 356, 357, 362
Tideu 243, 266, 267, 276, 324
Tiestes 244, 296, 297, 304, 306

Tífis 275
Tifoeu 99, 103
Tífon 9, 21, 24, 99, 101, 193, 240, 287, 291
Tilfuso 247
Timavo 324
Timbreu 336
Timbris 150
Tindáridas 256, 299, 301
Tíndaro 62, 232, 297, 299, 300, 301, 302, 304, 306, 320
Tingis 232
Tirésias 149, 244, 246, 247, 318
Tirinto 126, 227
Tiro 201, 347, 348
Tirreno (mar) 342
Tisbe 352
Tisífone 196, 197, 273
Titã 9, 10, 85, 86, 95, 100
Titãs 3, 5, 12, 17, 19, 86, 87, 111, 184, 186, 187
Titéia 7, 9, 12, 29, 69
Títio 21, 176, 200
Tito 337
Titono 86
Tlepólemo 237, 303
Tmolo 115
Toas 69, 131, 283, 308
Toosa 125, 127
Tosão de Ouro 256, 274, 276, 279, 280, 283, 300
Touro 96, 97
Trabalhos (de Hércules) 218
Trácia 57, 96, 105, 135, 142, 157, 190, 219, 220, 250, 256, 273, 284, 285, 286, 318, 327, 329, 330, 342, 353, 377
Tragédia 78
Trajano 171
Traquine 229, 230
Trasimedes 177
Trevas 196
Trezena 87, 117, 188, 253, 254, 260, 307
Tribunal de Justiça 368
Trigone 176
Triopas 289
Triptólemo 43, 44, 94
Tristeza 186
Tritão 29, 105, 112, 115, 117
Tritões 64, 110, 114, 115
Tritônis 125, 277
Tróade 135, 273, 313, 316, 337
Trofônio 22, 377
Tróia 24, 31, 34, 56, 62, 76, 95, 114, 115, 127, 134, 135, 173, 177, 200, 220, 234, 235, 264, 272, 303, 304, 305, 306, 307, 311, 312, 313, 314, 315, 316, 317, 318, 319, 320, 321, 322, 323, 324, 325, 326, 327, 328, 329, 330, 331, 333, 334, 335, 336, 337, 338, 339, 341, 344, 368
Troiana (emigração) 341
Troilo 329
Tros 76, 200, 295, 329, 338
Tucídides 77
Tulherias 131
Túrio 323
Turno 342, 343

U

Udeu 246
Ulínito 214
Ulisses 27, 84, 104, 120, 121, 123, 124, 127, 128, 139, 169,

170, 184, 246, 269, 276, 302, 312, 313, 316, 317, 318, 319, 320, 321, 322, 324, 327, 328, 330, 331, 337, 370
Universo 101, 150
Urânia 79, 180, 252
Urano 7, 9, 10, 12, 29, 60, 69, 86, 109, 143
Ursa Maior 94, 95
Ursa Menor 94, 95

V

Vacuna 373
Valério Flaco 105, 282
Valor 217
Varrão 215
Vaticano 215
Velhice 3, 185, 369
Vênetos 331
Ventos 85, 86, 103, 104, 105, 318
Vênus 18, 27, 48, 52, 56, 57, 60, 61, 62, 63, 64, 70, 71, 73, 76, 77, 80, 87, 92, 93, 99, 119, 132, 135, 145, 148, 155, 180, 196, 211, 217, 232, 252, 260, 261, 282, 283, 294, 303, 306, 324, 325, 332, 334, 338, 341, 342, 348, 349, 351, 367, 372, 376, 377
Verão 80
Verdade 366, 371
Vergilies 96
Vertumno 156, 162, 163
Vespasiano 367
Vésper 92, 141, 145
Vesta 7, 9, 10, 12, 18, 23, 29, 31, 32, 42, 167, 357, 388
Vestais 32
Via Láctea 97, 216
Via Sacra 367
Vida 203
Viminal 162
Vinci (Leonardo da) 126
Vingador (Marte) 59
Virgem 28, 93, 97, 98
Virgens 248
Virgílio X, XI, 21, 67, 104, 109, 115, 116, 129, 136, 160, 200, 244, 258, 263, 332, 336, 338, 344, 345, 348, 369
Virtude 217, 362, 371
Vitimário 398
Vitória 22, 23, 31, 57, 186, 367, 373
Vitória (templo da) 14
Volcano 50
Volcens 345
Volúpia 73, 217, 371
Vulcânia 50
Vulcano 18, 24, 27, 47, 48, 49, 50, 56, 57, 60, 62, 66, 87, 93, 100, 101, 102, 127, 145, 170, 211, 233, 250, 280, 312
Vulcão 50
Vulturno 105

X

Xanto 135, 339
Xenofonte 217
Xuto 251

Z

Zampieri (palácio) 234

Zéfiro 35, 60, 104, 105, 106, 163, 252
Zelo 186
Zetes 275
Zeto 212
Zeus X, 18, 300
Zeuxipe 252
Zêuxis 155
Zodíaco 89, 97, 98, 99, 271
Zôdion 97

Impresso por :

Graphium
gráfica e editora

Tel.:11 2769-9056